东卫经典
民商事案例

CIVIL AND
COMMERCIAL
Cases

郝春莉　张世国　主　编
张景伟　张锦辉　副主编

法律出版社
LAW PRESS·CHINA
北京

图书在版编目（CIP）数据

东卫经典民商事案例／郝春莉，张世国主编；张景伟，张锦辉副主编. -- 北京：法律出版社，2024.
ISBN 978 - 7 - 5197 - 9283 - 1

Ⅰ. D923.05

中国国家版本馆 CIP 数据核字第 2024S4L248 号

东卫经典民商事案例
DONGWEI JINGDIAN MINSHANGSHI ANLI

郝春莉　张世国　主编
张景伟　张锦辉　副主编

策划编辑　周　洁
责任编辑　周　洁
装帧设计　李　瞻

出版发行 法律出版社
编辑统筹 司法实务出版分社
责任校对 王语童　裴　黎
责任印制 吕亚莉
经　　销 新华书店

开本 710 毫米×1000 毫米　1/16
印张 22.25　　**字数** 289 千
版本 2024 年 12 月第 1 版
印次 2024 年 12 月第 1 次印刷
印刷 北京中科印刷有限公司

地址：北京市丰台区莲花池西里 7 号（100073）
网址：www.lawpress.com.cn
投稿邮箱：info@lawpress.com.cn
举报盗版邮箱：jbwq@lawpress.com.cn

销售电话：010 - 83938349
客服电话：010 - 83938350
咨询电话：010 - 63939796

书号：ISBN 978 - 7 - 5197 - 9283 - 1　　**定价**：88.00 元

凡购买本社图书，如有印装错误，我社负责退换。电话：010 - 83938349

序

习近平总书记指出，“一个案例胜过一打文件”。案例研究在司法实务工作中越来越引起重视，一方面，典型案例发挥通过个案解读法律和统一法律适用标准的作用；另一方面，律师对案件发表的不同的意见，如何采纳，不但反映法官的司法智慧，也是人民群众评价法治进步最直观的尺度。

许多人以为大陆法系国家只重视成文法律与理论逻辑，而忽视案例研究，而普通法系国家则过分依赖判例和经验，轻视理论。其实，这是一种误解。实际上，大陆法系国家同样重视个案研究，并在法治建设中发挥重要作用。同时，普通法系国家也并非只依赖判例和经验，而忽视理论的重要性。成文法和判例法各有其优势，不能简单地以偏概全。与霍姆斯同时代的中国法学大家沈家本，其见解尤为公允。他明确指出：“大抵中说多出于经验，西学多出于学理。不明学理，则经验者无以会其通；不习经验，则学理亦无从证其是。经验与学理，正两相需也。”① 可见，在个案的深入体验与全面理解之间寻求平衡，实为更高的境界。法律作为人类生活的基本准则，无论东西，其内涵和本质都是相同的。全球化时代，大陆法和普通法也相互渗透、借鉴，显示出更多的融合与趋同。现代中国的法律受到社会变迁和体制改革的影响，立法原则往往倾向于“宜粗不宜细”。这导致现行法律体系虽然大体属于成文法，但相对较为粗疏。尽管如此，直接依照成文法律作出的个案判决仍具有针对性和普适性，因此更具价值。对此，无论律师、法官，还是立法者、研究者都深有体会。

---

① （清）沈家本撰：《历代刑法考》（第4集），邓经元、骈宇骞点校，中华书局1985年版，第2217页。

近年来，案例指导工作的推行使案例在社会各界备受关注，成为法治建设的重要焦点之一。通过深入解析案例，我们不仅能够洞察宏观层面的法律体系建设情况，还能为其他相关案件提供微观层面的启示和指导。成功的判决书作为立法者、法学家、律师和法官共同创作的成果，其文质并茂的特点使其成为展现一国法治现实状况的宝贵标本。在判决书的形成过程中，律师发挥不可或缺的作用。他们如同排球比赛中的“二传手”，与法官紧密合作，共同推动案件审理的顺利进行。律师通过巧妙地将材料转化为证据，将疑问转化为事实，将争议转化为结论，为法官认定案情和裁决提供坚实的基础。他们是法官的得力助手，是法治建设的重要推动者。优秀的律师如同医生，通过细致入微的分析，将复杂的案件事实和法律问题清晰地呈现给法官，促使法官作出公正的裁判。

案例不仅是生动的、鲜活的、具象的，而且“形神兼备”，可以把抽象的法律精神寓于具体的生活实践之中。因此，对于民商事法律从业者，在某种意义上来说，学习案例和学习成文法条彼此伯仲、同样重要。

东卫律师事务所经过20多年的发展，在民商事争议领域卓然不凡，形成了很多典型案例。东卫律师事务所在庆祝建所20周年之际，将较为典型的民商事案例汇编成册，供法学从业者、法科学生进行探讨学习，是非常有意义的事。

东卫律师事务所的民商事案例具有典型性、代表性和创新性，通过对这些案例的分析，我们可以更好地理解法律的实际应用，提升自己的专业水平。无论是律师、法官，还是立法者、研究者，都可以从这些案例中获得启发和借鉴，从而推动中国法治的不断进步。东卫律师事务所的律师们在每一个案件中都付出了大量心血和智慧，通过细致入微的分析和研究，成功地解决了许多复杂的法律问题和商业纠纷。他们不仅展示了高超的专业技能，也体现了对法律事业的深刻理解和热爱。在这些案例中，我们可以看到律师们的智慧和努力，以及他们为推动法律进步作出的贡献。

作为一名法学教学和研究者，希望本书能够成为广大法律从业者学习和研究的良好参考，助力中国法治的不断进步。

是为序。

赵旭东

2024 年 6 月 18 日于北京

目　录

股权篇

债权篇

侵权篇

物权篇

知识产权篇

担保、刑民交叉篇

建设工程篇

融资租赁篇

婚姻家事篇

法律援助篇

特许经营篇

破产重整篇

刑民交叉篇

并购重组篇

风险投资篇

执行篇

股 权 篇

余某与程某股权转让及代持纠纷案

张世国　盛海波

一、基本案情

2009 年 6 月 1 日，程某与余某签署一份《股权转让协议》，程某转让 A 公司（上市前）150 万股股权给余某，价格 3.5 元，双方签字，A 公司签章确认。

2009 年 8 月 25 日，程某与余某再次签署《股权转让协议》，该次协议内容与此前 6 月 1 日所签协议的内容基本一致，但仅对 A 公司的股权价格和数量作出变更，股权价格提高至 4.5 元，交易数量降至 100 万股。此外，该协议还约定：余某将购买后的股票挂于程某名下，并在相关法律、法规允许的情况下变现。余某已经将 450 万元股权转让款汇入程某指定的账户内。如余某转让股权，出让股权后所有收入归余某所有。

2010 年 11 月 12 日，A 公司获批在深圳证券交易所创业板上市。

2016 年，余某曾多次要求程某将其代为持有的股票处置变现，但程某均不同意。后余某向法院提起诉讼，要求判令程某所持有的 A 公司股票中的 500 万股归其所有（经过历次的转增配，100 万股已变成 500 万股），并办理股票的过户登记手续。

二、案件焦点

本案的代理过程，可谓一波三折、跌宕起伏。历经海淀区法院一审（认定案涉转让协议有效，余某胜诉，享有 500 万股股票），北京一中院二审

（二审维持），北京市高级人民法院裁定再审（指令北京一中院再审），北京一中院再审（余某败诉，案涉转让协议被认定无效），执行回转，以及后续的海淀法院一审（判决余某享有七成投资收益）、北京一中院二审（二审维持）。

本案曾经历多个不同的程序，案件的争议焦点在不同的时期、不同的程序中均有所不同。本案曾存在多个争议焦点，主要如：公司章程对股东对外转让股权限制的效力问题、股东优先购买权的行使问题，以及上市公司的股权代持问题。纵观本案的整个代理和审理过程，最核心的争议焦点仍是上市公司的股权代持是否合法有效，这是决定余某在本案的诉求能否成立的关键。此外，如果案涉股权转让协议无效，涉及的相关利益如何分配则成为案件不得不解决的实际问题。

三、办案思路与进程

（一）第一阶段：500 万股股票之争

1. 一审、二审及执行过程

接受本案的代理工作后，律师团队详细研究和梳理了相关主要证据，并调研了最高人民法院和地方各级法院与此案相关的司法判例，认为依据案涉的股权转让协议系协议双方的真实意思表示，应为合法有效，应受到法律的保护。据此，如果诉请要求享有案涉的500 万股股票，具有协议依据和法律依据。

基于此，在整个案件的一审过程中，案涉双方主要就案涉股权转让协议的是否合法有效、公司章程限制股东对外转让股权的效力问题、其他股东优先购买权的行使问题等争议焦点问题展开了激烈的辩论，但均未涉及上市公司的股权代持问题，合议庭也未提及该问题。并且，此时期最高人民法院和地方法院的相关司法判例也未涉及上市公司股权代持的法律效力判断问题。

经过审理，一审法院最终支持了余某的诉求，判决享有案涉的500 万股股票。后程某不服提出上诉，最终北京一中院判决维持一审判决。此后，一审判决生效，余某申请法院强制执行，执行法院将案涉500万股股票过户给余某（后被余某逐步出售变现）。

2. 再审过程

至此，本案已执行终结，暂时告一段落。但随着最高人民法院（2017）最高法民申2454号再审裁决结果的出现（以下简称最高人民法院2454号案），本案又起波澜。最高人民法院在该案中明确认定上市公司股权代持无效，裁判观点主要为（具体详见2454号案裁决书，此处仅为部分摘录和概括）：

诉争协议实质构成上市公司股权的隐名代持。因此，涉案协议的性质并非一般股权转让，而是属于上市公司股权之代持。鉴于诉争协议构成上市公司股权代持，最高人民法院认为，对于其效力的认定则应当根据上市公司监管相关法律法规以及《合同法》[①] 等规定综合予以判定。首先，根据中国证券监督管理委员会《首次公开发行股票并上市管理办法》第13条，《上市公司信息披露管理办法》第3条，《证券法》第12条、第63条等规定，公司上市发行人必须股权清晰，且股份不存在重大权属纠纷。同时，公司上市需遵守如实披露的义务，披露的信息必须真实、准确、完整，这是证券行业监管的基本要求，也是证券行业的基本共识。由此可见，上市公司发行人必须真实，并不允许发行过程中隐匿真实股东，否则公司股票不得上市发行，通俗而言，即上市公司股权不得隐名代持。本案之中，在A公司上市前，林某代杨某持有股份，以林某名义参与公司上市发行，实际隐瞒了真实股东或投资人身份，违反了发行人如实披露义务，为上述规定明令禁止。其次，中国证券监督管理委员会根据《证券法》授权对证券行业进行监督管理，是为保护广大非特定投资者的合法权益。要求拟上市公司股权必须清晰，约束上市公司不得隐名代持股权，系对上市公司监管的基本要求，否则，其他对于上市公司系列信息披露要求、关联交易审查、高管人员任职回避等监管举措必然落空，必然损害到广大非特定投资者的合法权益，从而损害到资本市场基

① 本书案例所引法条为当时生效的法律条文。

本交易秩序与基本交易安全，损害到金融安全与社会稳定，从而损害到社会公共利益。综上，最高人民法院认为，本案杨某与林某签订的《委托投资协议书》与《协议书》，违反公司上市系列监管规定，而这些规定有些属于法律明确应予遵循之规定，有些虽属于部门规章性质，但因经法律授权且与法律并不冲突，并属于证券行业监管基本要求与业内共识，并对广大非特定投资人利益构成重要保障，对社会公共利益亦为必要保障所在，依据《合同法》第52条第4项等规定，本案诉争协议应认定为无效。

正是基于上述最高人民法院2454号案例，程某向北京市高级人民法院申请再审，并获得支持，北京市高级人民法院指令北京一中院再审本案。

接受余某的再审委托后，律师团队仔细分析和调研了相关的判例，发现最高人民法院曾就上市公司的股权代持问题先后出具两个判例，且结果截然相反：最高人民法院在（2017）最高法民申2454号再审案中明确上市公司股权代持无效，但时隔仅两个月，最高人民法院在（2018）最高法民终60号案（以下简称最高人民法院60号案）中则肯定了上市公司股权代持的法律效力。鉴于此，律师团队认为，由于最高人民法院相关裁判观点的变更，认定案涉股权转让协议有效的可能较大，以便在再审案件中为余某争取最大利益。同时也考虑到，即便再审按照最高人民法院2454号案的裁判逻辑，认定案涉股权转让协议被认定为无效，但涉及的投资收益仍应归余某所有，其最终的权益仍应得到支持。

最终，本案经过北京一中院的再审，最终认定案涉的股权转让协议构成上市公司的股权代持。因此，该行为损害到广大非特定投资者的合法权益，从而损害到资本市场基本交易秩序与基本交易安全，损害到金融安全与社会稳定，从而损害到社会公共利益，该股权转让协议应为无效。但法院对案涉的投资权益、出资返还等问题并未作出处理，提示双方当事人可另行诉讼解决。

（二）第二阶段：投资权益之争

基于前述再审程序，案涉股权转让协议已经被确认无效，程某申请执行回转。但对于律所团队而言，代理工作远未结束。律所团队认真分析和研判了相关的司法判例和相关规定，包括上述最高人民法院的两个案例、上海金融法院的案例（案号：2018 沪 74 民初 585 号）以及《全国法院民商事审判工作会议纪要》的相关条文（如第 32 条），尤其是在上市公司股权代持无效情形下投资权益如何分配的问题，展开了认真的分析和研究。

鉴于此，律师团队认为即便涉案 8.25 协议被认定无效，人民法院应主动理清合同无效情形下所涉及的相关利益，并应充分尊重当事人的协议安排，司法不做干预；即便要作出分配，也应按照相关规定所确定的分配原则，至少应根据投资收益的贡献程度、对投资风险的承受程度、双方各自的过错程度等情形予以公平分配。

基于上述代理思路，余某再次向海淀区人民法院提起新的诉讼，要求享有全部的股权投资收益。海淀区法院经过一审审理，最终认定：案涉协议虽系无效协议，但在被生效判决确认无效之前已得以履行。诉争 A 公司股份的收益，包括分红以及因上市而发生的大幅增值，并非合同订立前的原有利益，而是合同履行之后新增的利益，显然不属于恢复原状之适用情形，应当适用公平原则酌情处理，确保上述新增利益在当事人之间平衡分配。关于具体的分配比例，一审法院考虑到：第一，在上市公司隐名代持的情况下，股权代持关系的建立本身并不直接构成对公共秩序和公共利益的危害，构成违规并对公共秩序及公共利益造成损害的最直接行为是上市主体的不实信息披露及代持人的刻意隐瞒行为。程某作为 A 公司第二大股东、时任法定代表人、董事，是最主要的信息披露主体，其在上市前为余某代持，又不向监管层披露 A 公司股权真实结构，系导致《股权转让协议》无效的主要过错方。程某认为余某系《股权转让协议》无效的主要过错方，举证不足，一审法院不予采信。余某没有及时结束双方的违规代持关系，对协议无效也需承担部分责任。第二，考虑双方对投资收益的贡献程度，一方面，考虑谁实际承担了投资期间的机会成本和资金成本，按照“谁投资，谁收益”原则，将收益主要分配给承担了投资成本的一方。《股权转让协议》虽包含两层关系，但实际的投资人仍系余某。余某的投资意图显著体现于诉争《股权转让协议》中，即通过支付投资款以换取诉争股份的长期回报。余某支付了投资诉争股份的资金，实际承担了长期以来股份投资的机会成本与资金成本。另一方面，程某作为A公司第二大股东、时任法定代表人、董事长，负责A公司的日常经营管理等，为投资增值亦作出贡献。第三，考虑对投资风险的交易安排，即考虑谁将实际承担投资亏损的不利后果，按照"收益与风险相一致"原则，将收益主要分配给承担了投资风险的一方。虽然诉争《股权转让协议》无效，但无效之原因系违反公序良俗而非意思表示瑕疵，因此该协议中关于利润分配和出让收入分配的内容仍体现了双方的真实意思。根据约定，程某须根据余某的指示处分诉争股份，并向其及时全部交付收益。可见在双方的交易安排中，程某仅为诉争股份的名义持有人，实际作出投资决策和承担投资后果的系余某，若发生A公司上市失败或经营亏损情形，最终可能遭受投资损失的亦是余某。故余某应当分得收益中较大部分，程某可以分得收益的小部分。

四、案件结果与案件评析

（一）案件结果

对于上述投资权益之争的结果，海淀法院一审综合考虑各方当事人的过错程度、对投资收益的贡献程度、对投资风险的交易安排，酌情确定余某应分得的七成比例的股票分红收益及股票增值收益，程某分得三成比例。后程某提出上诉，北京一中院最终维持一审判决。该结果对于委托人而言，虽然有所遗憾，但并不意味着输，最高人民法院裁判观点的重大转变，并非律师团队所能掌控，律师团队已经在现有的司法框架下最大限度地维护了当事人的合法权益。

（二）案件评析

如前所述，虽然本案的事实并不复杂，主要证据也并不多，但涉及众多的焦点问题。当然，即便把握住了焦点问题，但最为关键的仍是司法机关对案件的审理和裁判思路。在本案已经执行完毕的情况下，恰恰是由于最高人民法院相关判例的出现，致使该案件最终出现了两种截然不同的裁判结果，整个过程值得深思。

此外，案涉股权转让协议由于涉及上市公司股权代持，最终被认定无效。被认定无效的根源还在于公序良俗尤其是规章制度在司法实践中的适用问题。在最高人民法院《全国法院民商事审判工作会议纪要》出台之前，司法实践中对规章制度的适用可谓五花八门。最高人民法院《全国法院民商事审判工作会议纪要》最终统一了思想认识，其中的第 31 条就“违反规章的合同效力”进行了专门规定：违反规章一般情况下不影响合同效力，但该规章的内容涉及金融安全、市场秩序、国家宏观政策等公序良俗的，应当认定合同无效。人民法院在认定规章是否涉及公序良俗时，要在考察规范对象基础上兼顾监管强度、交易安全保护以及社会影响等方面进行慎重考量，并在裁判文书中进行充分说理。

综上，笔者认为，最高人民法院在上市公司股权代持问题上的态度变化，实际仍是公法和私法的界限和范围问题，公法进则私法退，公法退则私法进，二者此消彼长。总体来说，对于民商事法律行为而言，公法应慎用对私法自治的干预和调整，对私法自治保持应有的敬畏和尊重。即便本案最终是依据最高人民法院 2454 号案的裁判思路对案涉协议的效力作出最终的认定，但最高人民法院 60 号案仍将存在，反而更能体现出务实和公正的裁判理念，对后续争议双方的权益处理也有非常好的定分止争的作用。

ZY 合伙企业投资纠纷仲裁案

张世国　盛海波

一、基本案情

2015 年 4 月 27 日，申请人 ZY 合伙企业与其他投资人以及三被申请人（A 公司的原股东 B、C、D）共同签署“A + 轮”融资协议，拟出资 3000 万元人民币成为 A 公司的“A + 轮”投资人，并签署“A + 轮”股东协议，该协议明确规定了原股东的回购条款、回购条件和回购价格。

2016 年 4 月 11 日，申请人又参与 A 公司的 B 轮融资，并与 A 公司原股东 B（某上市公司）、C、D 签署融资协议和股东协议。根据 B 轮股东协议第 2.5 条，原股东承诺，A 公司未能在 2018 年 12 月 31 日前完成投资方认可的上市工作，原股东将在投资方（并由各投资方分别单独决定）发出书面回购要求后的 2 个月按照第 2.5 条约定的价格、以现金形式收购投资方所持有的全部公司股权并支付全部对价；第 2.5.1.2 条第 3 项约定，为本第 2.5 条之目的，原股东收购某一投资方所持公司全部股权的价格应为以下两项金额之和：(1) 投资方对 A 公司缴纳的全部投资款；(2) 该投资方对公司缴纳的全部投资款按照每年 12% 的单利收益率计算确定的最低收益之和（“回购价格”）。第 4 条约定了违约责任与赔偿，就因一方在协议或者根据协议交付的其他文件或证据中所做的任何声明、保证、承诺或者约定的不准确或因其违反该等声明、保证、承诺或者约定而导致的所有权利主张、损失、责任、损害赔偿、判决、税务核定、罚款、和解赔偿、成本或开支（统称为“损失”，包括其他方在任何诉讼、程序或其他情况下发生的利息、罚款支出及其支付的合理律师费、专家费、人员费用、顾问费和开支等)，一方均应向其他方作出赔偿、为之辩护并使其免受损害。

截至申请人提出仲裁申请之日，A公司仍无任何上市迹象，且股东B公司债务严重，原实际控制人贾某已经出逃海外，公司诚信和社会认可度急剧下降。

根据B公司的公告，2018年8月8日，A公司的另一B轮投资者已向北京市仲裁委员会提起仲裁，并保全了被申请人名下的相关财产。据此，基于上述事实与仲裁情况，申请人认为，在2018年12月31日前，三被申请人已经没有能力，也不可能让A公司完成投资方认可的上市工作，三被申请人的行为已经构成预期违约，三被申请人应按照B轮股东协议的约定承担回购申请人所持A公司股权的义务，并依约支付回购价款，遂委托笔者团队向北京仲裁委员会提出仲裁申请。

二、案件焦点

基于上述基本事实，可以看出本案实际上是一个投资回购纠纷案件，争议解决方式是在北京仲裁委员会仲裁。总结案件的争议焦点，主要为：ZY合伙企业与三被申请人B、C、D所签署的案涉投资协议是否合法有效，是否应承担股权回购并支付回购价款的义务。

三、办案思路与进程

（一）基本策略

接受委托后，律师对案卷材料进行了详细分析，并进行了多次司法调研。通过分析案卷，认为本案存在的最大问题是关于案涉协议的法律效力判断。影响效力判断的最大障碍是，B公司作为上市公司，目前并没有证据证明其在签署该协议时履行内部审批流程，也没有证据证明其公告过，案涉协议很有可能会被仲裁委认定无效。毕竟，现有的法院判例已经认定上市公司未经公告所签署的协议无效（笔者团队曾在北京市高级人民法院代理过类似案件，最终协议被认定无效），仲裁部门能否坚持自己的独立性，不受现有法院判例的影响，当然，这仍需要跟仲裁庭的多轮沟通和论证。

（二）案件的开庭过程

开庭过程中，B公司笔者拿出了其代理的北京市高级人民法院的案例，试图以此作为本案仲裁裁判的参照，并据此否定案涉投资协议的效力。鉴于该种情况，我们据理力争，并重点强调仲裁程序的独立性，不同于法院的审理程序，法院的裁判思路和结果对本案不具有参照价值。同时，笔者还认为，三被申请人称涉案协议未履行其内部决议程序，借此否认涉案协议的存在及其法律效力，明显依据不足。内部决议程序系公司的内部行为，不具有对世性，更不能影响涉案协议的法律效力。申请人作为善意第三方投资人，完全有理由认为涉案协议已经过三被申请人的内部决议程序，合法有效。

此外，笔者团队针对被申请人代理人提出的相关问题，着重从如下方面发表了代理意见：

1. 现有证据足以证明，涉案协议系申请人、三被申请人以及其他投资人基于共同的合意所签署，是真实存在的。三被申请人否认涉案合同的真实性，与客观事实和大量客观性证据不符，不能成立。

（1）根据B公司的公告，B公司曾明确公告A公司的“A+轮”融资事宜，且公告披露的股权比例，与“A+轮”股东协议后的附表五中的数据完全一致。公告足以证明B公司参与了A公司的“A+轮”融资，涉案的“A+轮”融资协议及“A+轮”股东协议也是客观存在的。

（2）B轮融资协议、B轮股东协议以及相关证据，足以证明B公司参与了A公司的B轮融资，并签署了相关的协议文件。但此后，B公司并未就参与的B轮融资事宜进行披露和公告，在“A+轮”融资事宜已经公告披露的情况下，A公司对B轮融资事宜进行披露，明显信息披露违规，该违规行为不能否认涉案协议的客观存在。

（3）根据相关证据，A公司曾对投资人信息进行了两次工商变更登记，该两次工商变更所涉及的新增投资人与涉案协议载明的签约主体一致，足以说明两次工商变更的基础事实正是涉案协议的签署。同时，三被申请人均参与了关于新增股东的两次股东会决议，对于新增股东的事实是清楚和知晓的，足以证明涉案协议是客观存在的。

（4）从A公司、贾某以及三被申请人的关联关系上看，足以证明三被申请人知道并签署了涉案的融资协议。

（5）根据B公司的公告，除申请人外，已有11位B轮投资人基于同一份B轮股东协议的回购条款向北京仲裁委提起仲裁，12位投资人的仲裁申请书及所提证据可以相互佐证，足以证明涉案协议是客观存在的。

（6）三被申请人向仲裁庭所提供的反驳证据，不足以证明自己不知情或者签约事实不成立。从民事举证责任分配上讲，申请人提供了真实签章的涉案协议，被申请人否认协议的成立，反驳的举证责任在被申请人，举证不能应当承担不利的后果。

2. 涉案协议约定的回购条件已经具备，三被申请人作为A公司的原股东应依约履行回购义务。

（1）现有证据及事实均已证明，涉案协议约定的回购条件已经具备，三被申请人应按照约定履行回购义务。由于A公司未能在2018年12月31日前完成投资方认可的上市工作，该事实已经符合B轮股东协议第2.5.1条约定的情形，回购条件已经具备，回购条款已被触发。

（2）直到2018年10月申请人提起仲裁之时，A公司仍无任何上市迹象，申请人及申请人的委托律师曾向三被申请人发送回购通知函和律师函，要求三被申请人依约履行回购义务，但三被申请人均未予以回复，也未依约履行回购义务。直至申请人提起本案仲裁程序，三被申请人仍未履行回购义务。

3. 回购条款系各方的协议安排，该回购条款不具有担保内容，不应等同于担保约定。

B轮股东协议中的回购条款，实质上是投资人与目标公司原股东达成的特定条件成就时的股权转让合意，系签约各方当事人的协议安排。并且，该回购条款并未体现原股东具有代为清偿义务的意思表示，不能等同于担保约定。

司法实践中，原股东的回购是否构成一项担保，取决于回购条款的内容，并不是回购本身。若回购条款的内容是设定了代为清偿义务的意思表示，则符合《担保法》第6条规定的保证的定义，债务人不履行债务的时候保证人代为清偿，则回购条款具有保证担保的性质；否则，回购条款的内容不具有代为清偿义务的意思表示，则回购条款就不能认为是担保。具体到本案中，原股东的回购，系投资人享有的特别权利，投资人并非一般意义上的债权人，更无与之对应的债务人，且原股东也无代为清偿义务的意思表示。据此，B轮股东协议中的回购条款，在其性质上不能等同于担保。

最终，笔者团队认为，本案证据足以证明涉案协议系客观存在的，系签约各方的真实意思表示，内容合法有效，各方均应切实履行；三被申请人辩称涉案协议不存在并否认其法律效力，明显与客观证据不符；申请人的仲裁请求具有事实依据、合同依据和法律依据，应依法予以保护和支持。

四、案件结果与案件评析

（一）案件结果

经过律师团队的据理力争，最终北京仲裁委支持了申请人的全部申请请求，认定案涉融资协议合法有效，三被申请人应履行回购股权的义务，并应支付回购股权款。

（二）案件评析

本案的难点在于上市公司未经内部审批对外签署协议的效力问题，尤其是未经内部办公系统、审批流程，也未予以公告，效力如何认定。北京仲裁委在本案中还是坚持了仲裁的独立性，尊重签约各方的真实意思表示，尊重了私法自治，最终肯定了案涉回购条款及融资协议的法律效力。

司法实践中，仲裁机构和人民法院作为可供当事人选择的两种不同的纠纷解决方式，本身就是尊重私法自治的表现。当然，法院有时会对私法的意思自治作出干预，往往以不具备某种必要条件为由否定当事人的意思自治。在此情况下，相比而言，仲裁机构的仲裁则更能体现私法自治，只要不违反法律法规，最高人民法院的相关司法解释和相关规定反而可能不被仲裁机关所认可和参照。本案的办理和裁决结果对于投资人来说具有积极的意义。

JY 公司与 ZH 公司合同纠纷案

钱汪龙

一、基本案情

原告 JY 公司与被告 ZH 公司股权转让纠纷一案一审于 2016 年在北京市第二中级人民法院开庭审理。

JY 公司提出诉讼请求：(1) 判令 ZH 公司向 JY 公司支付剩余股权转让款 16,390 万元；(2) 判令 ZH 公司向 JY 公司支付逾期违约金 4,510,311.99 元。

JY 公司主张，2015 年 ZH 公司与 JY 公司签订了《股权转让协议书》，约定 JY 公司将其持有的 CH 公司 100% 股权转让给 ZH 公司。协议约定："中国石油和化学工业联合会（以下简称中石化联合会）在其官方网站上公示 ZH 公司原油使用资质、使用额度审核通过后 5 个工作日内，ZH 公司向 JY 公司支付本条约定的总价款的 25%，即人民币 4750 万元；ZH 公司获取原油使用资质、使用额度 5 个工作日内，ZH 公司向 JY 公司支付总价款的 20%，即人民币 3800 万元；淘汰产能装置拆除并经审核专家组验收通过后 5 个工作日内，ZH 公司向 JY 公司支付剩余款项，总价款 50%，即人民币 9500 万元。目前，上述款项的付款条件均已成就，ZH 公司应向 JY 公司支付前述三笔款项合计 18,050 万元，但 ZH 公司仅向 JY 公司支付 1660 万元，尚欠 JY 公司 16,390 万元，故提起本诉。"

一审法院认定事实：

双方于 2015 年 6 月 9 日签订了《股权转让协议书》，约定 JY 公司将拥有的 CH 公司 100% 的股权转让给 ZH 公司，以实现 ZH 公司收购产能装置满足进口原油使用额度的目标。

2015年6月30日，ZH公司向JY公司支付950万元，2015年11月2日，ZH公司向JY公司支付1660万元。同日，JY公司的工作人员汪某某出具收条1份，载明："支付设备购置款人民币2000万元，扣除17%增值税人民币340万元，实付人民币1660万元，JY公司同意以上付款内容。"汪某某曾作为JY公司的委托代理人，与ZH公司签订本案所涉《股权转让协议书》。

2015年7月10日，中石化联合会在其官方网站上对ZH公司进口原油使用核查评估情况进行公示，公示期为2015年7月10日至23日，上载："受国家发展改革委委托，我会组成专家组，根据《国家发展改革委关于进口原油使用管理有关问题的通知》（发改运行〔2015〕253号）及《核查评估申请用油企业工作细则》的规定和要求，对ZH公司的申报材料进行了审验，并于2015年6月28日—7月1日进行了现场查验和核实。经核查，该公司申请使用进口原油的炼油装置规模、安全、环保、消防、储运等设施，及产品质量和能耗指标均符合相关规定。该公司拟保留570万吨/年常减压装置（220万吨/年和350万吨/年各一套）。按规定淘汰自有落后炼油装置100万吨/年一套；淘汰兼并重组落后炼油装置230万吨/年（60万吨/年1套、50万吨/年1套、30万吨/年4套）；依据发改运行〔2015〕253号文件有关用油数量核算办法，初步确认该公司可使用进口原油530万吨/年。"

《股权转让协议书》约定JY公司负责落后产能装置的拆除。根据查明的事实，ZH公司承诺在规定期限内淘汰兼并重组的落后产能装置为220万吨，而前述落后产能装置中的110万吨并非由JY公司进行拆除。因此，JY公司在落后产能装置拆除环节未能全面履行合同约定的义务，故对其应取得的款项金额一审法院予以酌定。

因此根据上述事实，一审法院判决：（1）ZH公司在本判决生效后10日内向JY公司支付款项11,300万元；（2）驳回JY公司的其他诉讼请求。

后本案上诉至北京市高级人民法院，二审法院经审理查明的事实与一审法院查明的事实基本一致。

二审法院认为：结合ZH公司向JY公司付款的银行付款凭证，本院认定ZH公司向JY公司付款的金额为2610万元。并且，ZH公司的合同目的已经实现，但其没有向JY公司支付相关款项，应当承担相关资金占用期间的利息损失。

综上，二审法院判决如下：（1）撤销北京市第二中级人民法院（2016）京××民初××号民事判决；（2）ZH公司于本判决生效之日起十日内向JY公司支付15,140万元和相应利息损失（自2017年1月17日起至给付之日止，按照中国人民银行同期一年期贷款基准利率计算）；（3）驳回JY公司其他诉讼请求。

2018年，ZH公司就该案件咨询笔者，笔者在认真了解案情及所有相关证据材料后，认为一审、二审在认定事实及法律适用方面均有错误，此后ZH公司改为委托笔者提起本案再审，被最高人民法院受理。最终案件由最高人民法院改判ZH公司向JY公司支付8150万元和相应利息。

二、案件焦点

（一）案涉《股权转让协议书》是否应认定为有效

ZH公司提出，在签订案涉《股权转让协议书》前，JY公司对收购和淘汰落后产能装置的成本做虚假描述，在《股权转让协议书》履行后期，ZH公司才得知JY公司伪造了案涉收购落后产能装置合同中出卖方的印章，河北省某市公安局已经立案侦查。第一，ZH公司作为石油行业的大型企业，对于落后产能装置的购买、淘汰以及用途应当有足够的商业判断，ZH公司自身也淘汰了部分落后产能装置。ZH公司仅以JY公司虚报收购和淘汰落后产能装置的价格为由，主张受到欺诈签订案涉《股权转让协议》，理据不足。第二，ZH公司提交了河北省某市公安局鉴定意见通知书、立案告知书，证明案涉《补充协议》中MX公司、TT公司的印章是伪造的。上述鉴定意见不能排除MX公司、TT公司存在同时使用多枚印章的可能，而且不能证明签订涉案《收购协议书》《补充协议》并非MX公司、TT公司真实意思，也不能证明案涉《收购协议书》《补充协议》上加盖的MX公司、TT公司的印章就是JY公司伪造的。ZH公司提交的上述证据材料并不能证明JY公司在签订案涉《股权转让协议书》时存在欺诈的事实，原审法院未予调取河北省沧州市公安局的鉴定意见，并不违反民事诉讼法相关规定。ZH公司以其属国有企业为由，主张案涉《股权转让协议书》损害国家利益。国有企业进行市场交易，在民商事法律关系中与其他市场主体地位平等，其民事权益属于私主体的私利益，不能直接等同于国家利益。因此股权转让协议书合法有效。

（二）ZH公司是否应向JY公司支付剩余股权转让款及支付的具体数额

如上所述，案涉《股权转让协议书》合法有效，对双方当事人均具有法律拘束力。案涉《股权转让协议书》第一部分合作内容和方式的第2条股权转让约定：(1)甲（ZH公司）乙（JY公司）双方约定，股权转让总价款为19,000万元；(2)本协议签订后5个工作日内，甲方向乙方支付本条约定的股权转让总价款的5%，即950万元作为首付款，乙方收到首付款后2个工作日内，甲乙双方办理股权转让手续；(3)股权转让后2个工作日内，乙方实地交接并把装置图片和设计资料、公司基本情况、装置基本情况、公司股权证明、界区范围、平面图及配套设施等资料交给甲方；(4)中石化联合会在其官方网站上公示甲方原油使用资质、使用额度审核通过后5个工作日内，甲方向乙方支付本条约定的总价款的25%，即4750万元；(5)甲方获取原油使用资质、使用额度后5个工作日内向乙方支付总价款的20%，即3800万元；(6)淘汰产能装置拆除并经审核专家组验收通过后5个工作日内，甲方向乙方支付剩余款项，总价款的50%，即9500万元。据此，案涉股权转让的总价款为19,000万元，共分为四笔支付。具体支付的条件是：(1)案涉《股权转让协议书》签订后5个工作日内；(2)中石化联合会在其官方网站上公示ZH公司原油使用资质、使用额度审核通过后5个工作日内；(3)ZH公司获取原油使用资质、使用额度后5个工作日内；(4)淘汰产能装置拆除并经审核专家组验收通过后5个工作日内。根据原审查明的事实，案涉

《股权转让协议书》约定的前三笔股权转让款支付条件均已经实现，对此，ZH公司亦未提出异议，法院予以确认。因此，JY公司享有依据案涉《股权转让协议书》请求ZH公司支付前三笔股权转让款9500万元的合同权利，而ZH公司抗辩不应当支付股权转让款的理由不能成立，具体分析论述如下：

一是JY公司至今未将CH公司100%股权交付给ZH公司。并且，在案涉《股权转让协议书》履行期间，2015年11月5日与夏某签订一份《股权质押协议》，将CH公司100%股权质押给夏某。2015年12月3日，CH公司受让F公司100%股权。上述行为违反了案涉《股权转让协议书》的约定。ZH公司抗辩实质上是以CH公司股权交割作为其付款的前提条件。但如上所述，案涉《股权转让协议书》约定的ZH公司的付款条件明确，其中与股权转让对应的付款条件仅为第一期，其他三期付款条件均与股权转让无关。并且从结果角度而言，ZH公司提出的上述抗辩事由并未影响ZH公司实际取得原油配额。故ZH公司以CH公司的股权被质押以及CH公司受让案外人的股权作为抗辩，不足以对抗JY公司的付款请求权。ZH公司应当支付案涉前三笔股权转让款9500万元。

二是ZH公司主张支付股权转让价款19,000万元应与JY公司收购及拆除225万吨落后产能装置的交付义务对应。诉争落后产能装置中的115万吨并非JY公司拆除，应以案涉股权转让总价19,000万元对应于落后产能装置吨数计算JY公司交付的110万吨落后产能装置的转让款，二审判决未将落后产能115万吨对应的收购和拆除款项扣除是错误的。

根据原审查明的事实，ZH公司已经支付了第一笔股权转让款950万元，双方当事人无异议，应认定为ZH公司的已付款。对于ZH公司支付的2000万元，汪某某作为JY公司签订案涉《股权转让协议书》的委托代理人，其在收条上签字确认ZH公司实际支付的1660万元计为2000万元，应认定为ZH公司的已付款。二审判决认定不构成表见代理不当，法院予以纠正。因此，ZH公司已向JY公司支付的股权转让款的总额应为2950万元。ZH公司的该项再审申请理由成立。ZH 公司实际支付了收购诉争 115 万吨落后产能装置的款项 1250 万元，双方当事人亦无异议。虽然 ZH 公司未单独提出主张扣减上述款项，但其抗辩应当根据实际履行情况计算支付股权转让款数额时提及上述 1250 万元由其支付的事实。ZH 公司抗辩的目的在于免除或者减少应支付的股权转让款数额，故上述 1250 万元作为已付款，在本案中一并扣减可以一体解决纠纷，与 ZH 公司的再审请求并不矛盾。

总之，根据案涉《股权转让协议书》约定，ZH 公司支付股权转让款的总额是 19,000 万元。ZH 公司尚应当向 JY 公司支付 8150 万元（9500 万元 + 2850 万元 - 1250 万元 - 2950 万元）。

（三）ZH 公司是否应当给付违约金及具体计算依据

如前所述，ZH 公司未能按照案涉《股权转让协议书》约定支付股权转让款，应当承担资金占用期间的利息损失。一审中，ZH 公司认可其获取原油使用资质、使用额度的时间为 2015 年 7 月 31 日。根据案涉《股权转让协议书》约定第三笔付款时间为 ZH 公司获得原油配额后的 5 个工作日内，二审判决综合考虑 JY 公司的违约情形和过错程度，酌定以 2017 年 1 月 17 日为逾期付款的起算日，按照同期一年期贷款基准利率计算逾期付款的利息损失。对于第四笔股权转让款，案涉《股权转让协议书》约定的付款条件是淘汰落后产能装置拆除并经审核专家组验收通过后 5 个工作日内。根据原审查明的事实，ZH 公司在 2016 年 6 月、9 月分别完成了 115 万吨落后产能装置的拆除验收工作，即 ZH 公司应当支付该部分股权转让款 2850 万元的时间亦早于二审判决确定的逾期利息起算点，即二审判决确定的利息起算点并不损害 ZH 公司的利益，最高人民法院予以维持。

综上，案涉《股权转让协议书》合法有效，JY 公司未能全面履行合同义务，对其应得的股权转让款予以相应扣减。ZH 公司未按照《股权转让协议书》的约定支付各期股权转让款，构成违约。二审判决对 ZH 公司已经支付的股权转让款数额和 JY 公司应得的股权转让款数额认定错误，应予纠正。ZH 公司申请再审的理由和主张部分成立。

综上，最高人民法院，判决如下：(1) 撤销北京市第二中级人民法院(2016) 京××民初××号民事判决、北京市高级人民法院 (2017) 京民终××号民事判决；(2) ZH 公司于本判决生效之日起十日内向 JY 公司支付人民币 8150 万元和相应的利息损失；(3) 驳回 JY 公司其他诉讼请求。

三、办案思路与进程

笔者在接受 ZH 公司委托后经研究认为，二审判决认定事实及适用法律均存在错误，遂向最高人民法院提起再审申请，该案成功被最高人民法院裁定提审。提审后，笔者团队与 ZH 公司多次商讨，制订详细的诉讼策略。笔者认为本案的审理重点在于对《股权转让协议书》的效力分析和汪某某在收条上确认签字的行为是否对 JY 公司构成表见代理。对于协议书的效力，应审查是否存在欺诈行为以及是否损害国家利益等问题。对于汪某某的签字确认行为是否构成表见代理，应结合汪某某是否具有 JY 公司出具的委托代理协议及签字确认相关事实进行分析。

最终本案经最高人民法院审判委员会民事行政审判专业委员会决定："案涉《股权转让协议书》合法有效，JY 公司未能全面履行合同义务，对其应得的股权转让款予以相应扣减。ZH 公司未按照《股权转让协议书》的约定支付各期股权转让款，构成违约。二审判决对 ZH 公司已经支付的股权转让款数额和 JY 公司应得的股权转让款数额认定错误，应予纠正。ZH 公司申请再审的理由和主张部分成立。"遂判决撤销原一审、二审判决，改判 ZH 公司仅支付 JY 公司 8150 万元。本案历经 4 年，为客户减损金额达 50%，获得了巨大的成功。

四、案件结果与案件评析

本案涉及的法律关系错综复杂，不但涉及民法的合同部分履行、合同欺诈、损害国家利益、违约责任等，还涉及商法中的表见代理、股权转让等。在涉案数额如此之大，案情如此复杂的案件之中，无论是诉讼时长长达 4 年之久，还是巨额的诉讼费上，都是对当事人及律师的巨大挑战。并且，在经历中院、高院两审过后，判决对 ZH 公司十分不利，但是在笔者与当事人高度信任、合作的基础之上，最终实现再审。

本案从二审判决 ZH 公司应支付近 1.6 亿元，到最高人民法院再审改判的 8150 万元，本金减损金额就达到了 50%（约 8000 万元）。笔者获得当事人的高度评价与赞赏，在维护了当事人合法权益的同时也为此案涉及的法律适用问题取得了开创性的示范效果。

债 权 篇

A 公司与 B 公司、牛某某债权人撤销权纠纷案

张世国　唐　瑜

一、基本案情

笔者团队代理 A 信托公司向北京市某中级人民法院申请对 B 公司强制执行，法院立案后查封了 B 公司持有的 C 公司部分股票，其中有 4500 万股质押给了案外自然人牛某某。笔者团队律师收到法院送达的保全通知书后，立即申请执行法院调查了质押登记的相关情况，根据调查发现，B 公司系在本案强制执行立案后将 4500 万股 C 公司的股票质押给了牛某某，存在恶意设定权利负担从而规避执行的嫌疑。笔者团队遂申请执行法院进一步调查质押权的真实性，执行法院收到笔者团队代 A 公司提交的申请后，向 B 公司发送了执行通知书，要求其提供质押行为的合法性证据，包括不限于质押合同、借款合同、转账记录等。但是，B 公司提供的文件显示，牛某某并未向其出借借款 2 亿元，也就是双方签订的借款合同实际并未履行，牛某某的质押权并无债权基础。

客观情况已经调查清楚，但是法律问题却并不十分明确，即 B 公司与牛某某的行为是否侵犯了 A 公司的债权，A 公司作为债权人是否可以撤销质押合同进而撤销质押登记。笔者团队内部对此亦存在不同意见，并进行了激烈讨论。不同意主张撤销的主要理由是，本案并不属于《合同法》第 74 条规定的应当撤销的情形，因为质押并未转移所有权，所以不属于“放弃到期债

权或者无偿转让财产”，同时也不符合“以明显不合理的低价转让财产，对债权人造成损害，并且受让人知道该情形的”。但是，笔者团队主要的意见是：首先，B公司质押行为发生在执行立案之后，存在明显故意；B公司与牛某某的行为已经导致4500万股C公司股票无法正常拍卖变卖后直接发还A公司；而且，B公司目前无其他可供执行的财产，这实际上已经侵害了A公司的债权。其次，质押合同作为从合同，基础是借款合同，质押权作为从权利基础是借款合同产生的债权，现已查明借款并未发生，则质押权并无主债权基础，因此质押可以理解为B公司无偿转让了作为财产的质押权。退一步讲，即使这个行为无法认定为“无偿转让财产”，在牛某某并未按照约定出借款项的情况下，B公司享有解除质押合同、主张撤销质押登记的合同权利，然而，B公司却拒不行使该权利，仅这个行为也应被认定为“放弃到期债权”的行为。

当然，这只是笔者团队发挥“学院派”特点，积极为当事人争取合法利益的探索和研究，本案中A信托公司是否能得到法院支持，是具有不确定性的。但笔者团队又从当事人的角度思考问题，即使本案不能获得好的结果，对于A公司来说也并不会损失什么，如果不争取，则可能导致上亿元的利益不能实现。鉴于以上分析，笔者团队果断出具法律意见，建议A信托公司起诉撤销质押合同和质押登记，A公司经研究同意了本方案，笔者团队遂代理A信托公司向某高级人民法院提起诉讼。

二、办案思路与进程

上文已经介绍，本案的情况既无法律明文规定，又无司法解释明确规定。即使法官内心确信，认定B公司的行为侵害了A信托公司债权，具有过错或者主观恶意，法律依据这个难题如何解决？笔者团队在起诉前进行了法律检索，如果有先例判决，则对于本案法官来说将具有非常重要的参考意义。遗憾的是，笔者团队经检索发现并无类似案例。在此情况下，笔者团队已经预见被告的可能的激烈抗辩意见，在起诉的同时，有针对性地准备了相应的法庭辩论意见。

果然，二被告均不约而同地提到了A公司的起诉没有法律依据，不同意A公司的诉讼请求。笔者团队在庭审过程中沉着应对，根据起诉时已经准备的思路，从几个方面阐述了起诉的主要事实和法律依据：

1. A公司对B公司享有巨额债权，至今未受足额清偿。

2017年12月16日，北京市某公证处即出具了生效法律文书即执行证书2份，确认B公司欠付A公司到期债务本金共计27,718万元及相应的违约金、利息、公证费、律师费等。A公司申请强制执行B公司案于2018年1月进入强制执行阶段。截至法庭辩论终结之日，B公司仅仅履行了47,558,813.42元，其余债务均未履行，A公司对B公司享有合法有效的债权。

2. B公司将案涉4500万股股票质押给牛某某属于无偿转让财产。

债权人撤销权的立法目的在于防止因债务人的不当行为导致其责任财产减少或可能减少从而害及债权人债权的实现，债权人的撤销权行使的对象是有害债权的行为。《合同法》第74条列举了债权人放弃到期债权、无偿转让财产、以明显不合理低价转让财产三种情形。但该三种情形尚不足以涵盖全部有害债权的行为方式，因此，《最高人民法院关于适用〈中华人民共和国合同法〉若干问题的解释（二）》第18条增加列举了债权人放弃未到期债权、放弃债权担保、恶意延长到期债权的履行期三种情形。以上条文明确列举的对象均为减少或可能减少债务人责任财产的行为，但上述六种情形仍不足以涵盖债务人不当减少责任财产的行为类型。被告无偿还能力的情形下，在其财产上设置担保，与司法解释规定的放弃债权担保性质相当，均属于会危及A公司等其他债权人的债权实现的不当处分行为。根据公平原则和诚实信用原则，允许A公司撤销上述不当行为符合债权人撤销权的立法目的和立法精神。

具体到本案，B公司将名下股票质押给牛某某，双方之间并没有实质交易，牛某某对B公司也没有发放任何的借款，属于无偿转让质押权，加重了财产负担，会导致责任财产的流失，危及A公司等其他债权人的债权实现，属于广义上的无偿转让财产行为，该行为应当成为撤销权行使的对象。且根据B公司与牛某某的《股权质押合同》第4.5款的约定，如牛某某未能在办理完股权质押登记手续后45日内足额发放借款，应在一个交易日内解除对4500股股票的质押并承担违约责任。牛某某至今未发放任何的借款，B公司却一直怠于行权，任由股票质押，也可反映出B公司质押股权并非为借款，而是为了逃避债务，其质押行为应予撤销。

3. A公司的债权由于案涉股票被B公司质押而无法顺利清偿。

B公司在庭审中自认，在质押案涉股票之日，4500万股C公司的股票系其名下唯一没有权利负担的还款保证。B公司在明知其有巨额债务无法偿还且在缺乏偿债财产的情况下，在A公司申请强制执行后将仅有的无权利负担的股票无偿质押给牛某某，导致牛某某对处置该股票所得价款享有优先受偿权。质押行为直接导致A公司可获清偿的债权数额大幅下降，B公司明显已无能力清偿全部债务，A公司的债权受到严重侵害。A公司本有可能以变现B公司名下股票使部分债权得到清偿，但因B公司在该股票上设定质押，实际上限制了A公司债权的实现，执行法院亦明确表示，即使案涉股票拍卖完毕，在本案未撤销质押合同和质押登记的情况下，不可能将全部案款发还给A公司。

针对二被告另外的抗辩意见（如本案已过一年除斥期间，以及律师费不应赔偿的意见）笔者团队又进行了辩论：除斥期间应自权利人知道或应当知道权利受到侵害之日开始起算。虽然执行法官在2018年2月1日查封案涉股票时知悉案涉股票被质押的事实，但是不能主观臆断法官知道B公司无偿质押股票的行为。事实上，执行法官也对B公司的股票质押情况进行了核实，在核实到牛某某的这笔质押时，在2019年2月15日B公司向执行法院出具情况说明后，执行法官才知悉B公司无偿质押股票的行为。否则，执行法官也不会要求B公司出具其质押股票的合法性证据。A公司也正是在2019年2月15日才知道自己权利受到非法侵害的事实，本案的除斥期间的起算日应当为2019年2月15日，A公司主张权利并未超过一年的除斥期间。

《最高人民法院关于适用〈中华人民共和国合同法〉若干问题的解释（一）》第26条规定，债权人行使撤销权所支付的律师代理费、差旅费等必要费用，由债务人负担；第三人有过错的，应当适当分担。本案中，案涉股票质押给牛某某之前，B公司的巨额债务诉讼就已经在公开网站上公示，且牛某某无任何对价就获得巨额财产的质押权，本身就是非善意的，属于有过错的行为，故其应当与B公司共同负担A公司损失的律师费。

关于律师费数额，系A公司及其代理人双方之间的合同行为，真实合法有效，A公司亦当庭出具了代理合同、律师费发票及转账凭证，A公司的损失已经真实发生，被告应当依法予以赔偿。

三、案件结果与案件评析

一审法院经审理采纳了笔者团队的代理意见，判决支持了A公司的全部诉讼请求，撤销了案涉质押合同并撤销质押登记，并由二被告赔偿A公司已支付的律师费。牛某某不服提起上诉，最高人民法院经审理判决驳回上诉维持原判。至此，A公司取得了重大胜利，该笔股票经二次司法拍卖流拍后，A公司以物抵债取得股票所有权，抵扣其债权1.152亿元。经过一段时间A公司将股票变卖，溢价近4000万元，本案中笔者团队整体为A公司争取利益1.5亿元，得到了当事人极大的肯定。

本案的办案心得是：

第一，一定要有为客户争取最大利益的决心。如果主办律师接到保全通知书后没有主动申请法院调查股票质押的时间，如果发现时间系在执行立案之后而未进一步申请法院调查借款合同履行情况，如果没有客户利益至上的执着，则笔者团队不会提出起诉的建议，A公司可能也不会提起本案诉讼，这1.5亿元就不会最终地执行到位。

第二，要善于从法律的原意出发，找出解决方案。本案的成功还有一个非常值得借鉴的一点就是创新。笔者团队办案过程中、适用法律时不仅关注法律规定本身，更会探析法律规定的背后，也就是立法的本意是什么。也正是这种钻研精神，尤其是对于立法本意的探讨，征服了承办法官，取得了本案重大的胜利。

第三，要抓住机遇，勇于建言献策。就本案而言，如果没有笔者团队的建议，诉讼可能不会发生。笔者团队在分析本案的客观情况后，虽然法律评估本案并非一定胜诉，但商业角度权衡利弊认为起诉具有必要性，于是果断向客户建议起诉，这需要勇气和担当。

A公司与B银行借款合同纠纷案

陈孟君

一、基本案情

（一）当事人

原告（二审上诉人）：A公司；被告（二审被上诉人，我方当事人）：B银行；第三人：C公司。

（二）案由

借款合同纠纷。

（三）具体案情

2011年1月12日，A公司作为借款人一、C公司作为借款人二（抵押人）与作为贷款人的B银行签订了《人民币抵押贷款合同》，合同约定合同项下的贷款金额为259,000,000元，实际贷款金额以贷款额度为限……借款人自第一次提款之日起2年内不得提前还款，2年后经贷款人事先同意的，借款人可以在任何一期的还款日提前偿还……如提前还款的资金来源为抵押物租金、销售收入，则借款人须交付提前还款部分1.5%之款项作为还款手续费；若提前还款资金为其他收入，则借款人必须缴付提前还款部分3%之款项作为提前还款手续费。

截至2014年9月，A公司累计贷款金额为125,918,955.29元、C公司累计贷款金额为65,058,852.29元。

2014年9月29日，A公司为提前还款，向Z银行两次借款，金额分别为

1.6亿元和3000万元，上述款项于当日汇至A公司在B银行的账户中。同日，A公司通过B银行转账65,058,852.29元至C公司在B银行的账户中。

同时，A公司与C公司向B银行提交了《不可撤销提前还款通知书》，并向B银行申请提前还款。与此同时，A公司又提交了两份《提前扣款授权书》，授权书载明，“借款人A公司授权B银行自上述本公司账户内扣除下列的款项或费用，直至另行通知，(1) 有关《人民币抵押贷款合同》项下的还款本息；(2) 有关《人民币抵押贷款合同》项下的提前还款费、逾期利息、罚息、贷款承诺函、年审费等与本贷款相关之各类费用…… (6) 有关《人民币抵押贷款合同》项下本公司依法应缴纳的印花税。本公司承诺在上述本公司的账户内保存足额的款项，以确保B银行可执行上述指示”。

同日B银行收到文件后同意两公司提前还款，且按照授权书扣划了贷款本息及约定的还款金额的3%收取还款手续费，并向A公司致函，确认“A公司已于2014年9月29日提前偿还贷款，提前还款本息120,377,637.96元”；向C公司致函，确认“C公司已于2014年9月29日提前偿还本息65,058,852.29”。2014年9月29日17:47，B银行从A公司在该行账户手工扣款5,541,317.33元，摘要为“提前还款手续费”。

2015年4月，也就是还款完成半年后，A公司认为自己提前还款的资金来源是从其他银行借款，该资金不应当视为其与B银行签署的《人民币抵押贷款合同》项下约定的“其他收入”，即B银行不应当按照还款金额的3%收取还款手续费。A公司要求B银行返还其此前收取的提前还款手续费。B银行就该事宜向A公司、C公司发出律师函，提出B银行收取提前还款手续费合法合规。后因双方无法通过协商达成一致，A公司向北京市朝阳区人民法院提起诉讼。

二、案件焦点

本案的争议焦点在于，从合同解释的角度，来自其他银行的借款能否视为《人民币抵押贷款合同》项下约定的“收入”。

三、办案思路与进程

在一审中，笔者先是向 B 银行确认收取提前还款手续费并非针对 A 公司的偶然现象，而是 B 银行自开展按揭贷款业务以来所形成的惯例。同时，笔者意识到，若本案中 B 银行败诉，那么会有更多此前已经提前还款的借款人向 B 银行追讨提前还款手续费，将对 B 银行造成极大的不良影响。

了解上述情况后，针对本案争议焦点，笔者结合合同的性质、合同的整体内容，采取文义解释、体系解释、目的解释、习惯解释、诚信解释等多种解释方法，明确说明来自其他银行的借款应当视为《人民币抵押贷款合同》项下约定的“收入”，并提交民事答辩状。具体答辩思路如下：

首先，根据文义解释来看，案涉合同中的“收入”一词并无特殊含义，按照《现代汉语词典》（第五版）的解释，名词上的指收进来的钱，通过各种方式及来源所取得的进项，并未将某种渠道收进来的钱比如银行贷款排除在外。其次，根据《人民币抵押贷款合同》的提前还款条款设计的背景来看，该类贷款中提前还款的收入要么是转让抵押物所得，要么是其他金融机构的贷款。也就是说，借贷双方对于来自其他银行的借款属于本合同中约定的“其他收入”是心知肚明的。最后指出，将来自其他银行的借款视为“其他收入”是符合贷款合同条文体系的完整性。结合贷款合同的全文，若认为来自其他银行的借款不能视为其他收入，也是贷款合同中所述的转让抵押物等情形，那么贷款合同就出现了巨大的漏洞。该漏洞是显而易见的，双方在签署合同的时候不可能视而不见，因此将来自其他银行的借款视为“其他收入”是合情合理的。

此外，笔者指出，A 公司、C 公司在将提前偿还款项打入其在 B 银行的账户中时，就已经将提前还款手续费金额包含在内，也就是说，A 公司在还款时认可 B 银行收取提前还款手续费。而且，本案中 A 公司是于 B 银行收取提前还款手续费半年后才对此提出异议的，显然 A 公司是这半年间想到可以通过曲解合同达到退还款项目的，并对此进行起诉的。

一审开庭后，笔者针对庭审焦点问题进一步进行分析，并驳斥A公司提出的错误观点，从多种角度撰写并提交了代理意见及补充代理意见、补充代理意见（二）。笔者在代理意见中先是明确指出，A公司在庭审中对案涉条款的解释是片面的、完全不合理的，若按照A公司的方式解释该条款，则该条款将与合同其他条款相矛盾，也会致使案涉合同产生明显的漏洞，且不符合双方订立合同的目的。同时，笔者明确B银行收取提前还款手续费是不违反法律法规以及银监会的规定的，也就是说，在不违反法律、行政法规的强制性规定的情况下，A公司与B银行达成合意，该合意是合法有效的，也就是说B银行收取相应的提前还款手续费是合法有效的。另外，笔者从实际与程序层面反对A公司提出案涉条款为格式条款的情况，即若A公司声称该条款为格式条款，根据“谁主张，谁举证”的原则，应当由A公司对该问题承担举证责任；从实际层面来看，B银行仅是普通的金融机构，而A公司则是具有充分市场竞争力的优质客户，在这种情况下B银行不可能强迫A公司接受格式合同或者条款。

一审法院在听取两方当事人的观点后，经综合考虑多种因素，最终依法作出如下判决意见。关于争议焦点：对于提前还款情形下的资金来源系其他银行的借款是否构成“其他收入”，法院认为：（1）依据我国《合同法》，当事人对合同条款的理解有争议的，应当按照合同所使用的词句、合同的有关条款、合同的目的、交易习惯以及诚实信用原则，确定该条款的真实意思。根据通常解释，“收入”的内涵之一在于“资金的进账”，但是此解释却与会计准则意义上收入的内涵不尽一致，故在合同条款存在漏洞需要进行解释之时，需要结合《人民币抵押贷款合同》的整体相关内容，从合同目的和合同整体内容角度，按照诚实信用的原则加以解释。法院认为，一方面，从订立提前还款费条款的动因、目的和必要性来看，确有保障合同履行以维护贷款人预期利益的意图与作用，存在提前还款的情形下，提前还款费条款具有损失填补的功能，A公司亦在本案中提及其认为对方觉得利息较低，如果挣钱后给对方补充一部分利息损失故约定了提前还款费；另一方面，在《人民币抵押贷款合同》中，就提前还款费的具体计算比例，当事人在抵押物租金、销售收入之外另列一条“其他收入”情形，此处的“其他收入”应解释为系针对“抵押物租金、销售收入”的除外条款，依此解释，《人民币抵押贷款合同》中就提前还款费约定的两种比例标准并列一起构成了范畴周延的提前还款费条款。因此，将来自其他银行的借款解释为包含在“其他收入”的范畴内，更加符合合同内容的整体逻辑。（2）如果将来自其他银行的借款排除在“其他收入”的范畴内，即该种形式的还款不属于《人民币抵押借款合同》约定的两种类型的收入，则该种形式的还款不符合《人民币抵押借款合同》约定的提前还款形式，依照《人民币抵押贷款合同》，借款人违反本合同约定方式提前还款则构成违约事件，贷款人有权要求借款人为其违反本合同约定方式提前还款之行为承担相当于提前还款金额5%的违约金，B银行在答辩意见中对此亦予以明确，而此种情形对于借款人明显更为不利。根据我国《合同法》的相关规定，对格式条款的理解发生争议的，应当按通常理解予以解释。对格式条款有两种以上解释的，应当作出不利于提供格式条款一方的解释，据此，在本案中，将来自其他银行的借款解释为属于“其他收入”的范畴，对A公司和C公司并无不利。综上所述，从合同解释及平衡保护当事人利益的角度，就案涉合同而言，来自其他银行的借款应当被解释为“其他收入”。另外，本案中出现的合同及条款不能认定为格式合同及格式条款，且未违反法律、行政法规的强制性规定，是合法有效的。因此，一审法院支持了B银行主张的肯定解释，判决驳回A公司的全部诉讼请求。

A公司不服一审判决，并向北京市第二中级人民法院提出了上诉。在二审中，笔者坚持一审中提出的观点。二审法院经审理认为A公司的上诉请求不能成立，应予以驳回；一审判决认定的事实清楚，适用法律正确，应予以维持，并最终判决驳回上诉，维持原判。

四、案件结果与案件评析

（一）案件结果

本案一审法院支持了我方的观点，并判决驳回原告的全部诉讼请求。原告不服一审判决，上诉至二审法院。二审法院认为一审法院的判决认定事实清楚，适用法律正确，应以维持，故判决驳回上诉，维持原判。

（二）案件评析

本案最主要的价值在于，本案的判决结果将会影响B银行已结业务的效力和后续业务的处理问题，即如果B银行在本案中败诉，它将面临一系列类似诉讼。因为贷款关系中提前还款是一个普遍现象，许多借款人都存在提前还款的行为，B银行也均按照相关合同的约定收取提前还款手续费，所以，如果本案败诉，其他的借款人很有可能依据本案的生效判决对B银行提起类似诉讼，要求B银行返还相应的提前还款手续费，这将会给B银行带来巨大的经济损失。而且，此前没有任何机关或者法院对银行等金融机构是否应当收取提前还款手续费问题表达出明确的态度或者作出相应的判决，B银行与笔者均面临巨大的压力。经过笔者及多方的共同努力，最终案件得以胜诉，不仅保全了B银行的现实合法权益，也对B银行未来的业务产生了深远的影响。

另外，本案的焦点为合同解释问题，笔者结合合同的性质、合同的整体内容，采取文义解释、体系解释、目的解释、习惯解释、诚信解释等多种解释方法，将双方有争议的词语进行了明确的解释，这为最终的胜诉结果奠定了坚实的基础。

值得注意的是，二审法院对于银行等金融机构收取提前还款手续费的合理性作出了极为清晰的论述，具体内容如下：在商事交易中，贷款期限的约定对于贷款人和借款人均有一定的期限利益，借款人提前还款在放弃自身期限利益的同时也会在一定程度上影响贷款人的期限利益。为维护交易的可预期性及稳定性，银行等金融机构作为贷款人，往往会在中长期贷款业务中约定提前还款的相应费用。从商业角度考量，金融机构约定提前还款费用主要基于以下因素：其一，提前归还贷款系对合同主要内容的变更，该行为打乱了金融机构的资金计划，意味着金融机构的贷款安排和资金使用计划需要重新调整，不利于金融机构的经营管理。其二，提前归还贷款对于金融机构获取利益会造成一定程度的影响，对于金融机构而言，资金的充分利用是利润来源的保障，而提前还款一方面会减少预期利益，另一方面则会导致闲置资金的增加。其三，提前归还贷款会增加金融机构的资源消耗，每笔贷款业务的开展涉及贷款调查、审核、发放等多种环节和手续，而提前还款客观上会增加金融机构的工作量，消耗不必要的资源。鉴于此，约定合理限度内的提前还款费用，既可敦促当事人依约履行合同、恪守承诺，又可平衡贷款人融资成本和利润，均衡当事人之间的权利义务关系，维护商事交易的自愿、公平及诚实信用原则，维护社会和经济秩序的安全稳定。

至于A公司提出的B银行收取的手续费过高的问题，二审法院也从两个角度予以回应：一方面，根据“谁主张，谁举证”原则，A公司并未提供任何证据予以证明。另一方面，从合同性质来看，商事交易主体通常具备较丰富的交易经验和风险识别能力，对风险比例的预定亦往往在各自合理预见的范围之内，因此，商人应承担更高的注意义务，以维护市场秩序。故本案中各方当事人应尊重合同约定，依约履行各方义务。也就是说，商事主体在从事商事活动时要注意风险防范，在合同签订前应当审查合同，减少商事活动中的风险。在合同履行过程中若新产生或发现其他风险点，应当及时予以规避，如签署补充协议等。

（三）客户反馈

本案经多方努力，最终使我方当事人得到了满意的结果，最大限度地保护其权益，并对其后续的工作产生深远的影响。在案件终结后我方当事人对笔者的工作表示极大的赞许与认可。此外，办案法官也对笔者在案件过程中作出的一系列工作表示好评。

王某与岳某、刘某民间借贷纠纷案

龙圣强

一、基本案情

岳某与刘某于1997年4月15日登记为夫妻，因资金周转需要，二人多次向王某借款，王某通过转账和现金等方式向岳某交付出借资金。

2018年1月1日，岳某向王某出具借条一张，借条载明利息按年息15%计算，借款金额800万元。

800万元借款金额的构成为：转账352万元（2015~2016年）、其他借款利息48万元、现金50万元、前述450万元借款本金三年的利息折抵150万元、200万元现金（2017年12月）。

2021年3月，王某对岳某、刘某提起诉讼。

二、案件焦点

本案的争议焦点有二：一是王某是否完成800万元出借义务，二是案涉借款是否为岳某、刘某的夫妻共同债务。

本案的难点有二：一是借款发生期间《最高人民法院关于审理民间借贷案件适用法律若干问题的规定》经过两次修正，法律的具体适用复杂，利息计算烦琐；二是借条中并无刘某签字，夫妻共同债务的认定困难。

三、办案思路与进程

民间借贷领域，借贷双方往往非亲即友，借贷相关的书面手续非常简单，有时甚至仅有口头协议。在关系融洽阶段，双方不会产生分歧，一旦对簿公堂，则借款方会想方设法拖延诉讼进程以及减轻自己的还款责任。

针对本案的难点一，笔者先与王某当面沟通，让其将所涉借款的出借凭证一一出示，然后按照当时的司法解释计算，判断48万元利息和150万元利息是否超过年利率24%的最高限，经过严谨计算，初步判断该48万元、150万元利息未超过法律规定的保护范围，可以计入借款本金。此外，针对大额现金交付，笔者建议王某以取款凭证、现金照片、催款记录以及现金交付地点、在场人员等作为证据收集方向。

针对本案的难点二，夫妻共同债务的举证及认定，司法解释及裁判观点存在一定变迁，笔者认真对最高人民法院相关司法解释以及规范性文件进行梳理：

1.《最高人民法院关于适用〈中华人民共和国婚姻法〉若干问题的解释（二）》（法释〔2003〕19号）

第二十四条　债权人就婚姻关系存续期间夫妻一方以个人名义所负债务主张权利的，应当按夫妻共同债务处理。但夫妻一方能够证明债权人与债务人明确约定为个人债务，或者能够证明属于婚姻法第十九条第三款规定情形的除外。

2.《最高人民法院民一庭关于婚姻关系存续期间夫妻一方以个人名义所负债务性质如何认定的答复》[（2014）民一他字第10号]

经研究，同意你院审判委员会的倾向性意见。在不涉及他人的离婚案件中，由以个人名义举债的配偶一方负责举证证明所借债务用于夫妻共同生活，如证据不足，则其配偶一方不承担偿还责任。在债权人以夫妻一方为被告起诉的债务纠纷中，对于案涉债务是否属于夫妻共同债务，应当按照《最高人民法院关于适用〈中华人民共和国婚姻法〉若干问题的解释（二）》第二十四条规定认定。如果举债人的配偶举证证明所借债务并非用于夫妻共同生活，则其不承担偿还责任。

3.《最高人民法院关于适用〈中华人民共和国婚姻法〉若干问题的解释（二）的补充规定》（法释〔2017〕6号）

在《最高人民法院关于适用〈中华人民共和国婚姻法〉若干问题的解释（二）》第二十四条的基础上增加两款，分别作为该条第二款和第三款：

夫妻一方与第三人串通，虚构债务，第三人主张权利的，人民法院不予支持。

夫妻一方在从事赌博、吸毒等违法犯罪活动中所负债务，第三人主张权利的，人民法院不予支持。

4.《最高人民法院关于依法妥善审理涉及夫妻债务案件有关问题的通知》（法〔2017〕48号）

第三条第一款　审查夫妻债务是否真实发生。债权人主张夫妻一方所负债务为夫妻共同债务的，应当结合案件的具体情况，按照《最高人民法院关于审理民间借贷案件适用法律若干问题的规定》第十六条第二款、第十九条规定，结合当事人之间关系及其到庭情况、借贷金额、债权凭证、款项交付、当事人的经济能力、当地或者当事人之间的交易方式、交易习惯、当事人财产变动情况以及当事人陈述、证人证言等事实和因素，综合判断债务是否发生。防止违反法律和司法解释规定，仅凭借条、借据等债权凭证就认定存在债务的简单做法。

5.《最高人民法院关于审理涉及夫妻债务纠纷案件适用法律有关问题的解释》（法释〔2018〕2号）

第一条　夫妻双方共同签字或者夫妻一方事后追认等共同意思表示所负的债务，应当认定为夫妻共同债务。

第二条　夫妻一方在婚姻关系存续期间以个人名义为家庭日常生活需要所负的债务，债权人以属于夫妻共同债务为由主张权利的，人民法院应予支持。

第三条　夫妻一方在婚姻关系存续期间以个人名义超出家庭日常生活需要所负的债务，债权人以属于夫妻共同债务为由主张权利的，人民法院不予支持，但债权人能够证明该债务用于夫妻共同生活、共同生产经营或者基于夫妻双方共同意思表示的除外。

通过对夫妻共同债务相关规定的梳理不难发现，夫妻共同债务的认定最开始采用推定原则，只要是债务发生在夫妻关系存续期间，便推定为夫妻共同债务，由夫妻一方承担该债务为个人债务的举证责任，该阶段显然是以债权人利益优先保护为原则；此后，随着虚假诉讼高发以及未举债的配偶一方利益时常遭受不法侵害，最高人民法院陆续出台相关规定加大了债权真实性、合法性的审查力度；最后发展到当前的从利益衡平的角度出发，夫妻共同债务的认定以共债共签、共同合意为原则，家庭日常生活需要所负债务为补充，除此之外的债务需要债权人证明该债务用于夫妻共同生活、共同生产经营。

为完成债权人的举证责任，笔者建议王某翻看此前与刘某的短信、微信、通话记录等，以明确刘某是否就案涉借款的出借、还款等与王某进行过沟通，并建议王某了解一下刘某个人的工作收入以及刘某名下财产情况等。

四、案件结果与案件评析

一审判决（2021）京0115民初6725号：关于借款数额，法院认定王某完成800万元出借义务。关于夫妻共同债务，法院认为共债共签是认定夫妻共同债务的充分条件，但非必要条件，也就是说，从前述司法解释的条文中不能得出只有共债共签的债务才是夫妻共同债务的结论。本案中，岳某所借款项用于工程建设，借款后，刘某一直与王某保持沟通联络，并在沟通过程中承诺会偿还借款，显然刘某对上述债务是知情并同意的。另外，从本案关联的系列诉讼来看，岳某、刘某夫妇共同财产（房屋和车辆）大部分登记在刘某名下，二人在法庭要求到庭核实相关事实的情况下拒不到庭，二被告难以推翻原告所称刘某系借贷关系受益人的主张。综上，案涉借款应为岳某、刘某二人的夫妻共同债务。

二审判决（2022）京02民终294号：驳回岳某、刘某上诉，维持原判。

纵观本案诉讼过程，笔者建议：借款前拟订规范的书面借款合同，如果借款人是已婚人士，需由夫妻双方签字；同时，做好相应的担保增信措施，为借款设置合法有效的保证、抵押、质押等；借款偿还期限届满后及时主张权利，切莫超过三年的诉讼时效，否则出借人将面临债权难收的尴尬处境。

A信托公司代位权诉讼纠纷案

盛海波

一、基本案情

2017年10月26日，A信托公司与B公司签署《信托贷款合同》，约定由A信托公司向B公司提供总金额不超过60,000万元的贷款，贷款分期发放，每一期贷款的期限均为2年，自各期贷款实际发放之日起算；贷款利率为6.35%/年。后来，因为信托贷款保证人出现重大诉讼，A信托公司宣布信托贷款提前到期，并起诉至北京市第四中级人民法院。经过审理，北京市第四中级人民法院确认A信托公司全部债权，并判令清偿全部贷款。后B公司不服一审判决，向北京市高级人民法院提出上诉，北京市高级人民法院最终维持一审判决。一审判决生效后，A信托公司向法院申请强制执行。

其间，2019年1月16日，B公司曾向A信托公司提供其与C公司所签署的《借款协议》，该借款协议项下的应收账款总金额为人民币3.7亿元。B公司以该3.7亿元应收账款向A信托公司进行了质押增信，并在中国人民银行征信中心进行了权属登记。C公司对上述应收账款的数额、还款账户等情况进行了确认，并签署《应收账款确认函》。

此后，B公司仍未按时足额偿还借款本息并支付违约金、罚息以及实现债权的费用等。并且，B公司在对C公司享有3.7亿元债权的情况下，仍怠于行使对C公司的到期债权，致使A信托公司的债权不能实现。A信托公司决定委托笔者团队解决该法律事宜。

二、案件焦点

经过梳理，笔者团队总结本案的争议焦点：A 信托公司对 C 公司行使代位权是否具有事实依据和法律依据？

三、办案思路与进程

（一）基本策略

基于案件的基本事实，笔者团队分析，对于 A 信托公司而言，要想真正实现债权，关键在于是否抓住 B 公司的有效财产，但也仅能对 B 公司名下的相关资产行使权利，B 公司作为平台公司，其资产均为对外投资的股权，并无房产、土地等固定资产。如果 B 公司没有财产可供执行，则是否有其他可替代的可能。经过调研，笔者团队认为 C 公司作为房地产开发公司有财产可供查封和执行。A 信托公司享有对案涉应收账款的质押权，但并不意味着 A 信托公司可以直接对 C 公司名下的资产进行司法处置。这就出现了应收账款质押权和代位权的选择适用问题，哪一个路径更能直接实现债权人利益。

经过与 A 信托公司深入研究和讨论，并调研了相关的司法判例，笔者团队最终决定，搁置应收账款质押，利用 C 公司对案涉应收账款的确认，主动提起代位权诉讼，进而保全 C 公司名下的相关资产。

（二）案件的开庭过程

基于上述策略，笔者团队第一时间根据案件材料准备代位权诉讼的相关材料，提前研判 C 公司可能提出的各种抗辩理由，以便做好应对。顺利立案后，A 信托公司及时申请财产保全，将 C 公司名下近 3 亿元货值的商品住宅以及商业房进行了财产保全。至此，代位权诉讼的第一步目的顺利实现。

庭审过程中，C 公司抗辩称：（1）A 信托公司的起诉不符合法定条件。①C 公司欠付 B 公司的债务未届清偿期，应当裁定驳回起诉。②C 公司欠付 B 公司的 1.7 亿元人民债务至今未届履行期，A 信托公司无权就此债务行使代位权。③A 信托公司要求 C 公司承担律师费、担保服务费等实现债权所需的费用，违反法律规定，主体不适格，应当裁定驳回诉讼请求。(2) A信托公司已在北京市第四中级人民法院起诉债务人B公司，该案目前在北京市高级人民法院二审审理过程中，A信托公司与B公司的债权债务金额并未确认，因此应当中止本案审理。(3) A信托公司自愿放弃应收账款质押的担保物权，选择行使债权人代位权的意思表示真实有效；债权人代位权作为一般债权，A信托公司作为B公司债权人，对B公司的债权不能享有优先受偿权。

针对上述问题，笔者团队提出如下代理意见：(1) 案涉信托借款合同系依法成立的合同，对当事人具有法律约束力，当事人应当按照合同约定履行自己的义务。(2) A信托公司对B公司的借款债权已经人民法院生效的法律文书确认。(3) C公司已向A信托出具了《应收账款债务确认书》，承诺将《质押标的的应收账款清单》借款合同中对应的应付款支付给A信托公司，故A信托公司请求C公司向其履行还款义务，理由正当。

四、案件结果与案件评析

(一) 案件结果

本案经河南省南阳市中级人民法院一审审理，最终支持了A信托公司的诉求，判决C公司向A信托公司支付相应款项。后C公司未上诉，一审判决生效。A信托公司申请强制执行，并对查封的房产启动评估拍卖程序。

遗憾的是，由于B公司及其上级母公司涉及巨额债务问题，B公司及其关联公司的全部案卷已被最高人民法院指定北京市第三中级人民法院集中管辖。目前，B公司已处在破产重整过程中，法院对C公司的债务至今尚未得到执行。

(二) 案件评析

本案涉及的关键问题是，在应收账款的质押权和代位权同时存在的情况下，作为金融机构如何选择和决策。本案初期，笔者团队经过反复论证和讨论，认为代位权诉讼可以超出信托贷款合同的相对性，直接针对有优质资产的C公司，比坚守应收账款质押权更为有效，并且，行使代位权并不意味着放弃应收账款质押权。

此外，该案实际还涉及一个问题，在B公司破产重整的情况下，其所持有的C公司的股权价值大概率归零，则这并不意味着B公司丧失对股权的掌控。由此，案涉的应收账款作为B公司的破产财产，如何评估作价，就显得尤为重要。如果估价较低，则对A信托公司明显不利。可能的情况下，实际仍可以通过代位权诉讼的执行来弥补相应损失。但由于集中管辖尚未解除，涉及C公司的执行案件暂时处于执行中止状态。代理人相信，无论最终怎样，集中管辖均是管辖的集中，是程序的问题，下一步法院会进行实体的处理，相信该案最终会得到相应的最终的执行。

谢某借贷合同仲裁胜诉案

孟　为

一、基本案情

仲裁申请人李某向北京仲裁委提起仲裁，称李某与仲裁被申请人谢某是大学同学，谢某自2002年起以改善家庭生活、投资需要为由多次从李某处借款。2015年7月28日，双方签署借款合同确认了3776万元借贷事实（3776万元由1176万元和2600万元两部分构成）。仲裁请求为归还上述借款以及利息。

被申请人谢某系人工智能领域海外归国的著名专家，他慕名找到东卫律师事务所孟为律师，介绍了案件的真实情况，称双方资金往来属投资性质，不存在未偿还债务。案件基础事实存在巨大分歧，东卫律师所接受谢某的委托，指派孟为律师代理被申请人谢某办理此案。

由于本案涉及人工智能领域海外归国专家的投资和维权，受到了人工智能领域科研专家的持续关注。

二、案件焦点

本案争议焦点是双方的借贷关系是否真实存在？双方资金的往来属于借款还是股权转让款？

李某的仲裁请求依据是2015年7月28日签订的借款合同，数额为3776万元，其中包含1176万元和2600万元两部分，由17笔打款记录构成。此前双方于2012年8月18日签订过一份借款合同，确认李某向谢某合计提供借款 1176 万元，该合同列举了每笔出借数额、出借时间等信息，与 2015 年 7 月 28 日签订的借款合同中 1176 万元列举的出借信息完全重合，李某并没有向谢某二次借出资金的行为，应认定两份合同是对同一组出借行为的重复记录。

谢某系人工智能方面的技术专家，看好人工智能的发展和应用，他自 2006 年开始陆续设立六家科技公司，向李某借款的目的系该六家科技公司的运营。谢某于 2014 年年底与李某合意将六家科技公司重组设立北京总公司，双方签订的重组协议约定，重组前双方发生的全部资金往来款项 1176 万元本息免除，李某获得北京总公司 20% 份额的股权，李某亦在多个场合认可该部分债务已经抵消。

借款合同中 2600 万元虽然表述为“出借款”，但综合全案事实和证据，并根据双方在 2015 年 7 月签署的多份股权转让协议的合同安排，李某保留了公司股权，并未支付对价，无权以“股转债”为由继续主张借款的返还。

尽管在本案合同及信函中，被申请人作出了继续偿还 1176 万元及 2600 万元的承诺，但鉴于李某对保留的股权未支付对价，债权实际不存在，被申请人的承诺本身构成了自愿履行的赠与行为，依法可予撤销赠与。

故此，李某与谢某之间的资金往来属于借款还是股权转让款事实已基本清晰，代理律师围绕该思路和焦点进行全面抗辩。

三、办案思路与进程

（一）去伪存真，透过现象看本质

委托东卫律师之前，谢某已进行了近两年的维权，进行了多次代理人的更换。接受委托时，距离仲裁案开庭仅一个月。时间紧，任务重，律师重新对案件证据进行了全盘梳理。

申请人李某主张本息返还的证据有：收条、借条、记账凭证、银行电汇凭证及现金支票存根、录音录像、微信记录等，上述证据相互印证款项已经实际支付给被申请人谢某，证据显示内容与借款合同记述列举的数额、时间基本吻合。从申请人提供的证据看谢某从李某处获得借款，从表面看，事实清楚证据确凿，但深入了解后，事实并非如此，代理律师进行了全面的案件还原。

谢某系国家重大人才、人工智能技术领域国家级特聘专家、中央“千人计划”专家。谢某自2006年起在国内陆续设立六家科技公司，并于2014年年底设立北京总公司完成对六家公司的重组。在此过程中李某持续对北京总公司进行股权投资，并参与公司经营，逐步取得了公司的实际控制权，最终将谢某股份全部取代。

借款合同显示资金出借的时间持续十几年，笔数多达17笔，但李某前十几年都未向谢某主张过还款。旧债未还，李某又持续向谢某大额出借资金，这明显不符合逻辑。从出借的时间上，集中的年份也与谢某开设公司拓展业务存在高度重合。事实上谢李二人是共同投资创业，且二人均参与公司经营，资金已转为投资，而非原先的借贷。

事实上，2015年7月28日至30日，谢某将持有的公司67.33%股权转让给李某，二人签订了三个版本的股权转让合同。股权转让同日，双方又签署了申请事项所依据的借款合同。从实际履行情况上看，李某持有北京总公司股权比例持续递增，从20%逐渐增加至98%，同时李某持续参与公司经营，直至对公司全盘掌控。可见李某开始系借款，后来在做股东还是做债权人的选择性履行中，选择了要公司的股权，并且实际登记为股东，因此本案其主张借贷关系事实上和证据上不成立。

代理律师的答辩意见从以资金的交付时间，形成的主要文件（会议记录备忘录、三份股权转让合同、工商登记文件），李某在公司的任职和控制经营等方面逐一进行证据分析，还原本事件的始末。

（二）以正当渠道和手段维护权益，以理性思维和态度实现目的

事情的转折是在2015年，公司发展前景看好，谢某虽然作为公司的首席科学家和创始人却被李某暴力驱逐，赶出了公司，这段经历和打击使谢某一度一蹶不振，对被暴力夺取的公司股权多年来耿耿于怀。在本人接手案件之

前，谢某已经采取了一些维权手段，但效果并不理想，究其原因是在证据不充分的情况下贸然发起维权程序，且未能就自身利益的兑现和损失的补偿提出切实的实现方法和实现路径。

本次仲裁之前，谢某曾以借款合同无效为由向广州中级人民法院提出了确认无效之诉。理由是李某通过对谢某发出死亡威胁并派黑社会杀手殴打谢某、灌服迷药等方式，胁迫谢某签署虚假合同，不是谢某的真实意思表示，也向北京市公安机关提出控告，并已依法立案，但经过某分局派出所的前期侦查，2022 年年底公安机关作出撤销案件决定书。

针对上述维权的失败，代理人为当事人设计了一整套维权的方案，合理和理性地进行维权。

（三）充分利用关联案件关联程序辅助本案审理

鉴于谢某与李某从矛盾爆发到开始维权间隔了六七年之久，证据灭失严重，已进行的维权程序结果又不利，谢某初创的六家子公司和完成重组后的北京总公司均早已注销，经过慎重考虑和充分协商，在仲裁案件开庭前，谢某向管辖法院提出了清算责任纠纷之诉。在该程序中，谢某作为原告就与李某间未偿还的来往账款、未交割的股权转让款、未处置的知识产权等问题提出了全面的清算主张。虽然谢某的清算责任之诉因诉讼时效的原因，诉讼请求未得到法院的支持，但通过该案件的两审审理，对于理清二人的争议和还原事实具有重大意义。对于本案仲裁查明事实也起到很重要的作用。

四、案件结果与案件评析

经审理，仲裁庭驳回申请人的全部请求。裁决书主要内容如下：

首先，本案借款合同中约定的 1176 万元及其利息、违约金的债权，申请人李某已经自认将其本息免除作为获得北京总公司 20% 股权的对价。在申请人李某获得北京总公司 20% 股权时，其债权已经消灭。

其次，关于 2600 万元款项，申请人李某认可系其受让被申请人谢某公司 10.67% 股份时支付的股权转让对价，该说法具有高度盖然性。

双方在2015年7月17日签署股权转让协议，约定李某将已经持有的公司20%加上10.67%比例的股份回转给谢某，但鉴于申请人李某拟退出北京总公司的行为引发了公司的失控，上述2015年7月17日双方签署股权转让协议并未实际履行，即申请人李某并未将当时持有的股权回转给被申请人谢某。相反，2015年7月29日双方又签署股权转让协议，约定被申请人将其持有的公司67.33%的股权无偿转让给申请人，转让完成后申请人持有公司98%的股权，被申请人不再持有公司股权。在此情况下申请人不仅未回转其原有的20%加上10.67%的比例的股权，反而无偿获得了被申请人的67.33%的股权。因此，在2015年7月17日的股权转让协议并未实际履行的情况下，申请人保留了股权，无权以"股转债"为由继续主张借款的返还。

最后，尽管在本案合同及信函中，被申请人在债权并不存在情况下仍作出了继续偿还1176万元及2600万元的承诺，但在不存在其他对价支付的情况下，被申请人的上述承诺本身构成了自愿履行的赠与行为，无法强制履行。《民法典》第657条规定："赠与合同是赠与人将自己的财产无偿给予受赠人，受赠人表示接受赠与的合同。"第658条第1款规定："赠与人在赠与财产的权利转移之前可以撤销赠与。"综上，尽管本案合同约定了被申请人应偿还申请人款项，但是被申请人明确拒绝偿还，应视为其撤销了该赠与。因此，对于申请人提出的仲裁请求，仲裁庭不予支持。

裁决书基本上采纳了代理人的代理意见，达到了预期效果。

案件胜诉的同时，也带来深深的思考，谢某作为人工智能领域的杰出人才，但在科技成果转化中遇到多项法律问题，走了很多弯路，丧失了市场的机会，让人唏嘘不已，如果在合作之初就有律师进行规范、健全的法律保障，维权之路就不会如此曲折。

某中央企业与徐某第三人撤销之诉纠纷案

张健超

一、基本案情

（一）案件事实情况

2000年8月8日，甲村村民委员会（甲方，以下简称甲村村委会）与徐某（乙方）签订《渔坑承包合同》，约定：甲方将其东边渔坑承包给乙方经营管理，用于养殖各种渔木，承包形式为一次性包死，承包期限30年，自2000年11月15日起至2030年11月14日止。

2003年7月11日，某区生态产业园管理委员会（以下简称产业园管委会）与某中央企业（以下简称A公司）签订协议书，约定产业园管委会将位于某区生态产业园区内的部分工业用地有偿出让给A公司。后产业园管委会与甲村村委会签订《A公司结构生产基地项目地上物补偿协议书》，约定产业园管委会采用全面包干将地上物补偿款转给甲村村委会，甲村村委会负责和村民签订协议并腾退。

2003年11月17日，A公司通过产业园管委会向甲村村委会支付土地补偿款377.31万元、地上物补偿费用58.81万元。

2004年1月7日，A公司通过土地出让取得编号为某市某区国用（2004出）字第00×号《国有土地使用证》；2012年11月7日证书完成更换，A公司由此取得编号为某市某区国用（2012出）第001××号《国有土地使用证》，该证书载明：土地使用权人：A公司；座落：某区某镇；地类（用途）：工业用地；使用权类型：出让；终止日期：2047 年 12 月 30 日；使用权面积：276186.820 平方米。徐某承包的地块在上述《国有土地使用证》四至范围内。

A 公司早在 2004 年便取得案涉土地的使用权，但甲村村委会及徐某一直仍然占有并使用涉案土地及土地附着地上物，侵害了 A 公司对案涉土地的使用权。

（二）案件诉讼情况

A 公司曾作为原告，以甲村村委会为被告，向北京市某区人民法院提起诉讼，要求排除妨害。2022 年 7 月，法院曾作出判决要求甲村村委会停止侵权，将其占用的甲村村域内的 90 亩土地腾退并拆除地上物后交付给 A 公司。

该前述案件判决生效后，徐某认为该案判决损害自身权益，以 A 公司、甲村村委会为被告提起诉讼，请求法院撤销原生效判决。2022 年 8 月，A 公司委托东卫律师事务所代理此案，东卫律师事务所指派笔者团队具体代理。

二、案件焦点

1. 徐某是否具备提起第三人撤销之诉的原告主体资格？

2. A 公司对于案涉土地的使用权能否对抗徐某对案涉土地的承包经营权？

三、办案思路与进程

在代理本案过程中，笔者团队通过梳理大量的案件材料，包括但不限于《A 公司生产基地急需办理国有土地使用证手续的请示》《关于 A 公司建设某生产基地建议书的批复》《建设用地规划许可证附件》《征地委托书》《征地申请》《征地协议》《国有土地使用证》等，对涉及的事实进行初步调查和核实，确定案件的基本事实框架，并识别案件中涉及的法律问题和潜在的法律责任，形成了最终的法律方案。主要办案思路如下：

1. 徐某不符合第三人撤销之诉的主体要件，应裁定驳回其起诉

徐某不属于有独立请求权的第三人或无独立请求权的第三人。提起第三人撤销之诉的主体限于我国《民事诉讼法》第59条第1款、第2款规定的第三人，具体包括有独立请求权的第三人和无独立请求权的第三人。同时，提起第三人撤销之诉的主体应当具有原诉讼当中第三人的主体资格和诉讼地位。

本案中，2004年1月7日之后徐某与甲村村委会签订的《鱼坑承包合同》的合同目的无法实现，即自2004年1月7日起，徐某对案涉土地不享有土地使用权，即徐某对原审涉及土地使用权不享有独立请求权，亦没有利害关系，因此徐某不具备第三人撤销之诉的原告资格。

此外，参照《浙江省高级人民法院印发〈审理第三人撤销之诉案件疑难问题解答〉的通知》第7条，“下列主体不具备第三人撤销之诉的原告资格：……4. 原案当事人系法人、非法人组织的其，分支机构、出资人、股东、成员……”本案中，原审被告甲村村委会为村民自治组织，徐某系其成员，故根据该规定徐某亦不具备第三人撤销之诉的原告资格。

2. 第三人撤销之诉的程序要件不满足，法院应裁定驳回徐某起诉

根据《最高人民法院关于适用〈中华人民共和国民事诉讼法〉的解释》第293条、《北京市高级人民法院民一庭关于审理第三人撤销之诉案件适用法律若干问题的研讨纪要》第4条“归责于第三人未参加诉讼的处理”的相关规定，第三人撤销之诉的起诉条件应当满足程序条件，即第三人因不能归责于自己的事由未参加原诉讼，自知道或者应当知道其民事权益受到损害之日起6个月内，向作出生效判决、裁定、调解书的法院起诉。

本案中，原审诉讼A公司与甲村村委会排除妨害纠纷一案，原审法院于2022年6月10日立案后，甲村村委会就该案与徐某进行协商、洽谈，因此，徐某自始知道原审诉讼情况，但在原审诉讼期间，却从未向法院申请以第三人身份参与至原审诉讼中。故徐某明知原诉的存在，却没有在当时提起诉讼，且客观上也无妨碍其提起诉讼的事由存在，故其行为不符合《民事诉讼法》第56条规定的“因不能归责于本人的事由”的情形，徐某未参加原审诉讼

应归责于其自身，第三人撤销之诉的程序要件不满足，法院应驳回其起诉。

3. A公司享有的用益物权优先于徐某享有的合同债权

根据《民法典》第323条：“用益物权人对他人所有的不动产或者动产，依法享有占有、使用和收益的权利。”A公司对于案涉土地享有的物权为用益物权。根据《民法典》第331条：“土地承包经营权人依法对其承包经营的耕地、林地、草地等享有占有、使用和收益的权利，有权从事种植业、林业、畜牧业等农业生产。”土地承包经营权人的基本权利，包括允许承包人对集体所有的耕地、林地、草地等享有占有、使用和收益，这与用益物权的核心特征一致。故徐某对于案涉土地一开始享有的也属于用益物权。

但自A公司代为征收案涉土地并于2004年1月7日取得编号为某市某区国用（2004出）字第00×号《国有土地使用证》后，案涉土地性质发生了变化，即由集体土地变更为了国有土地，故徐某的土地承包经营权在A公司取得《国有土地使用证》时即告丧失，原合同无法继续履行。

从权利属性和分类上来讲，A公司对案涉土地享有的权利属于用益物权，因此该权利具备物权的基本特征和法律效力。《民法典》第323条规定，用益物权人对他人所有的不动产或者动产，依法享有占有、使用和收益的权利。这表明用益物权是一种直接由法律赋予的物权，具有使用和收益特定不动产或动产的法定权利，而不是通过合同的约定来获取的债权。据此，物权相较之债权而言具有优先性，此即意味着，当同一标的物之上同时存在债权人主张债权与物权人主张物权相冲突时，物权优先于债权实现。

具体到本案，徐某对案涉土地从一开始享有的用益物权变成了合同债权。根据物权效力的优先性，徐某的合同债权无法对抗A公司的用益物权，其只能要求甲村村委会对其剩余承包款予以退回，要求其承担相应的违约责任。

4. 根据合同相对性，徐某应向甲村村委会主张违约责任

根据《民法典》第465条第2款：“依法成立的合同，仅对当事人具有法律约束力。”这意味着合同的效力仅及于合同当事人，合同当事人之外的第三人不受合同约束，也不能享有合同权利。本案中，与徐某签订《渔坑承

包合同》的为甲村村委会，但案涉土地已被A公司代为征收后，原合同应认定为符合法定解除条件，已无法继续履行。

根据《民法典》第566条第1款、2款：“合同解除后，尚未履行的，终止履行；已经履行的，根据履行情况和合同性质，当事人可以请求恢复原状或者采取其他补救措施，并有权请求赔偿损失。合同因违约解除的，解除权人可以请求违约方承担违约责任，但是当事人另有约定的除外。”本案中，徐某在签订合同时就一次性交清了30年的承包费，故对于未履行合同期限的承包费应当由甲村村委会予以返还。

四、案件结果与案件评析

（一）案件结果

东卫律师事务所在第三人撤销之诉纠纷一审阶段接受被告A公司委托，通过笔者团队律师专业、细致的代理工作，最终取得了令人满意的结果。法院对于笔者团队的意见予以采纳，认定原告徐某不具备提起第三人撤销之诉的要件，并且此前判决要求甲村村委会停止侵权、将案涉土地于判决生效后30日内腾退给A公司的判决不存在错误。

2023年6月30日法院作出判决，判决驳回原告的诉讼请求，原审判决未被撤销。本案判决作出后，原告未上诉。

（二）案件评析

农村集体土地腾退事件往往发生在国家或地方政府推动的基础设施建设、城镇化发展等背景下，其目的是为公共利益服务，主要是满足城市急速扩张用地需求的一种选择。以北京为例，实践中的基本流程为：以村民自治的形式，村民会议或村民代表会议通过腾退补偿安置方案，村民与村委会在腾退期内签订安置补偿协议，再由具体的实施主体完成后续的补偿安置事宜。

农村集体土地腾退虽然满足了一定的城市发展需求，但由于涉及的利益相关者众多，利益关系错综复杂，具体执行中极易出现纠纷。具体到本案中，案件有以下几个特点：

1. 在“腾退”中，由村民委员会充当腾退人的角色，权力较大并贯穿了整个腾退过程。

2. 受到历史及传统等因素影响，造成了土地登记权利人与土地实际占有人不一致的情况，从而引发纠纷。

3. 本案涉及的权属关系复杂。包括土地所有权、使用权以及承包经营权等权益的确认和处理。由于农村集体土地上的使用权与土地承包经营权的性质不同，造成了本案权益冲突的复杂性，土地的用益物权人和村民个人利益之间产生了冲突。

4. 本案涉及的利益相关者众多。农村集体土地的权属涉及村民个人、农村自治组织、地方政府以及地方企业的多方权益。

5. 面对我国农村社会长久以来形成的乡土人情、伦理秩序，本案维权难度较高。

经过笔者团队的悉心研究、努力争取，法院的裁判逻辑以认定腾退案件性质为前提，不仅尊重了历史上形成的多种因素，而且考虑到了未来土地发展利用的前景。该裁判结果在维护了当事人合法权益的同时，也实现了土地腾退的自愿有偿、公平有序的目标。

侵权篇

徐某财产损害赔偿纠纷胜诉案

孟　为

一、基本案情

原告徐某系被告一公司的职工。2009 年被告一发起集资建房，原告购置房屋一套。该房屋于 2012 年 4 月建成后徐某入住。近年来徐某发现家中污水排水管道经常反污水，污水来自本楼层住户。徐某家住在一层，一层户内所有污水排水应为独立排水，与楼上不发生关系，污水应直接排到室外，是由于污水管道在建设施工中的瑕疵造成了原告家发生多次反污水。

2022 年 10 月，原告家中的污水管道再次反水，造成了原告严重的财产损失。原告徐某诉至法院，诉求被告一房屋的建设单位和被告二小区物业共同将案涉房屋污水排水管道进行无偿修缮、更换并赔偿原告因污水排水管道反水遭受的财产损失。

东卫律师事务所接受原告徐某的委托，委派孟为律师担任原告的代理人代理本案。

二、案件焦点

本案存在以下争议焦点：

第一，受理法院是否有管辖权。

2009 年被告一发起集资建房，原告以公司职工身份购置房屋时与被告一签订《集资建房合同》，合同中约定如发生争议双方可提起仲裁。被告一因此主张受案法院没有管辖权。

第二，原告的诉讼请求是否已经超过诉讼时效。

被告提供了《某小区工程质量竣工验收记录》，证明案涉小区在2012年4月已经过建设单位（被告一）、设计单位、施工单位、监理单位四方参与竣工验收并出具了合格证明，且提交了《某小区入户须知单》可证明原告于2012年4月入住案涉房屋。截至案涉房屋发生返水事故的2022年10月，原告已使用案涉房屋超过十年，房屋已过保修期，原告诉求赔偿超过了诉讼时效。

第三，几被告是否存在过错。

被告一认为案涉纠纷发生前已将房屋的物业管理职能移交给被告二，被告一不再对案涉房屋承担物业管理义务，无须对保修期届满后的房屋再进行维护、修缮。被告二认为已协助进行过管道疏通，尽到了物业服务职责。同时，被告一为说明其不存在过错，追加施工单位为被告三，得到法庭的准许。

第四，本案损失如何确定。

三、办案思路与进程

（一）关于管辖权的确定

原告是案涉房屋的物权人。代理律师认为，根据《民事诉讼法》中专属管辖的规定，物权所在地的基层人民法院具有本案管辖权。《民事诉讼法》第34条规定："下列案件，由本条规定的人民法院专属管辖：（一）因不动产纠纷提起的诉讼，由不动产所在地人民法院管辖……"专属管辖是对当事人诉权处分的一种限制，是诉讼程序上的强制性规定，不允许当事人通过合意进行变通，所以应从严把握，尽可能限定在确有必要的范围内。适用专属管辖的不动产纠纷仅限于不动产的部分物权纠纷，不扩张至不动产的债权纠纷。根据最高人民法院《关于适用〈中华人民共和国民事诉讼法〉的解释》，适用专属管辖的不动产纠纷是指"因不动产的权利确认、分割、相邻关系等引起的物权纠纷"。限定仅上述种类的不动产物权纠纷适用专属管辖范围。

代理律师认为本案属于不动产物权纠纷中"相邻关系引起的物权纠纷"。

所谓相邻关系，是指法律为调整相邻不动产的利用，而就两个或者两个以上不动产权利人之间所规定的相互提供便利和接受限制的权利义务关系，如相邻不动产权利人之间的利用邻地通行、采光、安设管线、用水排水等法律关系。相邻关系在性质上是所有权内容的限制或扩张。按照《民法典》的规定，相邻关系包含因用水、排水而产生的相邻关系。徐某物权受损正是由于相邻污水排水管道而产生的，属于相邻关系，因不动产的相邻关系等引起的物权纠纷应由不动产所在地人民法院管辖。法院采纳了代理律师的意见。

（二）关于是否超过诉讼时效

根据《民法典》的规定，物权是权利人依法对特定的物享有直接支配和排他的权利，包括所有权、用益物权和担保物权。造成不动产或者动产毁损的，权利人可以依法请求修理、重作、更换或者恢复原状。业主对建设单位、物业服务企业或者其他管理人以及其他业主侵害自己合法权益的行为有权请求其承担民事责任。侵害物权，造成权利人损害的，权利人可以依法请求损害赔偿，也可以依法请求承担其他民事责任。法律规定的物权保护方式，可以单独适用，也可以根据权利被侵害的情形合并适用。根据《民法典》第179条规定的承担民事责任的十一种方式，原告提请被告承担“修理、重作、更换”和“赔偿损失”两类民事责任。

关于修理、重作、更换的诉讼请求，原告在庭审中明确细化修缮方案为：“按照国际标准在地下室结构墙休中安装柔性套管；DN100和DN150两管偏差严重，需按国标分别校正符合国家标准每一米不能超过1毫米的偏差；妥善处理管道下的支撑物，DN100和DN150两支管子加装支墩（座）；地下一层管道按照施工图纸一层与二层以上不关联来修复，一层地漏与二层至二十八层排水管断开，一层独立排水。”该修缮方案得到了法庭的充分重视，并敦促被告根据修缮方案提出修缮措施，力求根本解决问题。

关于未超过诉讼时效的答辩，原告代理律师提出案涉房屋未经合法验收，因未经合法验收而未到达法律意义上的交付条件，而保修期从交付之日起计算。在保修期限内发生的房屋质量问题属于保修范围，房地产开发企业应当履行保修义务，并对造成的损失承担赔偿责任，原告的诉讼请求并未超过诉讼时效。

（三）关于过错责任的认定

被告一为推脱责任，申请追加工程的设计单位、施工单位、监理单位一并参与诉讼，并且坚持仅认可专业机构对工程责任的鉴定结论。但如果按照以上程序推进本案，不仅诉讼周期大大延长，而且工程类鉴定项目严格细分、鉴定费用较高，原告因房屋和财物受损现本就处于无家可归的尴尬境地，实在无法承受如此高的维权成本。于是，我们加强了证据的收集和法律法规的查询，力求通过原告举证的方式证明原告物权受损的责任所在，使法官能用判决的方式认定责任主体。

对于过错责任的认定，代理人提出：

1. 被告一作为该集资建房项目的建设单位，房屋未经验收合格便交付使用，对因房屋质量问题造成的损失承担主要责任。

被告一应确保房屋质量合格，竣工验收后再交付使用，但事实上该房屋投入使用十年之久仍没有通过工程验收。原告在北京市建委的网站上和现场均未查询到房屋已经竣工验收的备案记录。且原告提交了一组录音证据，证实被告一对于房屋没有通过验收的事实明知且认可。依据《城市房地产管理法》第27条的规定，房地产开发项目的设计、施工必须符合国家的有关标准和规范。房地产开发项目竣工，经验收合格后方可交付使用。此外，应向房产产权人出示《住宅质量保证书》《住宅使用说明书》并保证房屋的配套基础设施具备交付的条件。另外，《商品房销售管理办法》第33条规定，房地产开发企业应当对所售商品房承担质量保修责任。当事人应当在合同中就保修范围、保修期限、保修责任等内容作出约定。保修期从交付之日起计算。在保修期限内发生的属于保修范围的质量问题，房地产开发企业应当履行保修义务，并对造成的损失承担赔偿责任。同时，该法第40条规定，房地产开发企业将未组织竣工验收、验收不合格或者对不合格按合格验收的商品房擅自交付使用的，按照《建设工程质量管理条例》的规定处罚。综上，被告一应在本案中承担主要责任。

2. 被告三作为施工方，因其施工不当应向原告负直接责任。

原告列举了被告三施工中的大量瑕疵，且该施工瑕疵直接造成了原告房屋受损，具体体现如下：

第一，根据《建筑给水排水及采暖工程施工质量验收规范》（GB50242—2002）基本规定中关于3.3“施工过程质量控制的规定”即3.3.3“地下室或地下构筑物外墙有管道穿过的，应采取防水措施。对有严格防水要求的建筑物，必须采用柔性防水套管”。但经现场查看，案涉房屋下水道对应的楼外排水部分未采用柔性防水套管，现场结构墙内不见翼环，墙外不见有法兰盘。并且，现场图片显示，在拆除埋在主体结构的排水管时将结构墙里的钢筋头露出，如果施工方按国标要求在建设安装了柔性套管，就不会发生如此现象。

第二，依据《建筑给水排水及采暖工程施工质量验收规范》（GB50242—2002）5.2“排水管道及配件安装”一节中5.2.16“室内排水和雨水管道安装的允许偏差和检验方案”表中要求室内排水管道安装的允许片偏差应符合表格中的规定，即铸铁管每1米不大于1毫米，而现场目侧偏离严重，明显超过几十倍规定值。

第三，依据《建筑给水排水及采暖工程施工质量验收规范》（GB50242—2002）3.3.12的规定：“管道及管道支墩（座）要严禁铺设在冻土上和未经处理的松土上。”而现场管道下面根本不见支墩（座），导致管道没有支撑，进而断裂。

第四，按施工图纸所示，1层与2层以上不关联，1层地漏与2至28层排水管断开，1层户内所有污水排水为独立排水。但施工单位并未照图施工，未遵照国标GB50015—2019表4.4.11表中≥20层楼底层需单独排出的规定。

庭审中，原告申请被告一及被告三提供建筑工程相关资料，包括：涉事楼的施工图及隐蔽工程施工图及工程验收记录；涉事楼室内室外雨污水管线施工图，排水管材料合格证书，及进场检（试）验报告，隐蔽工程记录，通水通球试验记录，施工记录、工程质量记录；涉事楼排水管通接口、坡度、支架质量检查记录。而以上证据二被告均不能充分完整地提供，提供的部分证据亦未能证明工程质量达标。

原告通过对施工标准的细致查询和对于被告三施工不符合标准的充分举证，有力地证明了被告三的责任。

3. 被告二未尽维护职责，应就原告的损失承担部分责任。

被告二作为物业服务提供者，在原告数次反映下水问题时，只是对下水管道进行简单疏通，从未彻底解决，致使 2022 年 10 月原告房屋发生严重的污水反流事故，造成原告损失的扩大。被告二管理失职，应承担部分责任。

承办法官组织开庭四次、现场勘验一次，后依据日常生活经验、勘验现场情况及在案证据认定责任如下：

1. 造成原告徐某房屋内漏水是由房屋所在楼栋的污水排水管道排水堵塞、不畅引起，现亦无证据证明徐某对此存在过错。

2. 被告一作为涉案房屋所在的项目开发和发包单位以及向徐某出售房屋的一方，有义务向徐某提供合格、适用的房屋。但现认定，该房屋未经合法手续验收合格，且污水排水管道发生堵塞问题。

3. 被告二对污水排水管道进行了定期疏通，尽到了物业管理责任。并且，涉案的污水排水管道建设、质量问题不属于物业管理单位的责权范围。

4. 涉案房屋所在楼栋于 2012 年 4 月建成，被告三作为施工单位虽出具了其与监理单位所作出的《某小区住宅及配套工程竣工报告》，但截至目前未在建设管理部门办理竣工验收备案手续。因此，不能认定该项目已经合法手续验收合格。

至此，对于三被告的责任已由法院进行了清晰的认定，不仅节省了时间也大大节约了诉讼成本。

（四）关于财产损失数额的认定

本案诉求的财产损失数额虽然不大，但索赔财物类别不同，如启动财产损失鉴定程序有失效率，因此代理律师积极地促进调解工作，希望双方在赔偿数额部分达成一致。鉴于被告始终态度强硬，原告只能申请法官对财产损失情况进行现场查验，由法庭酌定损失数额。

法院认定的主要标准如下：

1. 财物损失：事故给原告徐某造成的财物损失应以实际发生为限，且需考虑财物损失与本案事故的因果关系。依据现场照片、视频以及法院勘验现场所见，财物未有肉眼可见明显损坏的，财物损失无法判断是否系本次事故所致的，不予支持。综合考虑财物的购置价格和使用时间，由法院酌情判定财产损失金额。

2. 产生费用：因本次漏水事故，徐某确需另租房居住和存放物品，故其该项损失是合理和已实际发生的，法院予以支持。现场清理费和物品搬运费亦属合理和已实际发生的，法院亦予以支持。

3. 重装费用：因该费用现未实际发生，法院无法就此判定重新装修所需数额。该项费用徐某可待实际发生后另行起诉处理。

本案认定的财产损失数额虽与原告主张有一定差距，但在双方无法协商一致的前提下，法院的认定方式和认定标准是客观公允的，亦与委托评估后的结果相近，由法庭行使自由裁量权可大大节省成本，是原告效率较高的选择。

四、案件结果与案件评析

根据《民法典》的规定，行为人因过错侵害他人民事权益造成损害的，应当承担侵权责任。侵害他人财产的，财产损失按照损失发生时的市场价格或者其他合理方式计算。原告徐某在入住房屋后，发生污水排水管道漏水、反污水的问题，其房屋受损是不争的事实。房屋保修期从交付之日起计算。在保修期限内发生的属于保修范围的质量问题，房地产开发企业应当履行保修义务，并对造成的损失承担赔偿责任。被告一、被告三作为涉案房屋的开发、施工方，应当就污水排水管道堵塞所造成的原告财产损失承担赔偿责任，被告二因尽到了相关物业管理义务，无须就此承担责任。

案件取得了胜诉，但也反映出在集资建房领域的法律漏洞和问题，特别是开发单位和建设单位没有严格按照施工规范进行规范施工，未进行规范验收和竣工备案，造成业主的财产受损，依法应当承担赔偿责任。

某头部直播公司侵权索赔案

邵 男

一、基本案情

（一）案情概述

本案是北京某外贸服装公司因公司出纳职务侵占，外贸服装公司作为被害人追回案涉财产的案件。此案从2019年刑事案件案发到2024年民事二审结案，从刑事程序一直被迫到民事程序，历时六年，经过八审裁判，历尽周折与艰辛。

据李某供述，其在担任公司出纳期间受到了直播平台的诱骗，遂利用管理公司对公账户负责资金收支的职务便利，将被害人公司资金共计2500多万元汇入自己名下的个人账户，用于网络直播打赏、网络游戏消费等。主要打赏对象有广州、武汉、上海等地的直播公司。案件涉及的直播平台对象是在美国纳斯达克上市的国内知名某直播企业A公司。

东卫律师事务所接受被害人公司委托，指派邵男律师作为被害人的代理人。

在刑事阶段，从一审到二审，到发回重审，再一审二审，均以“冻结在案的案外人钱款涉及众多法律主体和多重法律关系，根据本案具体情况，不宜直接在刑事审判中通过刑事追缴程序处理，可另行依法解决”为由，最终未能获得支持。刑事程序被最终驳回后，被迫转战民事程序。经过对诉讼策略的综合分析、利弊取舍，最终选择以侵权纠纷为由提起诉讼。民事诉讼程序经过管辖权异议程序的一审、二审后，在北京某一审法院被100%支持，判决由A公司对李某的侵权行为承担连带赔偿责任。但案件在二审法院遇到了挑战，经综合衡量，案件进入艰难的调解过程。在反复拉锯沟通后，双方在法院的主持下以我方诉讼请求金额70%多的比例调解结案。

（二）本案亮点

1. 重大性

在本案办理过程中，被中央电视台“焦点访谈”记者关注。案件的被害人以及邵男律师作为承办律师在“焦点访谈”2023年5月25日播出的节目《失控的直播打赏》中被采访。根据节目中披露的相关数据，我国网络表演（直播与短视频）行业有超1.5亿网络直播账号，超10亿内容创作者账号，近2000亿元市场营收。在如此巨大的新兴行业繁荣的表象下却暗藏直播平台主体责任缺失、主播良莠不齐、打赏行为失范等严重问题。很多人因为直播打赏倾家荡产，甚至不惜犯罪深陷巨额打赏的畸形世界不能自拔，给社会带来巨大的危害。

网络直播平台应该依法依规引导用户合理消费、理性打赏。而不能因为是新兴行业就成为法外之地，就可以漠视法律，漠视社会责任的承担。2021年2月国家网信办等七部委发布《关于加强网络直播规范管理工作的指导意见》，要求压实平台主体责任，强化用户行为规范，确保导向正确，提升主流价值引领。要求网络直播平台应当坚持把社会效益放在首位、社会效益和经济效益相统一，切实维护网民权益。在此时代背景下，本案的审理结果对维护社会的公平正义、维护社会经济秩序的有序进行、维护社会的交易安全具有重大意义。

2. 复杂性

本案被害人财产的追回历时6年，从刑事程序到民事程序，尤其复杂。因为案涉事实涉及多方主体及多重法律关系。本案李某从被害人公司职务侵占资金，将案涉款项从公司账户转移至自己个人银行账户。李某在A公司直播平台开设账号，账号与自己的银行账户绑定。李某用自己的银行账户从直播平台购买YC（YC是一种只有平台自己才能使用的“货币”，功能仅限于平台消费如买礼物，或者买类似于贵族、皇帝等直播平台专有的网络虚拟身份)，再用YC购买平台礼物，再用礼物打赏给平台主播。而平台主播要与直播平台分成，一般为五五分成，即主播与平台各自分得50%。这里还要扣除平台给经纪公司的费用。也就是说，一个打赏行为涉及的不仅仅是平台一方主体，还涉及大量不同主播以及经纪公司。案涉款项在刑事阶段也因案件复杂性最终并未得到支持。在民事阶段，对于是否构成连带侵权责任也涉及交易主体、交易方式、直播平台过错过失的认定。

3. 疑难性

在刑事诉讼程序中，被害人案涉资金是否应被依法追缴，我们邀请国内知名专家做了案件论证，论证结论为案涉被害人财产应该予以追缴。但刑事阶段包括发回重审，又一轮的一审、二审，法院的多次讨论，最终均因案件复杂，涉及多重法律关系，未能获得支持。

在民事诉讼程序中，A公司是否与李某构成连带侵权责任，我们依然求助国内知名侵权法领域专家出具专家意见。专家意见认为案涉A公司应该与李某承担连带侵权责任。一审法院全部支持被害人的请求，但二审出现新的情况，这也导致案件的代理充满挑战。

二、案件焦点

本案在刑事阶段的争议焦点为：案涉被害人的资金能否直接在刑事程序予以追缴?

在民事诉讼阶段的案件争议焦点是：A公司是否存在过错？A公司是否应当与李某承担侵权法上的连带责任?

三、办案思路与进程

（一）刑事追缴阶段的办案思路与进程

1. 在刑事程序的侦查阶段，因公安机关已经将A公司账户冻结，相关款项的流出路径和数据已经查明在案。这使我们在开始阶段对于追回款项还是满怀希望的。案件办理当时正值新冠疫情爆发，后来又叠加俄乌冲突，被害人为出口俄罗斯的服装公司，因战争和疫情生意几乎停滞。此种情况下，几千万元流动资金又被员工打赏，可以说那时被害人的处境是举步维艰。代理律师与被害人公司积极配合，与检察院、法院不懈地努力沟通，以求能够顺利追缴。

2. 我们邀请国内知名法学专家出具了《关于李某职务侵占案件涉案财产问题专家论证意见书》，法学专家的意见为：

首先，对于李某在A公司的巨额打赏，A公司即便不知是来自犯罪所得，但在李某打赏的过程中，A公司具有重大过失，A公司关于善意取得的抗辩不成立，案涉冻结赃款应当发还给被害人。A公司声称不知道李某打赏的资金是违法犯罪所得。但不知道不等于就是善意，善意或者不是善意不能以知道不知道是违法犯罪所得来作为判断标准。李某打赏行为极度异常，A公司应当发现，而其实际上对李某巨额打赏的极度异常行为却完全放任，甚至违规为李某提供小号便于其打赏、自己给自己打赏，导致李某把巨额侵占赃款进行挥霍打赏，对此，A公司具有重大过失，应当承担责任。

其次，李某的打赏行为的性质为赠与法律关系，赠与不适用善意取得。李某在A公司从注册账号、充值、购买YC、用YC购买礼物，再到打赏，整个过程实际就是一个交易、一个法律关系，而非多个交易、多个法律关系。因为这些行为都是为了一个目的即打赏。A公司经营的业务性质、种类就决定充值、买YC、再用YC买礼物这些都是中间环节，实际上都是一个赠与的组成部分。买YC并不是真正的交易，用YC买平台的礼物也不是真正的交易，真正的交易就是打赏。这样表面复杂的法律关系就简化成一个，也就是赠与法律关系。打赏是一个赠与行为，赠与行为不适用善意取得。根据最高人民法院《关于刑事裁判涉财产部分执行的若干规定》第11条第2项的规定：“被执行人将刑事裁判认定为赃款赃物的涉案财物用于清偿债务、转让或者设置其他权利负担，具有下列情形之一的，人民法院应予追缴……（二）第三人无偿或者以明显低于市场的价格取得涉案财物的……”依照这一规定，李某职务侵占案件中应当将公安机关冻结在案的涉案赃款予以追缴发还被害人。

但遗憾的是，法院并没有支持被害人公司的意见，法院认为：“冻结在案的案外人钱款涉及众多法律主体和多重法律关系，根据本案具体情况，不宜直接在刑事审判中通过刑事追缴程序处理，可另行依法解决。”“本案确定的事实是李某将本单位财务用于网络直播打赏、网络游戏消费。本案依法追究的是上诉人李某所犯职务侵占罪的刑事责任，依据我国相关法规，网络直播平台应该依法依规引导用户合理消费、理性打赏。网络直播平台是否存在恶意诱导等行为以及由此产生的纠纷可另行依法解决。”

（二）民事侵权诉讼程序的办案思路及进程

本案从刑事程序被迫转到民事程序，被害人公司提出侵权纠纷诉讼，A公司和李某为共同侵权人，是否构成共同侵权就是要解决：（1）A公司是否存在过错？（2）A公司是否应当与李某承担侵权法上的连带责任。

1. 重点从五个角度全面论述A公司存在过错

第一，本案中存在一个重要事实，李某自己给自己打赏。李某在A公司有两个手机号，大号159××××××××为李某本身实名，小号183××××××××名为邓某，据李某供述是A公司工作人员提供。引起我们注意的是，大号、小号的支付宝及微信支付账号均绑定的是李某的银行卡。也就是从充值的路径上，A公司应当非常清楚是由李某的银行卡充值到邓某的小号，再由小号打赏给李某的大号。李某是自己给自己打赏。基于此种客观事实，A公司应当知道李某直播打赏资金并非源于其本人。

第二，对A公司在刑事阶段所提交的用于对被冻结财产异议的《中国游戏直播行业研究报告》中所载大量数据做了重点引用，以证明本案李某打赏行为的极度异常，平台对此具有过失。如报告显示，70%的用户通过关注主播、评论方式进行互动。其中，仅有17%的用户有过付费打赏行为。在这些付费的用户中，86.8%的用户曾经赠送道具来打赏主播，63.6%的付费用户打赏金额在100元以上。也就是说，打赏在100元以上的付费用户占比仅为

0.09%。另外，根据A公司2019年7月3日发布的招股说明书所披露的数据：2019年一季度公司实现净利润1820万元；在付费用户方面，单个付费用户平均收益达226元，比上年同期的149元增长51.7%。与这些数据形成巨大反差的是李某的打赏数据。李某的打赏不但总额极度异常，“1000万元以上”基本相当于A公司2019年第一季度的盈利额。而且，李某打赏的过程也极度异常，是在极短时间内与平台发生巨大频次、巨额交易。比如，2018年4月1日00：00－23：53，共打赏11,275次，金额从1元至几千元不等；2018年5月1日打赏11,298次；2018年10月31日，当日买入YC20万余元。

第三，根据李某的供述及办案机关的在案数据，A公司平台上的其他主播与李某约定相互返还，相互打赏，仅此给主播相互打赏一项，李某就打赏600多万元（据李某供述，主播之间的相互打赏其实也是一场骗局）。平台对这种乱象明知但疏于管理，甚至放任平台主播这种行为，具有过错。

第四，A公司不仅主动给李某提供小号让其自己给自己打赏，而且对李某异常的巨额打赏行为存在诱导。让没有任何直播经验的李某担任主播，并做到榜单第一，李某为了满足榜单第一的目标，只能更疯狂地从公司侵占资金，并自己给自己打赏。A公司在刑事程序所提交的尤其是作为发起单位发布的行业标准《网络直播平台管理规范》规定：“平台要对账号进行监管。平台对存在异常的账号应当及时采取冻结等方式；主播监控通过后台监控、人员巡查以及举报处理等方式对直播间进行7×24小时监控；对应用系统自身产生的日志文件与系统日志进行审计，应记录用户活动、异常和信息安全时间的日志信息，并保留一定时间，支持调查和审计。”而实际上，从李某案件来看，A公司对合规经营并无任何作为。明知直播行业在打赏中存在的风险点并亲自参与制定了行业直播管理规范，但在李某侵占被害人公司资金的过程中，有积极作为义务但毫无作为，甚至提供帮助。

第五，A公司作为直播行业的头部公司，亲自领衔发起参与制定直播相关行业标准，但实际上A公司却完全未能如标准所约定执行，反而严重缺乏各种监管措施，导致A公司乱象丛生，甚至成为违法犯罪的高发之地。A公司只关注经济利益，无视其作为公共平台管理者的身份，怠于履行社会责任，影响社会秩序的健康运行，也是导致原告重大损失的原因，因其存在重大过失，应与李某的故意行为结合，构成共同侵权，应当承担连带责任。2017—2022年，A公司被相关行政部门多次处罚、约谈。其创始人王某因涉嫌开设赌场罪已经被逮捕。正是由于A公司的严重监管缺失，犯罪频发，造成了李某不惜犯罪，深陷巨额打赏的畸形世界不能自拔，这也是造成被害人遭受巨大经济损失的根本原因。

2. 根据相关法律的规定，A公司与李某构成共同侵权

根据《民法通则》第130条所规定的“共同侵权行为”，即“二人以上共同侵权造成他人损害的，应当承担连带责任”。《最高人民法院关于审理人身损害赔偿案件适用法律若干问题的解释》第3条第1款也对“共同侵权行为”进行了更为细致的阐释，即“二人以上共同故意或者共同过失致人损害，或者虽无共同故意、共同过失，但其侵害行为直接结合发生同一损害后果的，构成共同侵权，应当依照民法通则第一百三十条规定承担连带责任”。《侵权责任法》第8条借鉴了《民法通则》第130条以及《最高人民法院关于审理人身损害赔偿案件适用法律若干问题的解释》第3条第1款的经验，也规定了“共同侵权行为”，即二人以上共同实施侵权行为，造成他人损害的，应当承担连带责任。此外，全国人大常委会法工委在《〈中华人民共和国侵权责任法〉条文解释与立法背景》中提到，第8条规定的“共同侵权行为”中“共同”包括三层含义，一是共同故意，二是共同过失，三是故意行为与过失行为相结合。就在案证据而言，A公司应当知道该直播打赏金额并非源于李某本人，依旧客观上提供条件帮助实施了这一侵权行为。A公司的行为属于重大过失，与李某的故意行为结合，构成共同侵权，应当承担连带责任。

四、案件结果与案件评析

（一）案件结果

民事侵权纠纷二审程序中，在二审法院以及各方当事人的全力沟通和努

力下，最后案件以支持我方诉讼请求金额的70%多而调解结案。调解书出具后，我方当事人终于拿到了调解书上的全部款项。委托人还特意为一审、二审法官，还有代理律师送了感谢的锦旗。至此，长跑六年的案件终于结束。

（二）案件评析

本案历经了漫长的六年时间，其中还包括三年新冠疫情期。在这样的“天时”之下，本案一审全胜，二审调解结案，全人反思良多。一是李某犯罪时间长，公司疏于监管，自身管理有漏洞，这是造成如此重大损失无法回避的一个事实。二是就本案关键证据即A直播公司明知李某的打赏资金是违法犯罪侵占而来的事实，因各种原因导致并无直接证据。三是这个案件发生在被害企业最艰难的时候，因疫情出口受到巨大影响，生意下滑严重，主要出口国家为俄罗斯，却又遇上俄乌冲突，再加上出纳侵占的几千万元全部是公司的流动资金，这种背景下，顾全大局，调解结案未尝不是较好的选择。

此案件从刑事程序被迫到民事程序，法律关系复杂，法律适用争议大。而实践中作为直播平台的侵权纠纷判例并不多见。作为本案代理律师，时刻牢记委托人的利益才是要考虑的最大利益，要时刻站在委托人的角度去衡量取舍一切诉讼策略。当事人在六年的诉讼中已经筋疲力尽，承受极大的心理压力。与其让委托人继续诉讼，不如理性客观地面对，进行调解。

对于调解案件，让当事人亲自深度参与调解的博弈过程也是十分必要的。在博弈的过程中，当事人会越来越冷静地权衡得失，是调解就意味着妥协，最终是否接受调解方案应该是在律师的帮助下当事人自己的选择。

另外，从办案律师的角度来说，对于一审全部胜诉的案件，因不是终审，案件结果依然充满不确定性，在胜诉喜悦的同时，应及时分析风险，避免引起当事人不必要的情绪波动。作为律师，除了应拥有强大的专业能力以确保在具体案件中给客户提供专业服务，帮助客户从心理上消除不良影响和心理阴影也是一门永远需要修炼的功课。

物 权 篇

岳某某与王某某、李某某返还原物纠纷案

龙圣强

一、基本案情

2015年3月，王某某、李某某夫妻二人与岳某某口头达成借名购车合意，李某某负责将120多万元购车款交付岳某某。2015年3月16日，岳某某刷卡支付购车款38.8万元，并于2015年3月19日与中国银行股份有限公司北京朝阳支行签订借款合同借款88万元用于支付购车款。案涉车辆自购买之日起，一直由王某某、李某某占有使用。

2019年1月，王某某起诉李某某离婚，法院以双方夫妻感情未破裂为由驳回王某某诉讼请求。2020年6月，王某某再次起诉李某某离婚，其后撤诉。

2020年，岳某某以返还原物纠纷起诉王某某、李某某，请求法院判令二被告立即返还案涉车辆。

二、案件焦点

本案的争议焦点有三：一是原被告双方是否建立借名购车合同关系，二是借名购车合同是否有效，三是原告是否有权要求被告返还案涉车辆。

本案的举证难点有三：一是王某某与李某某感情不和，李某某拒不出庭配合应诉；二是原被告双方未签订书面借名购车合同；三是王某某无法举示李某某向岳某某交付购车款的凭证。

三、办案思路与进程

围绕本案的争议焦点及难点，笔者先与当事人当面详细沟通案情，帮助其回忆借名购车的背景以及选车、网上选车号、验车、提车等细节，询问案涉车辆自购买之日起的占有、管理、维护、使用情况，过往电话、短信、微信等沟通中是否提及案涉车辆以及在其他案件审理过程中是否有涉及案涉车辆的陈述等。

通过与当事人的全面沟通，笔者深挖出一系列对当事人有利的证据：

1. 离婚案件庭审笔录中李某某的陈述“案涉车辆登记在岳名下、婚后买，120万元，我出的钱，从岳卡付的，用了他指标”“奔驰400，登记在一个朋友岳某某名下”；

2. 离婚案件中李某某的委托代理人与本案中岳某某的委托代理人为同一人；

3. 王某某与岳某某的短信记录“我们家在您名下那个奔驰S400车的大本您抽空取回来给我吧，老是放在银行也不是事儿，谢谢”，岳某某回复“正在找”；

4. 案涉车辆自购买之日起的维修单据、发票以及机动车商业险、交强险保险单、ETC卡。

在借名购车这一基础法律关系已基本完成举证后，针对借名购车合同的效力以及出名人是否有权要求借名人返还车辆这两个关键争议焦点，笔者以“返还原物纠纷”“所有权确认纠纷”“借名买车”“北京”等作为关键词，在中国裁判文书网中进行检索，出现了两种截然相反的裁判观点：

1. 借名买车行为因损害社会公共利益而无效，出名人有权要求借名人返还车辆，借名人可以主张车辆出资款的折价补偿。

(2019）京01民终8570号民事判决书：依据《居民身份证法》第16条，居民身份证是居民在社会生活中证明个人身份的重要凭证，刘某借名购车的行为，违反了上述居民身份证不得出借的规定，扰乱了身份证管理的公共秩序；依据《道路交通安全法》第9条第1款，机动车应登记在所有人名下，否则，机动车登记制度将丧失其意义，机动车管理亦将陷入混乱。刘某借用李某身份购买车辆的行为导致“车户分离”，违反了上述机动车登记的规定，构成对机动车登记管理公共秩序的损害，因而上述行为损害了社会公共利益。根据《合同法》第52条之规定，上述借名买车的行为应认定为无效。在合同无效的情况下，刘某应将涉案车辆返还给李某。

（2020）京01民终384号民事判决书：一方面，借用孟某的身份证购买上述车辆的行为违反了居民身份证不得出借的规定，扰乱了居民身份证管理的公共秩序；与此同时，借用孟某身份购买车辆的行为导致“车户分离”，违反了上述机动车登记的规定，构成对机动车登记管理秩序的损害；车辆登记人与实际控制人不一致，给车辆的管理秩序造成混乱，带来了诸多社会问题。另一方面，在北京市不具有购车资格且没有购车指标的人持有并使用车辆，损害了相关的公共利益。因而上述行为损害了社会公共利益。根据《合同法》第52条之规定，上述借名买车的行为应认定为无效。

2. 借名买车行为有效，借名人系案涉车辆物权人，有权要求出名人返还车辆。

（2014）二中民终字第05151号民事判决书：首先，该车辆的款项及其他相关费用亦系A公司通过转账的方式支付给了售车单位；其次，关于案涉车辆，A公司提交了交费的收据，以证明该车辆的购买款项系A公司交付，对此法院予以确认；最后，关于上述二车辆的管理、维护、使用，A公司提交了交强险保单、维修保养结算单、加油费用明细表、机动车行驶证等证据，对此法院予以确认，故原审法院确定诉争车辆归A公司所有并无不当。

（2020）京02民终4097号民事判决书：王某提交了案涉机动车的销售协议、资金支付证明、发票、机动车登记证书、机动车辆保险单等证据，结合证人证言，已经形成完整的证据链，可以证明王某系案涉车辆的实际出资购买人，并借用驰某的小客车指标购买案涉车辆的事实。现车辆由驰某占有使用，侵害了王某作为案涉车辆物权人的合法权益。王某现仅主张返还案涉车辆不违反法律规定，法院予以支持。

针对前述裁判观点的冲突，笔者的解决方式为：

1. 将案件证据材料准备充分并在需要承办法官关注之处使用彩笔标注，使承办法官能够非常便捷地了解和掌握案件基本事实。

2. 庭审中重点阐述借名买车这一基本事实以及动产物权变动的逻辑，依据《民法典》第224条“动产物权的设立和转让，自交付时发生效力，但是法律另有规定的除外”以及第225条“船舶、航空器和机动车等的物权的设立、变更、转让和消灭，未经登记，不得对抗善意第三人”，对于机动车等特殊动产而言，物权的设立和变动采用交付生效主义，登记只是对抗善意第三人的要件，不是物权设立和变动的生效要件，故案涉车辆自购买交付王某某、李某某后该二人便取得案涉车辆的物权。

另外，根据《公安部关于确定机动车所有权人问题的复函》，“根据现行机动车登记法规和有关规定，公安机关办理的机动车登记，是准予或者不准予上道路行驶的登记，不是机动车所有权登记。为了交通管理工作的需要，公安机关车辆管理所在办理车辆牌证时，凭购车发票或者人民法院判决、裁定、调解的法律文书等机动车来历凭证确认机动车的车主。因此，公安机关登记的车主，不宜作为判别机动车所有权的依据”，机动车登记不能作为公安机关所有权认定的依据，而应以实际出资、占有使用情况等作为判断依据。

3. 制作对笔者代理一方有利的类案检索报告供承办法官参考。

四、案件结果与案件评析

一审判决（2021）京0115民初9576号：法院认为，返还原物纠纷是指权利人请求无权占有不动产或者动产的人返还该物的纠纷。虽然从形式上看案涉车辆登记在岳某某名下，且由岳某某付款购买，但岳某某是否为案涉车辆的实际所有权人应当从以下方面分析：

第一，涉案车辆自购买后一直由王某某、李某某占有使用，岳某某自述购买车辆系为了自用，但该车辆自购买时起就交付给他人使用至今明显不符合常理。

第二，从购车资金来源来看，虽然涉案车辆购车款由岳某某刷卡及贷款支付，但岳某某自认王某某、李某某有资金在岳某某处使用，故仅凭现有证据无法确定岳某某支付购车款的资金系其自有资金。

第三，在王某某与岳某某的短信记录中，王某某曾多次以车主名义向岳某某索要涉案车辆车本，岳某某并未予以否认或拒绝，而是答复“正在找”，对此，岳某某在庭审中无法作出合理解释，法院有理由相信岳某某认可涉案车辆系王某某与李某某财产的事实。

综合上述情况来看，涉案车辆虽然登记在岳某某名下，但岳某某的既有证据不足以证明其系涉案车辆的实际所有权人，故其要求王某某、李某某返还涉案车辆的诉讼请求，缺乏事实及法律依据，法院不予支持。

二审判决（2021）京 02 民终 11405 号：综合本案证据及具体审理情况，岳某某主张的车辆所有权事实无法达到高度盖然性的证明标准，一审法院驳回岳某某的诉讼请求，并无不当。

本案王某某凭借证据优势赢得了一审及二审，但就借名买车行为本身来说，其中涉及的法律风险极大，笔者认为借名买车行为不可取：

1. 借名买车行为有无效的法律风险。

借名买车行为违反了《居民身份证法》第 16 条以及《道路交通安全法》第 9 条第 1 款的相关规定，在涉及车辆限购的情形下还违反了有关限购政策，前述情形均可能因损害社会公共利益而被认定无效。依据《民法典》第 157 条之规定，“民事法律行为无效、被撤销或者确定不发生效力后，行为人因该行为取得的财产，应当予以返还；不能返还或者没有必要返还的，应当折价补偿”，借名人将面临向出名人“返还”车辆的风险。

2. 购车指标被作废或车辆登记被依法撤销的风险。

依据《〈北京市小客车数量调控暂行规定〉实施细则》第 33 条，“小客车指标确认通知书仅限指标所有人使用。对于经公安、司法机关等调查确认有买卖、变相买卖、出租或者承租、出借或者借用小客车指标确认通知书行为的，由指标管理机构公布指标作废；已使用指标完成车辆登记的，由公安机关交通管理部门依法撤销机动车登记，由指标管理机构公布指标作废。同时，三年内不予受理该申请人提出的指标申请”，故一旦借名购车行为因违反限购政策被有权机关查实，借名人和出名人都将面临处罚，得不偿失。

3. 借名登记车辆被作为出名人的责任财产予以强制执行的风险。

出名人作为名义的车辆所有权人，其擅自将车辆进行抵押或者对外转让，抑或出名人作为被执行人时，借名人将很难维护自身的合法权益。当前，对于借名人是否能排除出名人的债权人强制执行借名车辆，存在不同的司法观点。（2014）高民申字第04583号民事裁定书、（2015）高执复字第62号执行裁定书均认为汽车所有权登记制度，对外具有公示、公信效力，在涉及第三人利益时，借名人自行承担不利法律后果，无法排除强制执行。

最高人民法院于2019年11月公布的《关于审理执行异议之诉案件适用法律问题的解释（一）（向社会公开征求意见稿）》第13条［隐名权利人提起的执行异议之诉的处理］亦列明了两种方案。

方案一：

金钱债权执行中，人民法院对登记在被执行人名下的财产实施强制执行，案外人以下列理由提起执行异议之诉，请求排除强制执行的，人民法院不予支持：

（1）案外人借用被执行人名义购买不动产或者机动车等，其系被执行不动产或者机动车等的实际权利人；

（2）案外人借用被执行人房地产开发资质开发房地产，其系被执行建设用地使用权、房屋所有权的实际权利人；

（3）案外人借用被执行人名义对有限责任公司出资，其系被执行股权的实际出资人；

（4）案外人借用被执行人的银行、证券账户，其系被执行账户中资金、证券的实际权利人。

案外人因借名所遭受的财产损失，可以依法向被借名者另行主张权利。

方案二：

金钱债权执行中，人民法院对登记在被执行人名下的财产实施强制执行，案外人以下列理由提起执行异议之诉，请求排除强制执行，经查证属实，且不违反法律、行政法规强制性规定，亦不违背公序良俗的，人民法院应予支持：

（1）案外人借用被执行人名义购买不动产或者机动车等，其系被执行不动产或者机动车等的实际权利人；

（2）案外人借用被执行人房地产开发资质开发房地产，其系被执行建设用地使用权、房屋所有权的实际权利人；

（3）案外人借用被执行人名义对有限责任公司出资，其系被执行股权的实际出资人；

（4）案外人借用被执行人的银行、证券账户，其系被执行账户中资金、证券的实际权利人。

案外人利用借名方式隐匿违法犯罪所得、利用内幕信息实施股票证券交易等构成犯罪的，或者违反限购政策、资质管理等规定，或者规避执行的，应当依法追究其刑事责任或者按照有关法律法规政策处理。

综上，借名买车行为隐藏着极大风险，确为借名人因没有购车指标而采取的无奈之举。如果经过全盘考量，借名和出名双方能够承受风险，为避免纠纷，建议双方就借名买车事宜订立书面合同、留存购车款交付凭证以及车辆的占有、使用、管理的相关证据。

知识产权篇

“施耐德”驰名商标案

徐婧媛

一、基本案情

法国施耐德电气集团是全球电气行业的领导者，为100多个国家的能源及基础设施、工业、数据中心及网络、楼宇和住宅市场提供整体解决方案。

“Schneider Electric及图”商标是法国施耐德电气集团的核心商标，“施耐德电气”商标是其在中国使用的中文商标。

2012年9月5日，苏州施耐德电梯有限公司申请注册第11447491号“施耐德”商标（以下简称诉争商标），指定使用在“电梯”等商品上。2015年1月13日，诉争商标被商标局初步审定公告。

笔者代理“施耐德电气（中国）有限公司”（法国施耐德电气集团在中国投资设立的外商独资企业，以下简称施耐德公司），参与了诉争商标的异议及商标不予注册复审行政程序、商标不予注册复审行政纠纷一审、二审四个程序。商标局、商标评审委员会、北京知识产权法院、北京市高级人民法院均认定：施耐德公司的引证商标“Schneider Electric及图”在第9类“断路器、开关、接触器”商品上已具有较高知名度和广泛影响，并为中国相关公众所熟知，符合《商标法》第13条第3款驰名商标的保护要件，并根据该条款给予驰名商标的跨类保护。

本案诉争商标：

1. 申请人：苏州施耐德公司。

2. 申请号：11447491。

3. 申请日期：2012 年 9 月 5 日。

4. 标志施耐德

5. 指定使用商品（第 7 类，类似群 0734）：电梯（升降机）；升降机传动带；齿条齿轮千斤顶；自动扶梯；升降装置；卷扬机；自动人行道；电梯操作装置；起重电磁铁；带升降设备的立体车库。

本案引证商标：

1. 注册人：施耐德电气公司（SCHNEIDERELECTRICSE）。

2. 注册号：G715396。

3. 申请日期：1998 年 9 月 29 日。

4. 专用期限至：2019 年 3 月 15 日。

5. 标志 Schneider Electric

6. 核定使用商品（第 9 类，类似群 0901－0902；0910；0912－0914；0916；0922）：用于电的运输、处理、开关、转换、积累、调节、过滤、测量、信号、检测或控制的科学、电气、电子装置和仪器，包括上述器材的电气、电子元件，整流器，半导体、继电器（电），电容器，断流器，断路器，电开关，接触器，自动机，控制板，静态转换器，程序控制器，计算机，计算机用电源系统，计算机用安全微系统，断路保护电源，换流器，电池组，蓄电池；自动售货机和投币启动设备用机械装置；收银机，计算机，数据处理装置和计算机；灭火器。

被诉决定：商评字［2018］第 11510 号《关于第 11447491 号“施耐德”商标不予注册复审决定书》。

被诉决定作出时间：2018 年 1 月 22 日。

被诉决定认定：诉争商标的申请注册违反了《商标法》第 13 条第 3 款的规定。原国家工商行政管理总局商标评审委员会（以下简称商标评审委员会）决定：诉争商标不予核准注册。

二、案件焦点

本案焦点问题为：诉争商标的申请注册是否违反了《商标法》第 13 条第 3 款的规定。

本案中，诉争商标指定使用的自动扶梯等商品与引证商标据以驰名的断路器、开关、接触器等商品在功能用途、生产部门、销售渠道、消费群体等方面存在较高关联，同时考虑到引证商标的知名度、两商标标志之间的对应性，公众看到诉争商标时，足以认为诉争商标与引证商标具有相当程度的联系，进而破坏引证商标与施耐德公司的断路器、开关、接触器商品之间的联系，减弱引证商标的显著性、贬损引证商标的市场声誉，致使施耐德公司的利益受到损害。诉争商标的申请注册已经违反了《商标法》第 13 条第 3 款的规定，不应予以核准注册。

三、办案思路与进程

本案专业性较强，证据繁杂，且本案结果会影响正在另案审理中的双方间标的为 1.3 亿元的商标侵权民事诉讼，诉争商标注册人也提出有力抗辩，故双方对抗激烈。

1. 本案的审理中，诉争商标注册人在强调商品不类似且差异较大的同时，提出其他有力抗辩，“Schneider”是外国的普通姓氏、与“施耐德”不是对应翻译，并强调系争商标源于其他境外公司商号和境外商标的授权使用，系争商标有较多使用并取得较大的销售业绩及市场荣誉，不会造成市场混淆。

2. 本案笔者依据驰名商标保护的适用要件分门别类提交了近 5000 页证据，包含权属类证据、销售类证据、宣传类证据、引证商标作为驰名商标保护的证据，以及引证商标与中文“施耐德”形成固定对应的证据，并提供多份证明苏州施耐德电梯公司存在模仿和抄袭引证商标的恶意的证据等。证据扎实清楚，得到了一审法院和二审法院的认可和采纳，有力地支持了主张。

3. 我方法律观点。

本案的诉争焦点是诉争商标的申请注册是否违反了《商标法》第 13 条第 3 款的规定。

我方认为，诉争商标的申请注册已经构成对施耐德公司引证商标的翻译和模仿，容易误导公众，并易造成对引证商标的显著性和驰名度的减损和淡化，已违反了《商标法》第 13 条第 3 款的规定，应不予核准注册。具体意见如下：

（1）诉争商标恶意申请诉争商标，应不予核准注册。

根据 2017 年《最高人民法院关于审理商标授权确权行政案件若干问题的规定》（以下简称《授权确权规定》）第 25 条的规定，人民法院判断诉争商标是否“恶意注册”他人驰名商标，应综合考虑引证商标的知名度、诉争商标申请人申请诉争商标的理由以及使用诉争商标的具体情形来判断其主观意图。引证商标知名度高、诉争商标申请人没有正当理由的，人民法院可以推定其注册构成《商标法》第 45 条第 1 款所指的“恶意注册”。本案法律适用分析见图 1。

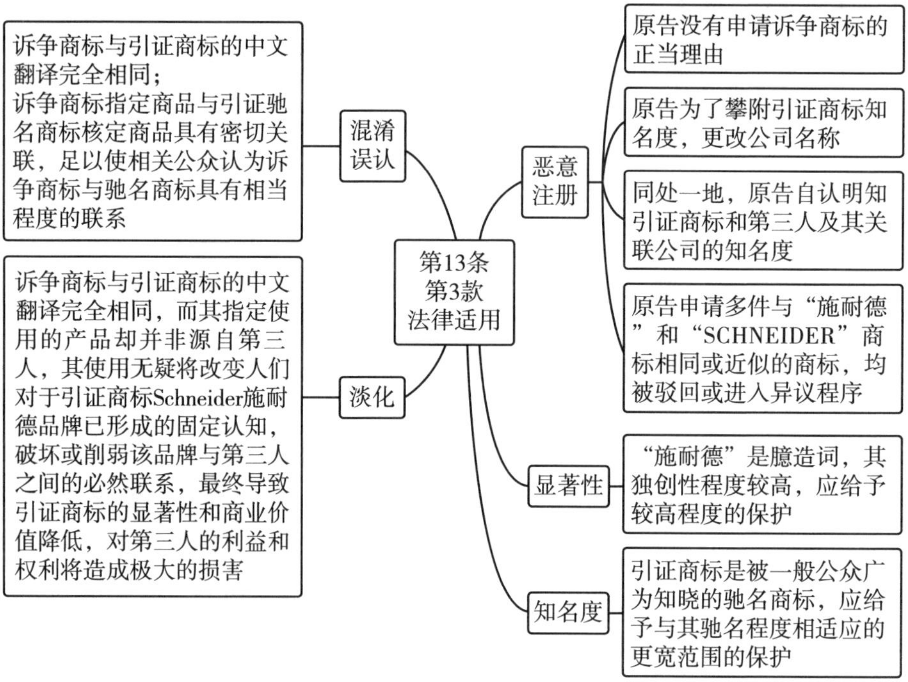

图 1　本案法律适用

具体到本案：

①引证商标在电气相关领域知名度极高。

自1987年法国施耐德电气集团进入中国以来，便在中国通过其中国子公司，即本案施耐德公司施耐德电气（中国）有限公司以及其他中国子公司及合资公司，就“Schneider Electric 及图”/“施耐德电气”商标进行了大规模的使用。

下面就三份重要生效判决认定的引证商标具有极高知名度的事实摘要如下：

浙江省温州市中级人民法院民事判决书中［案由商标侵权和不正当竞争纠纷；案号（2012）浙温知初字第18号］，法院经审理认定的事实（证据4195页）如下：

多年来，施耐德中国公司通过《环球时报》《中国经营报》《凤凰周刊》《互联网周刊》《电气世界》《中国电力》《中国石油和化工》《财经》《财富》《新周刊》《IT时代周刊》等媒体发布广告，支出巨额广告费用。施耐德中国公司高级管理人员接受媒体采访的报道也经常发表。

经审计报告，施耐德中国公司2008～2010年度的营业收入为人民币102亿余元、107亿余元以及134亿余元；其所支付的商标使用费亦从人民币1.6亿余元增长至2亿余元。北京市朝阳区国家税务局第六税务所出具的一份涉税证明显示，施耐德中国公司2008～2011年缴纳企业所得税5.79亿余元，缴纳增值税6.61亿余元。

施耐德电气工业股份有限公司、施耐德中国公司在中国投资了多家含“施耐德”字号的电气企业，包括上海施耐德工业控制有限公司、上海施耐德配电电器有限公司、施耐德（苏州）机柜系统有限公司、施耐德（苏州）变压器有限公司、施耐德（苏州）变频器有限公司等。这些企业注册资本最高的达到1455万美元，业务规模庞大。如施耐德（苏州）变压器有限公司2010年的主营业务收入为人民币25亿余元，施耐德（北京）中低压电器有限公司2008～2011年缴纳的增值税、企业所得税合计约8.7亿余元。这些企业还屡获地方政府嘉奖。

重庆市第五中级人民法院民事判决书中［案由不正当竞争纠纷；案号（2013）渝五中法民初字第00233号］，法院经审理认定的事实（证据4224页）如下：

苏州施耐德公司施耐德电气（中国）有限公司通过《环球时报》《中国经营报》《凤凰周刊》《互联网周刊》《电气世界》《中国电力》《中国石油和化工》《财经》《财富》《新周刊》《IT时代周刊》等媒体发布广告，支出高额广告费用。苏州施耐德公司高级管理人员也多次接受媒体采访报道。

经北京市朝阳区国家税务局确认，苏州施耐德公司于2008～2011年期间缴纳企业所得税5.79亿余元，缴纳增值税6.61亿余元。

苏州施耐德公司在中国投资了多家含“施耐德”字号的电气企业，包括上海施耐德工业控制有限公司、上海施耐德配电电器有限公司、施耐德（苏州）机柜系统有限公司、施耐德（苏州）变压器有限公司、施耐德（苏州）变频器有限公司等。

苏州施耐德公司曾获得“改革开放三十年跨国公司中国贡献奖”“2010中国企业社会责任特别大奖”“2011年节能中国十大贡献单位奖”等荣誉，并积极支持中国高等教育事业，与北京大学、浙江大学、上海交通大学、重庆大学等多所高校签订合作协议，建立实验室，推广先进技术，鼓励创新。近年来，苏州施耐德公司为四川灾后重建工作、教育事业、环保事业等捐献了高额慈善资金。

江苏省无锡市中级人民法院民事判决书中［案由商标侵权和不正当竞争纠纷；案号（2013）锡知民初字第0051号］，法院经审理认定的事实（证据4240页）如下：

2012年7月16日，中国建筑学会建筑电气专业委员会出具《证明》，载明：施耐德电气公司及施耐德中国公司持有的“Schneider Electric 及图”和“施耐德”品牌的断路器和电开关产品在中国电气行业和市场上具有较高知名度，从2007年到2011年在中国的市场占有率均排名第一。

2004年至2009年，施耐德中国公司在《现代制造》《电气时代》《中国电力报》《中国工商报》《中国消费者报》《中华工控网》等杂志报纸以及网络媒体发布多篇有关“施耐德”品牌广告、高级管理人员的媒体专访等报道。

②苏州施耐德公司没有申请诉争商标的正当理由，且施耐德公司提供的证据26－33可以证明苏州施耐德公司恶意攀附引证商标知名度。

首先，苏州施耐德公司在庭审中陈述自己为了开拓海外市场，所以用了德国的姓氏Schneider作为自己的商标，但没有解释为什么采用这个姓氏，而不用其他姓氏或固有词汇，应视为无正当理由，属于“恶意注册”。

其次，苏州施耐德公司成立之初，公司名称是“苏州施耐特电梯有限公司”，且在电梯等商品上申请了“施耐特”商标。

再次，施耐德公司在苏州有四家关联公司，成立日期均早于苏州施耐德公司成立日期和诉争商标申请日期，且在当地知名度较高。

最后，苏州施耐德公司申请了多件与“施耐德”和“Schneider”商标相同或近似的商标，均被驳回或进入异议程序，部分不予注册决定中已经认定苏州施耐德公司商标构成对引证商标的翻译和模仿，不予注册。苏州施耐德公司的行为已经造成了行政资源和司法资源的浪费，破坏商标注册秩序，违反诚实信用原则，这种行为应从源头上予以制止，不应准予诉争商标的注册。

（2）驰名商标的跨类保护范围，应与其知名度的范围相适应。对于仅在特定领域驰名的注册商标，其跨类保护的范围可限于其知名度覆盖的相关领域和相关商品，但对于一般公众广为知晓的已注册驰名商标，则应给予与其驰名程度相适应的更宽范围的保护。

驰名商标的知名度越高，其社会影响范围越大，对于诉争商标指定使用商品的相关公众而言，知悉驰名商标的可能性也就越高，因此对于一般公众广为知晓的已注册驰名商标，则应给予与其驰名程度相适应的更宽范围的保护。

本案施耐德公司的“Schneider Electric”及“施耐德”商标作为中国一般公众

广为知晓的电气产品品牌，在中国的大型场馆（奥运场馆、世博会场馆）、政府机关、商用办公楼和住宅等均能见到引证商标的断路器、开关和接触器等产品，其知名度覆盖的范围无疑是十分广泛的，因此与引证商标中文翻译完全相同的诉争商标在密切关联商品上的使用，极易引发相关公众联想到引证商标；相应地对于引证商标造成混淆/淡化影响的可能性也就更大。因此，有必要禁止诉争商标在指定商品上的注册和使用，如此才能真正意义上保护施耐德公司驰名商标的利益不受损害。

（3）诉争商标与引证商标的中文翻译完全相同，诉争商标指定商品与引证驰名商标“Schneider Electric”核定商品具有密切关联，加之考虑引证商标在电气行业极高的知名度，足以使相关公众认为诉争商标与驰名商标具有相当程度的联系，对商品来源产生混淆和误认。

①诉争商标指定商品与引证商标“Schneider Electric”核定商品具有密切关联。

第一，引证驰名商标使用的“断路器、开关、接触器”等商品是诉争商标指定商品“电梯”等安全运行和控制重要构件或者必不可少的部分，且电梯的商标通常显示在“电梯开关控制面板”上，见图2。

图2　电梯开关控制面板

第二，引证商标使用的“断路器、开关、接触器”等商品广泛地用于建筑、机械设备、动力发电、能源与基础设施等领域，是电力驱动产品必不可少的配件，双方商标使用的商品在生产者、消费者、使用场合等方面均存在较大交叉和重合。

第三，引证驰名商标使用的“断路器、开关、接触器”等商品往往与诉争商标指定商品配合使用，缺少“断路器、开关”等商品的辅助，诉争商标指定的“电梯（升降机）”等商品较难独立运转和发挥作用。

综上，诉争商标指定商品与引证驰名商标核定商品在生产者、消费者、使用场合等方面均存在较大交叉和重合，在功能、用途方面配合密切，双方商标指定商品具有密切关联。

②考虑到诉争商标与引证商标的中文翻译完全相同，对引证商标的保护，在商品类别范围上应适当放宽。

根据《授权确权规定》第 12 条的规定，当事人依据《商标法》第 13 条第 2 款主张诉争商标构成对其未注册的驰名商标的复制、模仿或者翻译而不应予以注册或者应予无效的，人民法院应当综合考量如下因素以及因素之间的相互影响，认定是否容易导致混淆：第一，商标标志的近似程度；第二，商品的类似程度；第三，请求保护商标的显著性和知名程度；第四，相关公众的注意程度；第五，其他相关因素。商标施耐德公司的主观意图以及实际混淆的证据可以作为判断混淆可能性的参考因素。

虽然《授权确权规定》第 12 条针对的是《商标法》第 13 条第 2 款未注册驰名商标的保护，但事实上，《商标法》第 30 条关于在先注册商标的保护也涉及混淆可能性的判断，同样可以参照《授权确权规定》第 12 条的规定来进行判断。

《授权确权规定》第 12 条强调了上述这些因素之间可以互相影响。因此对于完全相同或者高度近似的商标，在商品类别范围上应当放宽。

（4）除了上述导致相关公众误认商品来源从而对施耐德公司的利益造成损害的后果之外，诉争商标的使用还将会导致对引证商标的显著性和驰名度造成减损和淡化的后果。

2016 年 5 月北京市高级人民法院发布的《当前知识产权审判需要注意的

法律问题》关于“驰名商标的保护问题”中规定：在商标授权确权行政诉讼中驰名商标的保护范围，应当根据《最高人民法院关于审理涉及驰名商标保护的民事纠纷案件应用法律若干问题的解释》第 9 条的规定予以确定，尤其是对已注册驰名商标的保护不应仅限于避免商品来源的混淆，而应扩大保护至避免该驰名商标的“淡化”。对于商标评审委员会仅以混淆标准确定已注册驰名商标的保护范围，而诉讼中经审理发现需要通过“淡化”标准扩大保护的，应当对商标评审委员会的裁决予以纠正。

最高人民法院《关于审理涉及驰名商标保护的民事纠纷案件应用法律若干问题的解释》第 9 条规定，足以使相关公众认为诉争商标与驰名商标具有相当程度的联系，而减弱驰名商标的显著性、贬损驰名商标的市场声誉，或者不正当利用驰名商标的市场声誉的，属于《商标法》第 13 条第 3 款规定的误导公众，致使该驰名商标注册人的利益可能受到损害。

具体到本案：

①诉争商标的注册会对引证商标的知名度及其与施耐德公司之间的固定联系造成削弱、淡化等不利影响。

诉争商标与引证商标的中文翻译完全相同，而其指定使用的产品却并非源自施耐德公司，其使用无疑将改变人们对于“Schneider Electric”/“施耐德电气”品牌已形成的固定认知，淡化或削弱该品牌与施耐德公司之间的必然联系，最终导致引证商标的显著性和商业价值的降低，对施耐德公司的利益和权利造成极大的损害，此种形式的损害相比于因消费者产生来源混淆/误认可能造成的损害，对于引证商标而言实际上是更致命、更深远的，因为丧失了自身的显著性、独特的价值和品牌形象的唯一性，长此以往，驰名商标将无以为继。

因此，从这个角度来说，即便不考虑诉争商标的使用所可能导致的来源误认问题，就其使用可能会对引证商标的知名度及其与施耐德公司之间的固定联系造成削弱、淡化等不利影响而言，根据上述司法解释的规定和原则精神，亦应不予其注册。

②如果核准诉争商标的注册，诉争商标将占有本该属于施耐德公司的品牌发展空间，削弱引证商标的公信力，最终对施耐德公司造成重大损害。

在国际知名品牌中，大量企业都在跨界经营：宝马从汽车、自行车到服装；小米从手机、笔记本电脑、电视到平衡车；施耐德电气从家用小夜灯、开关面板到变电站采用的环网柜、变压器、再到楼宇中纵横的母线，消费者非常容易将标有相同品牌的产品联想到一处，这正是诉争商标的注册和使用会造成引证商标淡化的根源。

因此，考虑到引证商标通过多年的成本投入和实际使用已累积了极高的知名度和影响力，理应为施耐德公司在其他领域的发展预留一定发展空间。如果核准诉争商标的注册，将阻止施耐德公司进入电梯领域的机会，对施耐德公司造成重大损害。

并且，消费者基于对引证商标的了解和信赖，在看到与之中文翻译完全相同的诉争商标时，自然会对之产生一定的好感，对其指定使用的产品施以格外的关注，这种借助模仿他人知名商标而形成的市场竞争优势对于同行业市场上其他诚信本分经营的经营者也是不公平的，因此从这个角度来说，诉争商标也应不予核准注册。

四、案件结果与案件评析

一审、二审判决均采纳我方律师观点和证据，一致支持了施耐德电气公司的主张。根据驰名商标保护法律适用要件，条理清晰，逐层论述，从防止驰名商标淡化、贬损的角度予以了法律保护。

1. 判决认定了引证商标的知名度，根据施耐德公司在商标评审阶段、诉讼阶段提交的事实证据，证明在诉争商标申请日前，引证商标在断路器、开关、接触器商品上已经具有较高的知名度和广泛的影响力，成为公众熟知的驰名商标。

2. 判决认定了两商标标志之间的对应性，认定诉争商标的“施耐德”是对引证商标显著识别部分“Schneider”的翻译。

3. 诉争商标指定使用的“自动扶梯”等商品与引证商标据以驰名的“开关、断路器、接触器”等商品属于非类似商品，但法院从商品功能用途、生产部门、销售渠道、消费群体等方面进行考量，认为存在较高关联，足以认为具有相当程度的联系，从而对商品的来源产生误认。

4. 公众看到诉争商标时，即使部分公众不会对商品的来源产生误认，此种联想亦会破坏引证商标与施耐德公司的断路器、开关、接触器商品之间的联系，从而减弱引证商标的显著性，贬损引证商标的市场声誉，致使施耐德公司的利益受到损害。

5. 虽然苏州施耐德公司提交了其对诉争商标的使用和宣传的证据，案外人对“施耐德”“Schneider”商标的注册情况以及其申请注册诉争商标具有正当理由等证据，但是引证商标使用的相关产品进入我国市场时间较早，苏州施耐德公司作为电子机械领域的生产经营者对此理应知晓，可是该公司无论是登记商号还是申请注册商标，均未进行合理避让，该行为难谓善意。故两审法院对其相关抗辩理由均不予支持。

本案当事人及引证商标涉及世界500强、国际电气行业领军跨国企业法国施耐德电气，对Schneider Electric从防止驰名商标淡化、贬损的角度予以保护，在中美贸易谈判的艰难阶段，彰显中国司法机关保护外国投资者知识产权的决心和实际行动，取得良好的社会效果和国际影响。

Schneider Electric（施耐德）与“西门子”、“ABB”并称世界电气行业三大品牌，在中国被商标抢注和侵权现象泛滥、屡禁不止，在施耐德电气驰名的主要产品开关、断路器以外其他商品上也存在大量抄袭和模仿、翻译方式的商标注册行为，囿于产品关联程度的因素，施耐德电气在维权中面临诸多困扰。本案对非类似商品上的商标注册行为，从防止驰名商标淡化、贬损的角度对Schneider Electric予以保护，树立了当事人商标维权的典型案例。

A 公司被诉专利侵权案

庞力衡　李　雪

一、基本案情

客户 A 公司是北方某省著名医疗器械公司，该公司近年来坚持研发创新，持续加大科研投入，经过近 20 年的发展已经成长为一家集研发、生产、销售于一体的现代化高新技术企业，先后获得了“国家高新技术企业”“省专精特新示范企业”“省技术创新示范企业”等几十项荣誉称号，产品销往 40 多个国家和地区，以及国内 1000 家以上的医疗机构。

A 公司在已有甲产品上逐渐延伸，沿着“向老客户卖新产品”的创新路径不断发展，开发出与甲产品关联的乙产品，并且在市场上持续抢占该领域龙头企业 B 公司的市场。2023 年 2 月，B 公司就乙产品针对 A 公司发起专利诉讼，要求停止制造、销售乙产品并销毁已制造的乙产品和相关生产设备、模具和产品图纸等实物和资料，并支付赔偿金 200 万元。

A 公司对此甚为担心，如果败诉，为此销毁设备，甚至退出乙产品技术领域，则 A 公司为此产品付出的高额研发费用将损失殆尽，已制订的在本领域的发展战略将受到极大制约。特别是 B 公司声称被侵权的专利曾多次获奖，B 公司曾经以此专利为基础向多家公司发起专利诉讼并取得成功，该起案件的诉讼难度极大、应诉成功率极低。

2023 年 3 月，客户 A 公司领导找到了东卫律师事务所庞力衡律师团队，团队律师遂对案情展开了全面且深入的剖析，特别是对涉案专利是否侵权、涉案专利稳定性等诸多问题敏锐分析，精准地指出了案件的关键所在，还给出了清晰、详尽的大致推进路线以及切实可行的解决方案。

A公司管理团队对律师团队展现出的专业素养和高效工作给予了高度认可和充分信任。由于时间紧迫，A公司立即委托东卫律师事务所担任该案件的诉讼代理人，期待能在法律的框架下保护住巨额的研发投入以及未来与乙产品有关的市场，使企业能在既定商业战略框架下持续发展。

二、案件焦点

本案焦点在于如何在A公司的产品技术与B公司的专利权保护范围之间进行博弈，具体可拆分为：

1. 能否成功在国家知识产权局无效或者部分无效宣告B公司的涉案专利。

2. 部分无效B公司涉案专利后如何说服法庭我方产品不构成侵权。

三、办案思路与进程

接受委托后，庞力衡律师立即组织团队对涉案专利和产品进行对比分析，并且在技术人员的帮助下了解与乙产品有关的背景技术，并制订出“三步走”的应对策略。

（一）详细检索文件，以翔实的资料提出无效宣告请求

首先，对与涉案专利相关的各类文件进行全面、细致的检索。这包括但不限于专利申请书、审查文件、以往的相关专利文献、技术报告以及行业标准等。为增加成功率，本案投入两名资深专利代理师，开展为期近一个月的“背靠背式检索”。在与客户A公司技术人员深入交流后，得知B公司技术负责人有韩国留学背景后，再投入一名懂韩语的专利代理师检索韩国文献。功夫不负有心人，最终在几位专利代理师的共同努力下，找到一份具有决定性意义的技术文献X，公开了涉案专利中独立权利要求的内容。

其次，对检索到的资料进行深入分析和研究。仔细比对涉案专利的权利要求与现有技术，找出其中的相似之处和差异点。特别是技术文献X的韩国

版本与所属公司向美国专利商标局申请的英文专利文献版本有较大的不同，我方研究对比相关内容，经讨论确定韩语版本对该案更有利，立即聘请经法院认可的专业翻译公司翻译韩语文献作为证据提交。

最后，基于详实的分析和研究结果，精心准备并向国家知识产权局提出针对涉案专利的无效宣告请求。在无效宣告请求中，明确阐述涉案专利不符合专利法规定的新颖性、创造性和实用性等法定条件的具体理由，并附上上述充分、有力的证据予以支持。

同时，根据已发生和检索的文件基础，出具关于A公司被诉专利侵权事项法律意见书，帮助A公司的客户打消疑虑，保证市场销售工作的顺利与正常进行。

（二）运用管辖权异议策略，为前述第一步争取时间

在对案件进行深入分析后，果断提起管辖权异议。通过详细阐述案件与当前管辖法院之间的不适应性，以及依据相关法律法规提出合理的管辖主张。本案原告在天津，被告A公司在石家庄，原告为能在北京知识产权法院提起诉讼，连带起诉了住所地在北京的电商销售者C公司。《最高人民法院关于审理专利纠纷案件适用法律问题的若干规定》（以下简称《专利纠纷若干规定》）第2条第1款规定："因侵犯专利权行为提起的诉讼，由侵权行为地或者被告住所地人民法院管辖。"我方认为：本案中原告起诉A公司的被诉侵权行为包括制造、销售和许诺销售，起诉C公司的被诉侵权行为包括销售和许诺销售，两被告的被诉侵权行为不同，A公司与B公司不存在直接关联，客观上不存在共同的被诉侵权行为，主观上不存在共同侵权的故意或意思联络，如对方不更改诉讼请求的情形下北京知识产权法院不具有管辖权，应将本案移送至有管辖权的相应级别人民法院审理。

此举措旨在为前述第一步的专利无效过程创造更充裕的时间。利用管辖权异议所引发的程序，巧妙地延缓案件的直接审理进程，从而为专利无效的准备工作赢得宝贵的时间窗口。在这一过程中，精心准备相关的法律文件和证据材料，以强有力的论据支持管辖权异议的申请，确保这一策略能够有效

地发挥作用，为实现最终的有利结果奠定基础。

（三）在征得客户同意后与对方律师就专利案件进行谈判

在完成前面的工作步骤并经过充分的准备和内部评估后，与客户进行深入沟通，详细阐述谈判的策略和可能的结果，在征得客户的明确同意后，着手与对方律师就专利案件展开谈判。

在谈判过程中，充分展示我方所掌握的有力证据和坚实的法律依据，清晰而坚定地表达我方的立场和诉求，同时运用灵活的谈判技巧和策略，巧妙周旋，在维护客户核心利益的基础上，寻求双方都能接受的解决方案。由于我方检索出的技术文献基本上能够无效掉对方涉案专利中十个权利要求的六个，对方专利经修改后我方技术产品实际上已经不构成侵权；另外，并不是每个专利代理机构都有如此能力水平精准找到如此有力量的文献，如对方专利侵权撤诉、我方专利无效撤诉后，对方还可以以此专利继续清理市场，限制更多即将进入本领域的后来企业。

四、案件结果与案件评析

最终，经过多轮艰苦而富有成效的谈判、沟通与协商，达成对方专利侵权撤诉、我方专利无效撤诉的双赢局面，该案件以双方和解的方式圆满落幕。由于客户 A 公司有融资与上市的计划，团队律师又帮助沟通，在和解协议的封面上注明为“不侵害专利权”的和解协议，客户 A 公司领导对此结果甚为满意。

在这个案件中，和解的最终达成充分体现了双方的理性和务实，也为类似的知识产权纠纷提供了一个积极的解决范例。为成功达成专利案件的和解，需要针对个案深入分析把握，而且通常需要具备以下几个关键要件：

首先，我方律师务必具备卓越的专业素养。不仅要精通专利相关的法律法规和司法实践，还要对案件所涉的技术领域有深入的了解，能够准确把握案件的核心要点，而且能在较短时间内如大海捞针一般检索出有针对性的文献，并根据已有证据制订出合理且有效的和解策略。

其次，对方律师的专业程度同样不可或缺。只有当双方律师都能够基于专业的判断和分析，清晰地认识到案件的利弊得失，才能为和解奠定理性的基础，促进双方在平等、公正的前提下进行协商。

最后，客户的充分理解和信任至关重要。客户需要对律师的专业能力有坚定的信心，积极配合律师的工作安排，理解和解方案的利弊，并在关键时刻给予律师足够的决策授权。

只有同时满足这三个要件，才能够在专利案件中增加和解成功的可能性，实现双方利益的平衡和优化。在知识产权领域，和解往往是一种理想且高效的解决方式。和解能够避免漫长而烦琐的诉讼程序，节省双方的时间和经济成本。同时，和解有助于维护双方的商业关系，为未来可能的合作保留了空间。通过和解，双方可以根据自身的利益和需求达成一个相互都能接受的解决方案，实现双赢的局面。

在竞争日益激烈的创新领域，专利纠纷虽然不可避免，此次专利大战的和解体现了现代创新企业在知识产权管理方面的成熟与理性。本案也为其他企业在处理类似的知识产权纠纷时提供了有益的借鉴，未来，我们期待看到A公司在和解的基础上为推动乙产品技术的发展带来更多积极的成果。

某技术领先企业被侵犯商业秘密案

庞力衡　刘　洋

一、基本案情

A公司是攻克了我国35项“卡脖子”技术之一的高新技术企业。该技术研发难度大，且为全新技术，只有可借鉴的初级基础，没有可继承的经验，由于国外技术封锁，一切几乎是从零开始。其技术壁垒高，若无艰苦漫长的研发过程难以企及，A公司经过成千上万次不断的设计、研制、测试、改进，组织团队历时13年、耗费上亿元资金，在基本没有任何借鉴的条件下，最终解决了这一世界性难题，成功实现设备的稳定商业化制造。

然而，技术研发成功之日，就是不法分子侵犯技术秘密之时。张某2017年之前一直在客户A公司工作，负责设备某部位的研发设计、整体设备项目实施计划编制及计划下发安排等工作，任职期间签署保密协议。2017年9月，张某在未办理正式手续的情况下从A公司离职，离职前以不正当手段获取了A公司全套设备核心技术资料及生产图纸。

2017年10月，张某伙同投资人共同出资成立B公司，该公司专门生产经营与A公司相同的设备。B公司成立后，使用张某以不正当手段获取的设备图纸，生产销售多台相同设备。同年11月，原A公司销售人员李某加入B公司任销售一职，负责将B公司生产的设备对外推广销售。

A公司发现后，向公安机关报案，2018年4月张某侵犯商业秘密案正式立案，立案后反复多次进行证据取证、秘密点与损失鉴定，最终在公安侦查阶段停留5年未移送审查起诉，A公司虽然不断沟通上访，但案件始终无法推动前进。

2023年1月底，A公司经由朋友介绍，慕名找到东卫律师事务所。东卫律师事务所由张世国主任、庞力衡律师和刘洋律师迅速组建起专业的律师团队，对案情展开了全面且深入的剖析，团队凭借丰富的经验和敏锐的洞察力，不仅精准地指出了案件的关键所在，还给出了清晰、详尽的推进路线以及切实可行的解决方案。

在与A公司的管理团队进行充分交流后，困扰他们许久的案件迟迟不能推进的症结终于浮出水面，犹如拨云见日。A公司管理团队对律师团队展现出的专业素养和高效工作给予了高度认可和充分信任。于是，在2023年3月初，A公司正式委托东卫律师事务所担任该案件的诉讼代理人，将案件的希望寄托于东卫律师事务所律师团队，期待能在法律的框架下迎来公正、满意的结果。

二、案件焦点

本案焦点和难点在于：

1. 如何证明B公司型号名称不同的设备与A公司设备在技术上相同；

2. 能否追加侵权公司认定为单位犯罪。

三、办案思路与进程

接受委托后，庞力衡律师和刘洋律师进行了分工，庞力衡律师负责对技术秘密涉及的鉴定意见进行梳理，刘洋律师负责在刑事证据与刑事程序的角度进行把控。商业秘密案件特别是技术秘密案件，是刑事案件中典型的跨领域重大疑难复杂案件，既要有刑事律师的严谨思维，又要能对技术事实充分理解，知识产权律师或者刑事律师单打独斗在知识储备、办案经验上都存在短板。只有团队协作，刑事律师和知识产权律师通力协作，才能不负委托人的委托，在有限时间内保质保量完成复杂烦琐的各项任务。

（一）侦查阶段：与公安机关充分沟通，取得指控的有利证据

1. 向公安机关提供更详尽、准确且有说服力的证据材料，清晰地阐述案

件的性质、商业秘密的价值以及侵权行为的严重程度。在律师团队的帮助下，公安机关分别委托某鉴定公司、某知识产权保护中心对 A 公司不同型号设备生产技术图纸与 B 公司相应型号设备生产技术图纸的比对鉴定，给出十余处结构或图样相一致的结论。随后公安机关委托资产评估有限公司数项商业秘密许可使用权的经济价值进行评估。通过专业的鉴定报告、鉴定结论、评估报告等，公安机关对案件的定性和指控有了更为笃定的认识。

2. 与公安机关保持密切的联系，及时回应它们的疑问和关切，解释商业秘密的特点和行业背景，B 公司在没有设计人员的情况下，便开始加工设备零件。公司成立于 2017 年 11 月，不经过任何研发过程于 2018 年 4 月就制造出商业化设备，而该种设备的制造周期就在 6 个月左右，显然没有研发的时间过程，完全有悖于常理，其产品与市面上其他设备完全不同，各技术细节均与 A 公司相同，并且首批客户均来自 A 公司原客户群。

3. 以客观、理性的态度与公安机关充分交流，尊重其工作流程和决策，针对公安机关可能存在的对商业秘密保护相关法律规定或技术问题的不熟悉，通过提供相关法律条文、司法解释、案例以及专业的技术说明等，增进其对案件的理解和把握，从而打消它们在侦查过程中的疑虑，最终案件及时移送到检察院审查起诉。

（二）审查起诉阶段：对辩护人的误导性意见进行反驳和回应

1. 律师团队积极与检察官保持密切沟通，及时向其汇报案件的关键细节和证据情况。提供清晰、准确的信息，帮助检察官分辨辩护人意见中的不实之处。同时，在与检察官的交流中，强调商业秘密的重要性和保护的必要性，以及侵权行为对企业造成的严重损失和不良影响，使检察官能够充分重视案件的本质和核心问题。

2. 针对辩护人提出的误导性意见，准备详细的书面回应和说明。辩护人仍然在误导检察官意图说明 B 公司的技术来源是国外公司，律师团队对此除详细解释前述鉴定意见外，还递交了数稿法律意见书，并且对于技术细节绘制了六米长、一米宽的技术图谱，通过逻辑严密的论证和充分的证据支持，揭示其观点的错误和不合理性，使本案最终移送起诉至法院。

（三）审判阶段：严谨细致代表被害人充分发表意见

在商业秘密刑事案件的审判阶段，律师团队周密配合，做到严谨、细致、全面、准确代表被害人发表意见，以最大限度地维护委托人的合法权益。

1. 在庭前准备阶段，律师团队深入了解案件细节，与委托人进行充分沟通，掌握案件的来龙去脉、商业秘密的具体内容和形成过程。研究所有相关证据，包括技术资料、经营信息、保密措施的实施情况等，组织起草了逻辑严密、论证充分的代理意见。

2. 在庭审阶段，及时回应对方辩护人的观点。提前预测到被告人及其辩护人可能提出的观点和质疑，在庭审中冷静、敏捷地应对对方的反驳，及时进行有效的反驳和解释。

3. 强调社会影响和法律意义，阐述说明此类犯罪行为对市场经济秩序和公平竞争环境的破坏，呼吁法庭通过公正判决，维护法律尊严和社会公共利益。

最终，一审法院支持了我方观点，判处了张某、李某两被告人适当的刑罚。从本案律师团队正式接受委托到拿到正式判决历时 14 个月，A 公司终于成功保护了其商业秘密，达到了预期的目的。

四、案件结果与案件评析

侵犯商业秘密案件大约占侵犯知识产权罪案件数量的 1%，但是企业维权难度大，能最终得到保护的案例极其有限，其根源不在于商业秘密法律保护制度不完善以及法律规则不够清晰，而在于商业秘密权属争议、侵权纠纷案例公开的信息有限，公检法机关和社会公众无法全面、准确地了解商业秘密的内容及其认定规则、保密措施的合理性及有效性认定规则、侵权事实的脉络和认定标准。特别需要指出的是，商业秘密案件在证据的准备上存在诸多难点，每个案件又各有各的不同，需要针对个案深入分析把握：

1. 秘密点的界定：首先要确定所主张的信息确实构成商业秘密，即具有秘密性、价值性和保密性。这需要明确区分公开信息和受保护的秘密信息，需要判断同一性大概率成立的情况下清晰界定非公知性，界定难度较大，秘密点的主张的水平占到案件胜诉比重的一半以上。

2. 证据与侵权行为的隐蔽性：商业秘密通常存在于企业内部的运营过程中，相关证据可能分散在不同的部门、系统和人员手中，且可能被刻意隐藏或伪装。侵权人往往采取秘密手段获取、使用或披露商业秘密，使侵权行为难以被直接发现和证实。此外，电子数据等证据可能容易被篡改、删除或销毁，导致关键证据的丢失。

3. 技术专业性：商业秘密涉及复杂的技术问题，需要专业的技术鉴定和分析，增加了取证的难度和成本，对律师团队的专业性及合作配合能力要求极高。在取证过程中，既要获取有效证据，又要确保不进一步泄露商业秘密，对取证的方式和手段提出了更高的要求。

略显遗憾的是，根据“接触商业秘密 + 侵权产品与权利人产品商业秘密实质相似 + 排除合理怀疑”的认定原则，亦可推定 B 公司及其法人与实际控制人明知张某违反保密义务或者违反权利人有关保守商业秘密的要求，获取、披露、使用 A 公司商业秘密，B 公司及其法人与实际控制人亦构成侵犯商业秘密罪。但由于客户委托本律师团队介入较晚，固定证据的时机丧失，经多次与侦查机关和检察机关沟通，对 B 公司没有启动刑事追诉，A 公司只能转而采取民事手段维权。

A公司与B公司桌游卡牌著作权侵权胜诉案

郭　志

一、基本案情

A公司系广受大众欢迎的某游戏卡牌的出版发行方，享有某游戏卡牌中众多美术作品的著作财产权。2013年5月，A公司发现B公司在C公司平台中的旗舰店上开设A公司某游戏卡牌同名称专区，在该同名称专区公开销售印制有改编自A公司某游戏卡牌系列图案的Q版（可爱版）服装商品。A公司认为B公司的上述行为侵犯了其对自身享有某游戏卡牌的系列美术作品的著作权，应当承担停止侵权、赔偿损失的法律责任，而C公司则应当承担连带赔偿责任。

A公司委托东卫律师事务所代理此案，东卫律师事务所指派郭志律师具体代理。

被告B公司抗辩称，A公司不享有某游戏卡牌中部分美术作品的著作权，理由之一是A公司主张权利的部分美术作品与他人在先的电脑游戏中的相关人物形象构成实质性相似，不具有独创性。其亦抗辩称其公司销售的服装商品也未侵犯某游戏卡牌美术作品的著作权，认为两者在构图、花纹、人物神情等各方面均存在明显差异，不构成实质性相似。故不同意A公司的全部诉讼请求。

被告C公司则抗辩称其仅为提供信息发布平台的网络服务提供者，未实施侵权行为且不存在过错，不应承担连带赔偿责任。

二、案件焦点

（一）一审法院案件焦点及裁判要旨

一审法院经审理认为：A公司提交的相关证据在没有相反证据的情况下已经足以证明其享有涉案的某游戏卡牌美术作品的著作权。虽然B公司认为A公司主张著作权的“诸××”等部分美术作品抄袭了第三方作品，不享有相关作品的著作权，但是经比对，A公司主张权利的上述美术作品，与B公司所称的被抄袭作品的人物形象之间，在人物的面目神情、发型、服饰、手姿、身姿、武器等构成人物形象的主要要素方面均存在较大区别，在整体观感上存在显著差异，故不构成实质性相似，B公司的此项异议不能成立。

A公司主张著作权的某游戏卡牌系列美术作品与B公司在服装商品上所使用的某游戏卡牌系列图案，就“三××”作品而言，虽然两者在字体颜色、“三”字左宽右窄的字型变形等方面具有相似性，但在“×”字、“×”字部分存在区别，而后者在“三”字最上面一横左边的云状变形处的设计具有独创性；就“主×”、“忠×”等作品而言，两者在字体、文字颜色、排列方式、圆形背景、文字与背景花纹的颜色对应关系等方面具有相似性，但在字体轮廓颜色、圆形背景底色、圆形背景花纹式样等处存在明显区别；就人物作品而言，两者虽然在人物的发型、服饰、手姿、身姿、武器等构成人物形象的主要要素方面极为相似，但两者勾勒人物的线条不同，人物的背景画面也不同，呈现出不同的表达风格，后者具有一定的独创性，并且在某些细节处后者具有独特的设计。此外，根据该案证据，B公司在开始销售某游戏卡牌系列服装产品时，A公司的某游戏卡牌卡牌已经在公众中流行并拥有较高知名度，B公司可以轻易接触到A公司的某游戏卡牌系列美术作品。因此，B公司的行为，应系在接触到A公司享有权利的涉案作品后，未经A公司许可，在原有作品上进行了具有一定独创性的改动和设计，侵犯了A公司对作品的改编权。而C公司已经履行了相应的监管义务，不存在主观过错。

一审法院判决B公司赔偿A公司经济损失45万元。B公司以A公司不享有涉案作品著作权，不构成侵权为由，提起了上诉。

（二）二审法院案件焦点及裁判要旨

1. A公司是否享有某游戏卡牌美术作品著作权

《著作权法》第11条第3款规定，由法人或者其他组织主持，代表法人或者其他组织意志创作，并由法人或者其他组织承担责任的作品，法人或者其他组织视为作者。《著作权法实施条例》第2条规定，《著作权法》所称作品，是指文学、艺术和科学领域内具有独创性并能以某种有形形式复制的智力成果。《著作权法实施条例》第4条第8项规定，美术作品是指绘画、书法、雕塑等以线条、色彩或者其他方式构成的有审美意义的平面或者立体的造型艺术作品。

本案中，A公司向原审法院提交了登记号为2010×××的《著作权登记证书》，亦提交了D公司出具的授权书，在B公司未提出相反证据的情况下，能够确认A公司经D公司授权，取得了某游戏卡牌美术作品中的“夏××”“小×”“许×”“张×”等23部美术作品的著作财产权及维权权利。

根据A公司提交的其他《著作权登记证书》，在无相反证据证明的情况下，可以确认其系某游戏卡牌美术作品中的“三××”“主×”“忠×”“内×”等13部作品的著作权人。B公司认为“三××”“主×”“忠×”“内×”的字体为迷你繁方篆，不具有独创性。对此，二审法院认为，B公司在原审及二审法院诉讼过程中，均未提交相应的证据证明其上述主张，且从A公司提供的证据可以看出，其对“三××”“主×”“忠×”“内×”“反×”的字体、文字颜色、排列方式进行了特殊的设计，并将上述艺术化的文字设置在具有花纹的圆形背景下，产生了一定的美感和视觉冲击感，具有独创性。因此，B公司的上述主张不能成立。

关于B公司认为A公司主张著作权的“诸××”“甘×”“郭×”等7部美术作品分别抄袭“霸×××”中的“诸××”“邢××”等形象以及“真××5”中的“赵×”“司××”形象，不享有上述涉案作品著作权的主张，二审法院认为，上述七部美术作品与B公司所称的被抄袭作品的人物形象在整体形象及细节描绘上均存在显著差异，具有独创性，B公司的上述主张不能成立。

关于B公司认为A公司成立日期晚于登记号为2011×××的《著作权登记证书》中记载的作品创作日期的主张，法院认为，A公司的成立时间虽然晚于《著作权登记证书》中记载的作品创作日期，但A公司已经进行了合理解释，即在公司成立前，相关作品的创作工作系由A工作室完成，均系职务作品，公司成立后，上述职务作品便登记在公司名下，且B公司亦无相反证据证明上述《著作权登记证书》中记载的作品另属他人，因此，B公司的上述主张不能成立。

对于B公司提交的申请日为2011年3月22日、使用在服装商品上并涉及"张×""曹×"的两份外观设计专利请求书等材料，法院认为，上述外观设计申请虽然申请时间早于A公司提交的《著作权登记证书》的登记时间，但是《著作权登记证书》所载明的作品完成时间，即"张×"作品于2009年7月7日创作完成，并于2009年9月21日首次发表，"曹×"作品于2010年5月5日创作完成，并于2010年7月29日首次发表，结合A公司的某游戏卡牌产品自2010年起在市场上具有了一定知名度的客观事实，且上述外观设计专利申请均未获得授权，法院综合上述因素，认定A公司享有涉案的"张×""曹×"作品的著作权。

综上，B公司关于A公司是否享有某游戏卡牌美术作品著作权的诉讼主张均缺乏事实及法律依据，法院不予支持。

2. B公司是否侵犯了A公司某游戏卡牌作品的署名权和改编权

《著作权法》第10条第1款第2项规定，署名权，即表明作者身份，在作品上署名的权利。该款第14项规定，改编权，即改变作品，创作出具有独创性的新作品的权利。

本案中，A公司主张的艺术化文字作品在字体、文字颜色、排列方式、圆形背景、文字与背景花纹的颜色对应关系等方面具有相似性，但在字体变形、字体轮廓颜色、圆形背景底色、圆形背景花纹式样等处存在明显区别。就人物作品而言，两者虽然在人物的发型、服饰、手势、身姿、武器等人物形象要素方面极为相似，但两者勾勒人物的线条不同，人物的背景画面也不同，呈现出了不同的表达风格。根据前述认定，某游戏卡牌作品从2009年起即已陆续创作完成并发表，某游戏卡牌产品从2010年起即具有了一定的知名度，B公司在可以接触到涉案某游戏卡牌作品的情况下，未经A公司许可，在A公司原有作品的基础上进行具有一定独创性的艺术化加工和设计，以改编的方式使用了A公司享有著作权的涉案作品，侵犯了A公司涉案作品的改编权。在进行上述改编后，B公司未在其相关作品上标明A公司的原著作权人的身份，亦侵犯了A公司的署名权。因此，原审判决认定B公司侵犯了A公司享有的涉案作品的改编权和署名权结论正确，二审法院予以支持。

3. 原审法院判定的赔偿数额是否合法

原审法院充分考虑涉案作品的数量及知名度、B公司的侵权情节、侵权时间、涉案侵权服装商品的销售数量等因素，并最终依法酌定B公司赔偿A公司经济损失45万元的判决结论并无不当。B公司认为原审法院判定的赔偿数额过高的诉讼主张缺乏事实及法律依据，二审法院不予支持。

二审法院二审认定B公司的上诉理由不能成立，驳回B公司的上诉，维持原判。

三、办案思路与进程

1. 在接受A公司该案委托之初，有两个焦点问题是需要律师前置考虑和解决的。第一，A公司主张权利的系列作品是否具有独创性，是否属于著作权法保护的作品？第二，B公司开设的网上店铺销售的产品上的Q版漫画形象是否与A公司主张的著作权构成实质性相似？

我国《著作权法》的第47条和第48条对侵犯著作权的行为进行了列举，但是在具体认定方面并没有确定明确的方法与标准。经过长期的司法实践，“实质性相似加接触”原则逐渐并成为判定著作权侵权行为的核心标准。

因为没有确定明确的方法与标准，律师对于“实质性相似加接触”原则掌握程度和运用方法就成为本案的先决条件之一。

首先，律师大量搜集市场内同类型作品，将A公司主张的权利作品与市场内同类型作品进行比对，进而确认A公司主张权利的可保护性和稳定性；其次，将A公司主张的权利作品与B公司销售的产品上的图案进行比对，进而确认B公司是否构成侵权。

2. 律师在案件整理和取证过程中如何获取证据并证明主张计算B公司的获利，成为第二个需要专业分析和专业取证的重要节点。

一般律师会因为直接证明A公司损失的证据缺失而直接选择法定赔偿。但律师认为，应当尽量提供损失证据或者被告盈利证据，虽然大多数的时候这些由于证明成本、行业利率等证据不能得到支持，但是这些证据可以给法官在法定范围内进行自由裁量提供参考的依据。

《著作权法》第49条规定了侵权人应当按照权利人的实际损失给予赔偿，实际损失难以计算的，可以按照侵权人的违法所得给予赔偿。

本案中，律师提供了大量证据，证明涉案产品的销售数量，并根据同行业中的一般平均利润率计算出被告实际盈利的数额。这些证据真实客观，法官在法定赔偿范围内对损失赔偿行使自由裁量时，也必然会予以重视。

3. 本案两次运用“实质性相似加接触”原则，分别进行比对并确认了权利作品和侵权行为。因本案具有很高的典型性，故本案终结后被评为中国法院2016年度案例。

四、案件结果与案件评析

“实质性相似加接触”原则是指如果被诉侵权的作品与权利人的作品实质性相似，同时作品权利人又有证据表明被诉方在“创作”被诉侵权的作品前，已经能够接触权利人的作品，那么就应当由被诉方来证明其所使用的作品具有合法来源，否则被诉方的行为即构成著作权侵权。著作权法意义上的作品，是指具有独创性的外在表达，因此只有“创”“独”兼备方可构成作品。“实质性相似”就是判定“创”的问题，即劳动成果是否达到一定创作高度要求，具有一定程度的智力创造性；“接触”判定的是“独”的问题，即劳动成果是否源自劳动者本人，而非抄袭的结果。

本案代理中，笔者两次运用“实质性相似加接触”原则对作品是否构成著作权侵权发表意见。第一次是将 A 公司主张权利的部分“三××”卡牌中的美术作品与“霸××”“真××5”等电脑游戏中的相关人物形象进行了比对。第二次是将 A 公司主张权利的“三××”卡牌中的美术作品与 B 公司使用在服装商品上的相关某游戏卡牌图案进行了比对。第一次比对是为了确认 A 公司对该部分主张权利的美术作品享有著作权，第二次比对是为了判定 B 公司使用某游戏卡牌图案的行为侵犯了 A 公司的著作权。笔者的意见得到两审法院的采纳，取得了最终的胜诉，维护了 A 公司的合法权益。

某老字号商标权权属纠纷案

邵　男

一、基本案情

（一）案情概述

这是一个家族之间商标权权属的纠纷案件。案件原告为兄（以下简称老大），案件被告为弟（以下简称老二）。母亲为毕某，现年 88 岁，父亲已去世。

毕某在 1978 年开始以其姓氏为名经营毕家烧鸡店。兄弟二人先后高中毕业，便随父母一起经营烧鸡生意。在经过了近 20 年经营后，两兄弟于 2001 年劝说母亲注册了案涉商标，商标注册在毕某名下的个体工商户名下，并于 2003 年获准注册。2005 年，老二以各种理由提出分家，无奈毕某与两个儿子签署分家协议。之后多年，老大多次依据分家协议要求老二变更商标为共同共有，但均遭到拒绝。2022 年，东卫律师事务所接受老大的委托，委托邵男律师作为代理人，提起诉讼，主张商标权共有。

一审在法院的主持下对毕某做了一份调查笔录，给案件带来重大影响，一审法院据此判决老大败诉。摆在代理律师面前的是如何打掉调查笔录的证明力。而打掉这个笔录的证明力的关键，是要得到老人家毕某的配合，但老人已经年事已高，如何有效作证，这是非常有挑战的。

于是，本案出现了我们办案过程中少有的“证人保卫战”，出现了庭外和庭上的全面对抗，在经历了一场激烈的二审庭审后，最终推翻一审判决，二审得以全胜。

（二）本案亮点

1. 如何推翻一审法院主持下所作的调查笔录这一关键证据

一审法院根据调查笔录认定，毕某并没有将案涉商标赠与老大。鉴于毕某高龄且不识字，毕某的这份调查笔录是否真实？能否作为认定案件事实的依据，是二审的重中之重。

2. 来自关键证人出庭作证的挑战

无论是分家协议，还是法院一审的调查笔录，都将原被告的母亲毕某深深卷入其中。毕某年近90，日常生活是由老大、老二各自照顾一个月，得到毕某的支持，甚至让毕某顺利出庭作证，不但阻力重重，也充满老人人身安全的挑战。

二、案件焦点

本案焦点有三个：

1. 案涉商标所有权到底是谁的？

2. 是否构成原被告共有？

3. 原被告的母亲在一审法院所作的调查笔录是否具有法律效力？

三、办案思路与进程

（一）分家协议书对本案事实的认定

2016年6月26日原告和被告签订的协议书是本案的核心证据。协议书第一条即明确约定原被告对案涉商标拥有共有使用权，但是六条内容中没有一条约定商标所有权为原被告共同共有。协议书的首部明确协议有三方当事人参与，即毕某、原告、被告。协议书的第一段开头即载明：毕某创立案涉商标品牌，案涉商标是原、被告之母毕某所注册，后挂在老二法人公司名下。协议书的相关措辞并不清晰。毕某未在协议书中签字捺印。

一审法院认为：共同共有指的是两个或者两个以上民事主体基于某种共

同关系，不分份额地共同享有权利并承担义务的一种法律关系。共同共有权利的产生应当基于共同关系的存在。原告要求确认第××号商标为原、被告共同共有，共同关系存在的依据为原、被告之间的约定，即原、被告在2016年6月26日所签署的协议书。因此，确定原、被告是否对涉案商标形成共同共有关系，应当结合协议书订立的过程，以协议书的具体内容为切口，审查各方当事人订立协议时的真实意思表示，进而确定原、被告之间是否存在共同共有关系。首先，商标所有权与商标使用权是包含与被包含的关系，商标使用权包含在商标所有权之中，如商标权为共同共有，则共同共有人当然享有商标的使用权，从而不必单独约定共有商标使用权。如共有商标使用权，则并不代表双方共有所有权。该份协议书围绕商标权利约定了六条内容，但未明确双方对案涉商标拥有共同所有权。综上，原告要求确认涉案商标为原、被告共同共有，证据不足，法院不予支持。

（二）一审法院主持下的调查笔录对本案事实的认定。

一审法院判决认定：“（毕某）在本案调查时亦明确表示涉案商标所有权并未赠予原告，其允许原告拥有的是商标使用权，而非商标所有权。”

这份关键的调查笔录成为一审判决的主要证据。

（三）如何对一审法院调查笔录进行反驳是二审的主要任务

代理人主要围绕如下思路展开代理工作：

1. 本案中调查笔录在性质上属于法院调查收集的证据，但本案件并不属于《民事诉讼法》以及司法解释所明文规定的人民法院应当调查收集的情形。

调查笔录形成时间是2023年2月13日10时，地点是一审法院，由审判长李某和书记员李某某对毕某进行谈话。笔录记载是因审理（2023）鲁××民初××号案件的需要，对毕某进行的调查。但本案并不属于《民事诉讼法》以及司法解释所明文规定的法院应当调查收集的情形。

根据《民事诉讼法》第64条：当事人对自己提出的主张，有责任提供证据。当事人及其诉讼代理人因客观原因不能自行收集的证据，或者人民法院认为审理案件需要的证据，人民法院应当调查收集。也就是说，法院应当调查收集的证据无非就是两类：因客观原因不能自行收集时依当事人申请而收集证据，以及法院认为审理案件所需要时的依职权收集证据。

最高人民法院《关于适用〈中华人民共和国民事诉讼法〉的解释》第94条规定：《民事诉讼法》第64条第2款规定的因客观原因不能自行收集的证据包括：（1）证据由国家有关部门保存、当事人及其诉讼代理人无权调取的；（2）涉及国家秘密、商业秘密和个人隐私的；（3）当事人及其诉讼代理人因客观原因不能自行收集的其他证据。

最高人民法院《关于适用〈中华人民共和国民事诉讼法〉的解释》第96条规定：《民事诉讼法》第64条第2款规定的人民法院认为审理案件需要的证据包括：（1）涉及可能损害国家利益、社会公共利益的；（2）涉及身份关系的；（3）涉及《民事诉讼法》第55条规定诉讼的；（4）当事人有恶意串通损害他人合法权益可能的；（5）涉及依职权追加当事人、中止诉讼、终结诉讼、回避等程序性事项的。除前款规定外，人民法院调查收集证据，应当依照当事人的申请进行。

本案件并不属于上述客观不能自行收集或法院依职权收集的法律规定情形的任一种情形。诉讼中，法院依职权收集证据，有偏离裁判中立的嫌疑，所以，司法解释对法院依职权收集证据的范围做了明文限定，否则将导致法院依职权对案件的干预，造成司法不公正。

2. 调查笔录的证据形式不合法，不具备法律规定的要件，不符合法律规定的要求，不具有证据效力。

根据最高人民法院《关于适用〈中华人民共和国民事诉讼法〉的解释》第97条：人民法院调查收集证据，应当由两人以上共同进行。调查材料要由调查人、被调查人、记录人签名、捺印或者盖章。本案中的“调查笔录”只有87岁高龄的毕某17个鲜红的手印，却没有调查人、记录人的签名、按印或者盖章。证据形式不合法。

3. 调查笔录的收集程序不合法

一审法院所谓的“依法”对毕某进行询问，并未告知原告，实际情况是，老人由被告开车载到法院，在离开家的时候，和原告说的是去看他们的舅舅，但实际上却是被老二独自开车载到法院。再由一审法院对 87 岁老人进行的法庭调查。此“调查”并未事先通知原告，做笔录之时原告也未能在现场。此种情况下，由法院和被告单方在场的“调查笔录”根本就不具备证据效力，不能作为认定案件事实的根据。

4. 调查笔录的内容不真实

笔录内容逻辑清晰、语言专业，这与一个 87 岁高龄、一个字不识的老人的实际认知严重不符，一般人都不会相信是老人所言，而是法官的单方叙述。老人不识字，当时是在何种情况下按的手印，这些都无法判断。

比如，在笔录的最后，毕某说“我必须强调一点，老大只有商标的使用权，没有商标的所有权……”什么是商标的使用权，什么又是商标的所有权，这些连专业人士都很难理解的专业问题，却出自不识字的 87 岁的老人之口，显然超出了老人的认知水平。

（四）证人出庭是关键

推翻调查笔录的证明效力，就需要毕某二审参加庭审。代理人申请毕某出庭得到法庭的允许。而老人当月正好轮到老二一家照顾，开庭日期临近，老二一家从早到晚守在老人家里，一早就来，等老太太入睡才离开，老大无法靠近和母亲商量。但由于老人虽然已是耄耋之年，但耳聪目明，十分清醒，她知道两个儿子开庭一事。老人晚上就在等着老大，老人自己已经下定决心，愿意出庭作证，一定要到庭上说个清楚。老人在一审的时候被老二骗说是去看其弟弟（也就是兄弟二人的舅舅），但中途拐弯去了法院。后又听说就是因为自己去了法院，做了一个笔录，导致老大输了案件，对此老人耿耿于怀。

在开庭的前一夜，老大顺利在半夜时分将老人从家中接出。第二天一早开庭，当庭审中我们申请老人出庭作证的时候，老人被法院大门口老二一家子团团围住，曾孙更是抱着祖奶奶的大腿大哭不让下车，孙子的媳妇也抱着奶奶大哭。僵持不下，审判长要求法警保护，老人家得以顺利走进法庭作证。

接下来就是令我终生难忘的老人作证的过程。年近九旬的老人，一个字不识，用最朴实的语言，在法官的发问下，当庭哽咽地诉说：“那个文件不是我签的，我不认识字，我不知道上面写的啥，话都不是我说的，让我按手印我就按手印，都不知道啥意思，我对两个儿子，就像手心和手背，都是一样的，商标也是他们俩的。”老人一边流着眼泪，一边清晰地回答法官的询问，一边不停重复这些话。看到一辈子风风雨雨做烧鸡生意，饱经沧桑的老人为自己的一对亲儿子出庭作证，看到老人沟壑纵横的脸上挂满泪水，代理人也早已经泪眼朦胧。

法官在反复耐心询问老人中查清了全部案件事实。

（五）对分家协议书约定条款内容的解释是二审辩论的重点

1. 2016 年分家协议书开头就已经载明“甲乙双方之母亲创立烧鸡品牌，后挂在乙方法人公司名下……母亲创建的烧鸡商标是甲乙双方的共同财产”。在协议第一条“烧鸡品牌、字样应甲乙双方永久无条件使用”。第四条写明“因商标是母亲赠与甲乙两人的无形资产，该商标虽由乙方使用，但该商标的变更和使用甲方有直接的参与权，没有甲方的签字手印意见，乙方不得变更商标的使用和持有人”。从上述约定可以清楚这样的事实：案涉商标是母亲赠与兄弟二人的无形资产，二人共同拥有案涉商标的专用权。

一审判决认为协议里共有指向的是使用，不是所有权。这仅仅是字面意思。但不能仅仅按字面理解。共有是对整个权利的共有，而不是所谓使用权的共有。案涉商标母亲已经赠与兄弟二人，老大、老二的权利都覆盖于全部权利。要还原真实的法律关系。老大也有所有权，就是也有商标专用权，2016 年协议上的措辞是对法律的误解，不能以对法律的误解为准，而要以法律本来的意思为准。

2. 2016 年分家协议书签署之时，案涉商标已经登记在老二名下，本协议是受赠人之间的约定，是双方真实意思表示，合法有效，对协议的双方具有法律约束力。案涉商标在 2003 年获准注册，注册在毕某的个体工商户名下。2013 年老二将毕某个体工商户名下的案涉商标变更至自己名下，在 2016 年兄弟二人签署协议书的时候，双方都是案涉商标的商标共有权人，且当时案涉商标登记在老二名下，协议是二人对共有的商标一个约定。

四、案件结果与案件评析

（一）案件结果

经过证人出庭和激烈的二审庭审，二审法院撤销一审判决，老大的诉讼请求得到全面支持。后老二又申请再审，二审判决依然被维持。

（二）案件评析

本案的办案过程中，一审法院先是否定分家协议的书面意思，即分家协议不能理解为案涉商标为兄弟二人共有。进而用法院调查笔录否定毕某赠与老大的意思，将老大在本案中主张案涉商标共有主张的路彻底堵死。那么，摆在律师面前的就是两个问题：协议内容如何解释与调查笔录的法律效力。基于案涉主体的特殊关系，对抗的矛盾，证人又是年近90岁高龄的老人，可以说整个案件办理过程法内法外的因素都要考虑周全，是十分具有挑战的。

律师一方面全力以赴用法律手段以期达成案件目标，将案件证据做扎实，另一方面全力协助双方调解。但很遗憾因商标的归属直接关涉经济利益，以及他们之间多年的积怨而无法调和。

一场兄弟间的商标权权属之争终于尘埃落定。随着案件的结束，老人作证后被法官以及法警搀扶走出法庭的背影也深深地留在了笔者记忆里。

担保、刑民交叉篇

保证合同纠纷再审败诉后申诉改判案

赵显光

一、基本案情

2016年4月，A公司突然收到法院送达的起诉状和证据材料，起诉状的内容是B公司作为原告主张被告A公司承担6,541,266.02元的保证责任，核心证据是A公司作为保证人签署的一份金额为6,541,266.02元的担保合同，该担保合同的债权人是B公司，保证人是A公司，债务人是D公司。担保合同上盖有A、B、D公司的公章，侧边盖有A公司菱形骑缝章和B、C公司圆形公章，但落款处三公司均无经办人签名。

案涉四个利害关系主体：A公司是大型冶炼行业国企，B公司是外省贸易行业民企，D公司是A公司所在地的矿业行业民企，C公司为A公司与D公司共同投资设立的合营公司，A公司占股65%，D公司占股35%。C公司法定代表人由D公司法定代表人于某担任。于某同时担任C、D两家公司的法定代表人，是本案的重要角色。

A公司收到起诉材料后，经内部核实，确认从未与B公司有过任何商业往来，且两公司之间也无任何人员接触，甚至互不相识，A公司更未与B公司签署过这份《担保合同》。法务人员和律师审核证据后，发现担保合同上A公司公章印文外观形状和尺寸与A公司的公章明显不同，显属伪造公章加盖形成。经询问C公司法定代表人于某，于某口头回复称案涉担保合同是假的，是B公司滥诉，其会劝说B公司撤诉。因C、D公司经营均陷入困境，于某与A公司关系不睦，其不予配合说明其他具体情况。B公司并未撤诉。

A公司根据查明的情况，确认担保合同是虚假的和无效的，同时根据落款处没有经办人签名的反常情况，A公司当时自信地认为本案必将在法院查明事实后以A公司完全胜诉结案。

但谁也没有料到，在接下来的6年多时间里，A公司这个“必胜”的案件历经一审败诉、二审败诉、再审申请被驳回、检察机关不支持检察监督、向最高人民法院申诉和向最高人民检察院申请监督、最高人民检察院指定省检察院审查、省检察院启动抗诉、省高级人民法院指定原终审法院（中级人民法院）再审、再审败诉、继续向最高人民法院申诉和向全国人大法律监督部门信访、最高人民法院指定省高级人民法院再审、省检察院二次抗诉、再审终于改判的曲折经历。案件结果最终驳回了B公司的全部诉讼请求，避免了6000余万元国有资产流失。

本案自2016年4月案发至2022年8月结案，案件发展波澜起伏、险象环生，过程中有当事人过于自信的大意，有早期律师代理失误的遗憾，也有法官主观上的草率，更有申诉阶段笔者团队介入后专业赋能、力挽狂澜的惊喜。

为便于理解后文，此处交代纠纷背景：2014~2015年，债务人D公司从B公司融资经营大宗矿石贸易。B公司需要从银行获取资金给D公司，从中获取利息差。D公司法定代表人于某吹嘘其与A公司合资设立C公司，关系良好，可以让A公司提供担保，B公司法定代表人马某相信了于某的说辞。于某明知A公司不可能为其自有的D公司提供担保，遂私刻A公司公章为B公司提供A公司的担保。其间B公司发现上当，但为了自己在银行借款的增信，接受了伪造的担保合同，后因风险过大未实际使用。在D公司拖欠B公司6000余万元后，B公司被迫启动诉讼，其凭借侥幸心理使用伪造的A公司担保合同，借助于某与A公司的合作关系，企图浑水摸鱼，拉A公司垫底承担保证责任，引发本案多年的诉讼。

二、案件焦点

本案案由是保证合同纠纷，貌似情节简单，实则争议焦点涉及伪造公章刑事判决、伪造公章被用于工商登记材料是否产生公示效力、加盖伪造公章的担保合同的效力评价、忽视担保合同上菱形骑缝章对案件的影响、司法鉴定失败的责任归属等复杂争议问题，涉及刑民交叉的内容。焦点是A公司对担保事实是否知情、B公司是否善意取得担保。

三、办案思路与进程

（一）笔者团队发现原审判决的重大疑点并接受委托

A公司经历一审、二审败诉，再审申请被驳回和检察机关不支持检察监督后，向最高人民法院申诉和向最高人民检察院提交申诉书申请监督，最高人民检察院于2020年6月指定省检察院审查本案。此时，A公司向笔者团队咨询本案。律师经阅读一审、二审判决书和审查核心证据担保合同后，凭借多年的专业经验，立即发现原审判决存在多处A公司从未主张过的对其有利的事实、理由和疑点。律师指出问题后，A公司及其集团公司来访法务和领导受到巨大启发和震动，认为找到了问题的关键，当即决定委托笔者团队。笔者团队接受后，开始了两年多的艰苦征战。

（二）积极主动沟通省检察院民事检察处检察官，成功取得抗诉

承办律师接受指派后，立即重新拟订申诉材料并替换已提交的旧版本，主动约见省检察院承办检察官，当面说明原审判决存在的诸多错误问题，提出很多全新的事实、理由和观点。2020年8月4日A公司收到省检察院决定抗诉的抗诉书副本。初战告捷，大家对改判有了信心。

（三）再审开庭前复盘和总结本案此前程序的得与失

1. A公司一审因盲目自信、未深入挖掘有利因素而败诉

A公司认为，担保合同上A公司公章系伪造，也无经办人签名，因此不是A公司的真实意思表示，担保合同无效。A公司确定公章是D公司法定代表人于某伪造后随即报案，公安机关对于某采取刑事强制措施，启动刑事追究。A公司据此请求一审法院中止审理，等刑事案件结束后再审理本案。

B公司反驳认为，担保合同公章与A公司所用公章不一致，但担保合同上A公司公章曾由A公司与D公司共同投资的C公司用于工商登记材料《变更公司经营范围股东会决议》上，落款处盖有担保合同上的A公司的公章，时间已经长达3年多，A公司对此从未提出异议，产生对外公示的效力，证明A公司认可该公章的效力。

A公司对该股东会决议质证认为，其上面的A公司公章同样是伪造的，落款处也没有A公司人员签名，A公司从不知情，不能证明A公司认可该枚公章。

一审法院于2018年6月25日作出一审判决。法院认为，虽然A公司主张对该股东会决议上公章并非A公司加盖，但A公司的辩解反映了“其事前不知情，事后不过问的股东权利行使方式”，这与其作为C公司股东的身份不符。同时，该股东会决议至今未被撤销，公安机关侦查的刑事案件也不涉及该股东会决议的真伪问题。公安机关是否最终认定于某伪造A公司公章不影响本案事实的认定。于是，一审以A公司应当对于某伪造和使用公章行为知情为主要理由判决A公司承担保证责任。

一审判决的关键理由大大出乎A公司的预料。

2. 二审再次败诉

A公司提出上诉后，主要针对一审强调的变更公司经营范围股东会决议加盖的A公司公章问题，提出意见：强调所谓的公示效力不成立，因为变更公司经营范围股东会决议源于在C公司的工商档案，并不是A公司的工商档案。该股东会决议并非A公司参与下形成，也不是A公司人员提交工商部门。这“虽然反映了A公司的某些问题，但确实对此是不知情的”。一审判决后，A公司就变更公司经营范围股东会决议使用伪造公章的情况向公安机关报案，以此表达其不认可该股东会决议效力的目的。实际上，A公司应在一审时即提出举报，同时应申请行政撤销工商登记。

A公司还调取了C公司工商局档案中2份和A公司开户行曾经留底的5份加盖A公司公章的文书，以此证明A公司对外用章均使用自己持有的公章，没有使用过案涉伪造公章，进而证明伪造公章用于担保合同和股东会决议是无效的。

根据B公司所述，A公司同时强调，担保合同是双方法定代表人通过邮寄合同文本的方式签订的，不是面签，证明该有签署行为与大型国有企业日常管理不相符，担保合同的来源和内容的真实性是存疑的。

B公司答辩认为，变更公司经营范围股东会决议用于A公司控股的C公司工商档案中，A公司长期未提出异议，已经产生公示效力，A公司主张不知情不合常理。C公司变更经营范围之后重新领取了营业执照，营业执照中经营范围发生了变更，A公司在后续经营管理中不可能不知情。A公司就该股东会决议上加盖所谓的伪造公章进行报案，不能改变其公示效力的法律后果。同时，该股东会决议现仍属于有效状态。

B公司在二审中提到了一个新的事实，就是在B公司与D公司此前业务往来中，C公司法定代表人余某曾经提供给B公司一份A公司时任法定代表人李某某的身份证复印件，上面盖有A公司的公章以及A公司常用的表明文件用途的方章，用途空格处写有“供B公司担保使用”。字迹是用铅笔书写，且十分模糊，经司法鉴定确定了上述内容。B公司据此主张，A公司为B公司提供了担保，印证A公司对本案担保合同知情且同意。

A公司质证认可李某某身份证复印件上的公章和方章的真实性，但不认可方形章里的内容。A公司主张内容不是A公司书写的，鉴定结论未证明是谁写的，浅淡的字迹不可能出现在正规文件上，该复印件也不是A公司交给B公司的。同时指出该身份证复印件是另一份伪造担保合同上的附件，与本案无关。

法庭提问B公司李某某身份证复印件来源问题，B公司回答是本案担保合同附件，说此前还有一份担保合同，在本案中是本案担保合同的附件。对于法院的深入提问，B公司顾左右而言他，法庭追问不了了之。对于如此重要的问题线索，A公司未能予以足够重视，未及时深入追究此前担保合同与本案担保合同的关系，以及与李某某身份证复印件的关系。

二审法院于2018年9月13日作出终审判决。法院认为，本案的焦点问题是A公司提供担保的意思表示是否真实。具体判决理由是：变更公司经营范围股东会决议盖有与担保合同相同的印章，股东会决议留存于相应的行政主管部门，并据此办理了经营范围变更登记，故该公章的公示力和有效性应予以确认。A公司主张对此变更事实不知情令人难以信服。本案出现A公司两枚不同印章说明A公司对外用章不具有唯一性，同时，目前无证据证明B公司与D公司（也是C公司）的法定代表人于某存在串通伪造和使用A公司公章的事实。在判决中，法院直接提到了担保合同上侧边A公司所盖菱形骑缝章的事实，并认为A公司一审、二审期间从未对此提出异议，这表明该菱形骑缝章真实性及使用的效力得到了A公司的认可。另外，A公司时任法定代表人李某某身份证复印件上“供B公司担保使用”的字迹，也能表明A公司知晓担保的事实。A公司就伪造公章报案后，刑事程序尚未结束，但其结果不影响本案事实的认定。综合以上情节判决驳回上诉，维持原判。

反思：二审中A公司仍然没有系统性地研究案件的敏感问题和重点证据，未能针对关键争议问题补充新证据并作出有力反击。判决中突然提到的担保合同侧边上A公司菱形骑缝章，实际上肉眼可识别也是伪造印章，但A公司一直没有注意到该事实，也从未提出异议，有较大失误。

3. A公司申请再审被驳回

二审判决后，于某某涉嫌伪造公司印章罪被判处拘役6个月。A公司以刑事判决为新证据申请省高级人民法院再审，强调担保合同公章是犯罪行为形成的，依法应认定合同无效。申请再审理由中也提到骑缝章是伪造的主张，认为骑缝章与公司使用的骑缝章有肉眼可识别的差异，不是公司使用中的印章。再审审查谈话前，工商局作出行政处罚，对C公司罚款并撤销了案涉变更公司经营范围的股东会决议。（此时A公司还能没有主张菱形骑缝章与公章的功能和用途不同，不是能作为法人对外作出意思表示的抗辩意见。）

除上述刑事判决和行政处罚的新证据，A公司主要重复了原审的事实理由，辩解一审、二审时只关注公章是伪造的，没有注意到骑缝章，法定代表人李某某的身份证复印件是公司遗失才偶然到了B公司手上的，是无效的。（A公司还没有深入探究李某某的身份证复印件的来源，尤其是B公司二审时已经暴露其源于此前的担保合同的线索的情况下。）

B公司答辩认为，于某刑事判决是A公司借助当地公安机关干扰民事案件的行为，是明显有针对性的，否则不可能造成6000余万元经济损失后，却仅判决6个月的拘役。即使认定了于某伪造公章的事实，但未明确认定本案担保合同无效。变更公司经营范围股东会决议虽然被撤销，但无法撤销此前形成的公示效力。A公司时任法定代表人李某某的身份证复印件写明的担保用途，明确反映了其担保的意思表示，其上面的公章和方章是真实有效的，可以确认其证明效力，可以与变更公司经营范围股东会决议相印证，可以证明A公司对担保知情并同意。担保合同上的A公司骑缝章也证明A公司同意担保。（A公司对于写有"供B公司担保使用"字样的李某某的身份证复印件，此时还没有提出针对性的反驳证据和有力度的抗辩意见。A公司再审中没有坚持菱形骑缝章的真伪鉴定。）

A公司再审时提出了一些本案担保合同的主合同（涉及多份大宗矿石买卖的合同）都没有实际履行，指出了异常数据和时间顺序矛盾等问题，但没有系统举证和论证，没有引起再审法院的足够重视。

2019年7月17日省高级人民法院作出裁定。法院认为，本案争议问题是案涉担保合同的签订是否为A公司的真实意思表示。具体裁定理由是：担保合同除了盖有公司公章外还加盖了A公司的骑缝章。刑事判决虽然认定了于某伪造A公司公章的事实，但本案A公司举证的营业执照和工商登记材料均显示有A公司的骑缝章，证明担保合同上骑缝章应由A公司持有。A公司在庭审中未能举证两骑封章存在不一致，故不能认定案涉担保合同的签订非A公司真实意思表示。根据一审、二审查明的事实及本次查明的事实，法院认为A公司再审申请事由不能成立，裁定驳回A公司再审申请。

4. 申请检查监督失败

A公司不服省高级人民法院裁定，申请检察机关监督，理由与此前的一致。检察机关审查后，于 2019 年 12 月 6 日作出不支持监督决定书。

至此，A 公司价值 4 亿余元的土地使用权遭到查封，将进入司法处置程序，A 公司深陷焦虑之中。由于 A 公司事实上确实对 D 公司法定代表人于某与 B 公司之间的所有商事往来完全不知情，客观上确实没有为它们提供过任何担保，现在接连败诉，土地被查封，账户被冻结，部分存款被扣划，司法救济程序几乎用尽，已经面临 6000 余万元重大国有资产流失的险境。因事关重大，A 公司的集团公司正式介入，并继续委托律师准备信访申诉等救济工作。

5. A 公司上级集团公司通过人大信访推动检察监督

通过人大信访渠道，信访申诉材料转交最高人民检察院和最高人民法院审查后，A 公司随即提交申诉书和相关证据，主要观点延续此前的主张，同时指出原审存在地方保护和司法不公现象。最高人民检察院和最高人民法院分别将案件指定省检察院和省高级人民法院审查。

笔者团队审查了 A 公司提交的原审判决和裁定、申诉书以及核心证据担保合同，很快发现了此前诉讼中 A 公司存在的重大不足和失误，指出原判决裁定的关键错误：

（1）担保合同的主合同（大宗商品买卖合同）没有实际履行的事实和证据清晰，此处事实确认后可以动摇担保法律关系的基础。

（2）担保金额精确到“分”，相当于预见未来债务违约的精准数额，这在现实中这是不可能做到的。这与 B 公司主张的主合同与担保合同同时签订相矛盾，此处必大有文章。

（3）存在 B 公司法定代表人马某与债务人 D 公司法定代表人于某串通伪造担保合同的重大线索，B 公司取得本案重大担保利益绝非善意。

（4）A 公司对变更公司经营范围股东会决议不知情的合理性具备进一步举证和论证的巨大空间。

（5）A 公司时任法定代表人李某某身份证复印件并非本案担保合同附件，此重大证据线索需要深入追查。

（6）公司菱形骑缝章不具有对外意思表示的功能应加大论证力度。

6. 检察监督启动再审

承办律师接受委托后，立即审查全部涉案证据，并去原审法院调取本案的此前审判程序中全部案卷材料，以及B公司与D公司以及D公司关联公司的全部案卷材料，极大地丰富了证据数量，有力印证了承办律师的预判思路。承办律师迅速拟定新的申诉书交予正在审查本案的省检察院和省高级人民法院。

A公司很快收到了省检察院通知谈话通知，经过承办律师和A公司专员与承办检察官近两个小时的积极沟通，全面阐述了我方的观点。一周后，即2020年8月4日，省检察院作出民事抗诉书，决定对原审判决提出抗诉。

提出抗诉后，省高级人民法院指定原终审法院（中级人民法院）再审，省检察院指定市检察院出庭抗诉。

7. 检察院抗诉再审再次败诉

本次再审的总体策略：一是“补课”，即对此前A公司的严重失误进行补救，进一步举证和论证不知情、未担保、无过错的事实，以及攻击B公司的众多破绽。二是“开辟新战场”，即揭穿担保合同的主合同未实际履行，担保债务与本案B公司主张的主合同无关联的事实，达到釜底抽薪的效果。因本案最终胜于第一点，又由于第二点的举证和论证内容很多，篇幅巨大，后文不予详述。

庭审中，A公司以充足的证据和全新的思路绝地反击，B公司以主场优势和多次胜诉的基础严防死守、寸步不让。开庭持续近四个小时，双方主要观点如下：

A公司首先提出，本案担保合同的担保金额精确到了6,541,266.02元，原因是什么？B公司主张主合同与担保合同同时形成，那么B公司是如何预见主合同未来违约精准数额的？以此异常情节逼迫B公司作出合理解释。事实证明，此一击确实揭穿了本案担保合同与主合同债务无关联的惊天秘密，使B公司在后面的诉讼程序中对此始终无法自圆其说，甚至自相矛盾，严重损害了其言辞可信度。此诘难直捣其要害，引发的争议事实也足以奠定据此独立胜诉的基础。

另外，本案担保合同内容排版格式不规范、序号错误、风险完全失控、无股东会或董事会决议、邮寄文书签署合同、无经办人签名和A公司人员确认、担保人与债权人从未有任何接触、异常精确的担保金额、如此草率的担保不符合大型国企合规的规定等，这些细节问题引起了法庭关注，B公司难以作出有说服力的辩解，很大程度上动摇了B公司信心，使其陷入被动。

A公司认为，无论B公司如何主张当时相信A公司控股的C公司法定代表人于某可以代表A公司对其作出担保，根据最高人民法院《全国法院民商事审判工作会议纪要》的规定，也不能得出B公司是善意取得本案担保的结论。

A公司主张，其对变更公司经营范围股东会决议不知情具有完全的合理性。该股东会决议没有A公司人员签名，不能证明A公司曾经参与和知情。A公司继续举证从C公司工商档案中查询到的15份股东会决议，其中含多份变更经营范围的股东会决议，上面均盖有A公司的真实印章，并全部有经办签名。同时，B公司自称是本案诉讼后才偶然发现了盖有假公章的变更经营范围股东会决议，证明盖有假公章的股东会决议的公示效力是不可能误导B公司相信担保合同上公章真实有效。另外，日常经营中，股东并没有定期或随时查询监督下属公司工商档案材料的义务和工作需要，自然也没有合理机会发现下属公司法定代表人伪造和使用该公章伪造工商备案材料的事实。根据近期的变更公司经营范围股东会决议的内容，也不能得出是根据案涉伪造公章的变更公司经营范围股东会决议办理的新的营业执照。此处充分举证和说理可以证明A公司不知情具有充分合理性。

A公司根据原审中B公司曾提到的还有一份担保合同的线索，通过调卷查证，确认A公司时任法定代表人李某某身份证复印件是更早的另一份伪造担保合同的附件，并不是本案担保合同附件的重要事实，直接破解了A公司曾经给 B 公司提供本案担保的谎言。同时，A 公司强调，法定代表人身份证复印件本身不是公司作出意思表示的合法载体。

对于菱形骑缝章，A 公司表示其实际功能是核对身份文件出处的，是在流出文件和留底记录簿上同时留有部分印记，以便将来核对真实出处之用，其本身的刻制和管理均不同于公章，也不具有对外意思表示功能。鉴于担保合同上菱形章外观明显与 A 公司使用的菱形章有显著不同，为了强化证据，A 公司申请进行真伪鉴定。鉴定中，因鉴定单位表示现有材料不充分无法鉴定，即作出退案处理（未说明具体原因，不接受询问）。A 公司再次申请鉴定，新的鉴定单位以同样的理由拒绝接受委托。因为两家 B 公司当地的鉴定机构对如此常规的鉴定予以拒绝，十分不正常，A 公司迅速分析原因，根据《司法鉴定程序通则》第 14 条的规定，于次日向法院补交了 20 余份鉴定样本，请求法院转交第二家鉴定单位受理。在法院回复之际，令人不可思议的是，7 日后的 2021 年 8 月 12 日，中级人民法院作出了再审判决，再次判 A 公司败诉。

中级人民法院再审判决的理由：关于案涉担保合同上的公章和骑缝章真伪问题。因于某将 A 公司公章盖于担保合同和变更公司经营范围的股东会决议上，基于后者的公示效力，应认定公章对 A 公司有约束力。骑缝章经两次鉴定无法得出鉴定意见，A 公司主张骑缝章系伪造，应承担举证不能的不利后果。关于案涉担保合同对 A 公司是否有拘束力问题。生效刑事判决认定于某伪造公章，但该公章用在变更公司经营范围股东会决议上的时间早于案涉担保合同签订时间，该股东会决议涉及公司经营范围变更的重大事项，且在行政管理部门备案数年之久，后续又发生经营范围变更，A 公司作为该公司的控股股东声称对此不知情，显然不合常理。结合 A 公司不能证明骑缝章系伪造，因此不能认定案涉担保合同的签订非 A 公司的真实意思表示。关于李某某身份证复印件证明效力问题。李某某是 A 公司时任法定代表人，其身份证复印件上加盖了 A 公司公章并写有“供 B 公司担保使用”的字样，虽然可能涉及其他担保合同，但至少可以证明 A 公司曾经为 B 公司提供担保而出具过该文件，证明A公司对担保事实知情和认可。综上，B公司有理由相信案涉担保合同上公章是A公司的真实意思表示，案涉担保合同对A公司具有拘束力。据此，再审判决维持原判。

8. 通过对再审判决的申诉和信访启动审判监督程序

A公司认为再审判决不公正，说理部分仅表述了对B公司有利的事实和理由，对A公司的意见置之不理，判决结果难以令人信服。A公司收到判决后立即再次向最高人民法院申诉，并向全国人大信访。

最高人民法院经过调卷审查，发现本案确实存在严重错误，于2022年3月26日作出再审裁定，中止原判决执行。鉴于原再审判决明显错误，最高人民法院在再审裁定中直接写明：本院审查认为，现有证据不足以证明案涉担保合同系A公司的真实意思表示，原审法院认定案涉担保合同对A公司具有拘束力有所不当。首先，B公司与A公司签订案涉担保合同落款处仅有各方当事人公章，未有经办人员签字和落款时间。其中，A公司的公章经刑事判决认定系于某伪造并加盖。于某将伪造公章加盖在变更经营范围股东会决议上，但该股东会决议没有A公司人员签字，该股东会决议也因此被有权机关撤销，也无其他证据证明A公司参与此股东会并对盖章行为知情。另外，于某非A公司法定代表人，也未经A公司书面授权，其不具有代表公司签订合同的权力，故不能认定A公司知晓并同意担保合同内容。其次，案涉担保合同上A公司骑缝章和落款处A公司公章不是同一枚印章，二者作用也不同，不能作为A公司签订案涉担保合同的证据。同时，对骑缝章的鉴定未果，不能因此认定骑缝章真实，进而认定案涉担保合同系A公司真实意思表示。最后，李某某身份证复印件是此前担保合同的附件，证据充分，与案涉担保合同不具有关联性。综上，原审判决认定事实和适用法律方面存在错误，指定省高级人民法院再审本案。

原判决执行查封的土地使用权，因存在诸多争议问题，进展较慢，最高人民法院作出再审裁定时，已经评估完毕，对评估价格的异议也已经核实完毕，将挂网拍卖。此时最高人民法院的裁定下发，本案中止执行。

9. 同步申请省检察院依职权再次提出抗诉

因原再审判决错误十分明显，A 公司在申诉和信访的同时，根据《人民检察院民事诉讼监督规则》第 91 条的规定，同时请求省检察院依职权再次提出抗诉。省检察院审查 A 公司的请求材料后于 2022 年 3 月 23 日对本案再次提出抗诉。

四、案件结果与案件评析

由于最高人民法院的裁定直接指出原再审判决的错误，以及省检察院第二次对本案提出抗诉，在本案已经没有新证据的情况下，经过开庭，2022 年 8 月 15 日，省高级人民法院作出判决。本次判决完全尊重最高人民法院的审查意见，采纳了 A 公司的全部理由，认定现有证据无法证明 A 公司知情和同意担保，B 公司非善意取得担保，判决撤销此前的全部判决，驳回 B 公司的全部诉讼请求。

惊心动魄的六年鏖战，终于画上圆满的句号！6000 余万元的国有资产终于得以保全，A 公司及其集团公司领导心中的沉重负担得以解脱。本案案卷厚达一尺多，承办律师投入大量心血，坚持不懈，承办律师的敬业精神和专业服务水平得到客户的高度认可。

通过本案，承办律师对代理重大疑难民事案件的一些心得体会与大家一并分享：

首先，要在承接案件后尽快搜集全面的证据材料。本案正是通过迅速调取多个关联案卷材料后发现更多关键证据和证据线索的。

其次，要特别认真地研究每一份证据，关键线索往往在细微处。要善于与委托人和知情人沟通，最大限度地掌握案件事实的客观原貌，以便准确构建代理思路。

再次，律师要熟练掌握和善于运用各种司法救济途径。本案通过最高人民法院和最高人民检察院两次启动再审，推动省检察院两次对本案进行抗诉，对于标的仅 6000 余万元的案件都是较为罕见的成功案例。包括通过有效运用各种执行程序规则，做好时间节奏的安排也非常重要。

最后，律师要坚信法律的公正。虽然可能遇到暂时的困难，但一定要先从自身找原因，一定要用专业知识解决专业问题。本案最终得到纠正，是法律的胜利、事实的胜利，律师应当坚信，只要专业水平足够，程序方法得当，就能够最终保护当事人的合法诉求。

某国有企业买卖合同纠纷涉刑裁驳案

陈怡伊

一、基本案情

（一）案情概述

自 2021 年 6 月 16 日起，上诉人与被上诉人（均为国有企业）合作开展某大宗货物买卖业务，由上诉人供货，被上诉人收货后付款。在合作期间，双方共签订了 12 份买卖合同，合同条款与交易模式均一致。前 8 份合同，双方已经履行完毕，被上诉人通过其对公账户向上诉人正常付款；后 4 份合同，上诉人供货后，被上诉人至今尚未付款。

2022 年 6 月，上诉人起诉至一审法院，要求被上诉人支付后 4 份合同的货款及逾期付款的资金占用损失。被上诉人则主张涉案买卖合同、收货结算单、公司出具给业务员的授权委托书等文件均系案外人伪造形成，涉案业务未真实履行，本案涉嫌合同诈骗罪与伪造印章罪，应当裁定驳回起诉并移送公安机关处理。

一审法院经审判委员会讨论后决定，本案不属于经济纠纷案件而有经济犯罪嫌疑，并裁定驳回了上诉人的起诉。

（二）本案亮点

1. 重大性

本案涉案主体众多、金额巨大。民事层面，本案被上诉人除与上诉人订立了案涉大宗货物买卖合同外，还与其他 8 家企业订有类似的合同。而整个交易过程还牵涉经企业授权订立合同的员工、企业的上游交易对手、仓储方等多方主体，故本案涉及范围十分广泛。刑事层面，本案曾在一审中被认定为涉嫌经济犯罪，二审审理期间，全国多地公安已对案外人“伪造”公司印章进行合同诈骗的行为进行受案初查或立案侦查，是否构成“全国性特大合同诈骗案”亦成为二审争议焦点之一。此外，被上诉人欠付各家企业的货款少则几千万元，多则几亿元，被上诉人的大规模违约行为给包括上诉人在内的9家企业造成了极大的损失。而这些企业中不乏大中型国有企业，故被上诉人的上述行为也导致了巨额国有资产的流失。

2. 复杂性

由于牵涉主体众多，本案的复杂性首先体现在法律关系和行为本身的复杂多样。这其中涉及的问题包括但不限于对多个不同主体之间订立的货物买卖、运输、仓储合同的效力的审查，对企业内部人员的签字、盖章行为是否构成有权代理或表见代理的认定，以及对公安机关所作出的司法鉴定意见是否符合规定、是否具有形式和实质合法性的判断。此外，本案的复杂性还集中体现在刑事和民事交叉、实体和程序交织。由于一审法院以裁定方式驳回起诉，二审采取了“穿透式”的审判方式，全面审查了案涉大宗货物买卖、仓储、物流以及签字盖章等行为的真实性，并结合刑事部分的相关证据，判断本案是否涉及刑事犯罪，以及应“先刑后民”还是“刑民并行”。

3. 疑难性

本案一审裁定系经审委会讨论决定而作出，二审改发难度可见一斑。代理人工作的重点在于论证一审裁定对本案上诉人未能提供案外人掌握的仓储单、入库单、出库单等证据证明合同履行的真实性，且本案涉嫌经济犯罪，应依据《最高人民法院关于在审理经济纠纷案件中涉及经济犯罪嫌疑若干问题的规定》第11条驳回上诉人起诉的认定在事实查明和法律适用上均存在错误。在论述过程中，需要解决的问题主要有：本案是否符合民事诉讼法的起诉条件？一审法院以裁定驳回起诉，是否存在法律适用问题？后一问题又可拆分成如下问题：本案是否与刑事案件构成“同一事实”，应分别审理还是以“刑事程序吸收民事程序”？一审法院未对原告提出的重新鉴定申请予以回应，是否存在程序不当？本案未经实体审理就以裁定方式驳回起诉，是否属于裁判方式错误？其中，对“同一事实”的判断是难点中的难点。

二、案件焦点

本案的争议焦点在于，一审法院是否应对案件进行实体审理？展开来讲，本案（民事案件）与刑事案件应当分别审理还是以“刑事程序吸收民事程序”？

三、办案思路与进程

在代理本案二审的过程中，律师团队充分发挥专家学者资源优势，深入调研了经济纠纷与经济犯罪交叉相关法律法规及案例，并组织了来自中国政法大学、中国人民大学、清华大学的民商法、民事诉讼法、刑法学及刑事诉讼法顶级专家教授进行专家论证并出具意见书。除了上述刑民交叉程序问题外，本案实体上还涉及大量司法鉴定报告等证据，团队律师分别进行了可视化呈现，最大限度地做好法官的“助手”。经过认真阅卷、调研和探讨，在反复打磨的基础上形成最终代理意见。主要工作内容如下：

（一）抓住核心，集中火力论述本案与刑事案件在主体和内容上均非“同一”，应当分别审理

如前所述，本案最主要的争议焦点是民事和刑事案件是否构成“同一法律事实”。而本案民事诉讼和案外人涉嫌的刑事犯罪并非同一法律关系，应适用《经济纠纷案件中涉及经济犯罪嫌疑若干问题的规定》第10条、《全国法院民商事审判工作会议纪要》第128条的规定，民事案件与刑事案件分别审理。一审法院适用《经济纠纷案件中涉及经济犯罪嫌疑若干问题的规定》第11条的规定裁定驳回上诉人的起诉，属于法律适用错误。

1. 本案民事诉讼和案外人涉嫌的刑事犯罪并非同一法律关系。

所谓同一法律关系，指的是法律关系的主体同一，行为同一，本案合同

纠纷和案外人涉嫌的伪造公章犯罪并非同一法律关系。

第一，两案法律关系的主体不同一。自2021年6月起，上诉人和被上诉人合作开展某大宗货物买卖业务。双方共签订了12份买卖合同，前8份合同双方已经履行完毕，被上诉人通过其对公账户向上诉人履行了付款义务。经鉴定，本案所涉未付款的后4份合同中被上诉人加盖的公章和前8份已履行合同中的公章系同一枚印章，足以证明合同由被上诉人签订。并且，案外人涉嫌的伪造公章罪的刑事案件中，也没有证据证明本案所涉及的被上诉人的公章系伪造。因此，本案民事纠纷的主体是上诉人和被上诉人。

被上诉人通过刑事报案追究案外人伪造公章罪的相关案件事实与本案没有关联性，本案民事纠纷中被上诉人公章不涉及伪造问题。在案外人涉嫌伪造公章罪的刑事案件中，法律关系的主体是被上诉人和案外人。显然，两案的主体不同一。

第二，两案法律关系的内容即行为不同一。本案民事诉讼法律关系的内容是上诉人向海盛公司出售某大宗货物，被上诉人支付相应的价款。案外人涉嫌伪造公章罪则是案外人涉嫌伪造公章，使被上诉人遭受经济损失。两案行为内容不同一。

2. 一审法院适用《经济纠纷案件中涉及经济犯罪嫌疑若干问题的规定》第11条的规定处理，系法律适用错误。本案应适用《经济纠纷案件中涉及经济犯罪嫌疑若干问题的规定》第10条、《全国法院民商事审判工作会议纪要》第128条的规定，民事案件和刑事案件分别审理。

《经济纠纷案件中涉及经济犯罪嫌疑若干问题的规定》第10条规定，“人民法院在审理经济纠纷案件中，发现与本案有牵连，但与本案不是同一法律关系的经济犯罪嫌疑线索、材料，应将犯罪嫌疑线索、材料移送有关公安机关或检察机关查处，经济纠纷案件继续审理”。《全国法院民商事审判工作会议纪要》第128条规定，行为人以法人名义订立合同的行为涉嫌刑事犯罪或者刑事裁判认定其构成犯罪，合同相对人请求该法人承担民事责任的，民商事案件与刑事案件应当分别审理；有的法院仍然以民商事案件涉嫌刑事犯罪为由不予受理，已经受理的，裁定驳回起诉，应予纠正。本案与案外人涉嫌的刑事犯罪不是同一法律关系，民事案件和刑事案件应当分别审理，一审法院仍然以本案涉嫌刑事犯罪为由驳回起诉，应予纠正。

（二）巧用图表，通过可视化对比，对司法鉴定报告展开有效质证

本案中，上诉人和被上诉人的激烈交锋围绕双方分别提交的共计12份司法鉴定意见而展开。为进一步论证刑事案件与民事案件并非构成同一法律关系，代理人将双方所做的司法鉴定报告以图表的形式进行内容比对，并结合书面质证意见，指出被上诉人提交的司法鉴定意见中存在诸多不合理之处。例如，被上诉人先后提交的7份鉴定意见，有的无法说明其提供给公安机关的合同的真实来源，有的所用检材与本案无关，有的存在鉴定结论与委托事项不符的问题；又如，被上诉人用真伪不明的合同作为比对样本，以证明双方签订的12份合同均系被伪造，无论在事实上还是在逻辑上均不能成立。具体来说：首先，其称×号鉴定书中2022年1月5日和1月24日的两份合同上加盖的合同专用章是其在公安局的备案合同章，却并未提供证据加以证明。其次，作为该鉴定意见比对样本之一的2022年1月24日合同，上诉人在一审中就对其真实性提出了异议。该合同在被上诉人一审中提交的××号鉴定意见中是被作为检材的，然而上诉人并无原件，也不认可其真实性；又如，结合×××号鉴定意见以及几份无货证明，某案外公司提供的无货证明落款时间是2022年2月3日，其他几个公司提供的无货证明时间是2023年，而×××号鉴定意见中，一审法院以及被上诉人提交的几份收货证明中，均存在签收时间晚于2022年2月3日的情况。某案外公司早于货物签收时间提供无货证明，明显有违常理。因此，要么是案外公司无货证明并非真实，要么×××号鉴定意见中被上诉人提交的作为检材的收货证明并非真实，两者不可能同时为真。

经过诸如此类的论证，代理人对被上诉人的鉴定意见展开充分质证，指出其在形式和内容上均不具有合法性，且与本案争议事实没有关联性。另外，上诉人提供的鉴定意见能充分证明本案与伪造被上诉人公司印章的刑事案件

无关，刑事案件与民事案件应当分别审理。代理人的可视化工作报告亦为本案法官减轻了梳理证据的难度，得到了承办法官的认可，为高效、高质办理本案做出了贡献。

四、案件结果与案件评析

（一）案件结果

东卫律所在二审启动后接受上诉人委托，通过本团队律师专业、细致、认真的代理工作，最终取得了撤销一审裁定并指令原审法院审理的结果。

（二）案件评析

根据最高人民检察院发布的《企业法律风险提示》，企业生产经营活动中涉诉风险高发的四大领域主要为：企业对外签订和履行合同环节，企业对外融资担保环节，企业内部管理环节，企业纠纷处理环节。从合规管理的角度，建立并健全统一的印章和合同管理制度，确保企业签订和履行合同的过程事事有留痕，件件有审批，既可以从源头上最大限度避免风险的发生，又可以起到证据留痕和固定的作用，这在日后发生纠纷时可以成为索赔的依据，甚至是免责的“救命稻草”。

1. 建立统一的印章管理制度

（1）印章刻制

公司应当设计统一的印章刻制申请表，印制印章时应当填写申请单，经过部门领导、董办、法律事务部以及公司法定代表人及其授权代表审批后才能刻制，做到申请和审批分离。公司印鉴需由董办专人负责刻制工作，印鉴刻制时应有其他人员在场监督刻制并明确记录印鉴刻制数量并将印章与记录交给法律事务部负责人审核并备案。

（2）印章保管

公司各类印鉴必须分别由董办、运营中心和各职能部门依职权专人保管，董事会、监事会印鉴统一由董事会秘书处保管。公司印鉴由公司董事会办公室保管。各职能部门印鉴由各职能部门指定专人负责保管，公司合同专用章由公司运营中心管理。公司财务专用章由公司总经理指定公司财务部专人管理，公司人事调配章由公司总经理指定公司人力资源部专人管理。公司党、团、工会等组织的印章由工会决定管理人选。公司财务章、法人章及相关重要印鉴根据印鉴管理制度由相关部门负责保管，且部门内所有印鉴不得由一人负责保管。

（3）印章使用

重要文件使用公司公章必须经公司分管领导批准后方可用印；部门章及各专用章须经部门负责人同意后方可用印，做好用印登记；子公司需使用公司印章时，先由本单位填写用印申请单，经本单位负责人审核签字后报送公司，公司业务归口管理部门领导审核同意并签署意见后核准用印。重要事项报总经理批准。申请使用公司公章时，必须填写公司印章使用登记簿，登记内容至少详细记录申请日期、编号、用印资料名称、申请人、发往单位等；在使用部门印章及各专用章时，经部门领导审核批准，做好用印登记。

2. 建立健全合同管理制度

确保公司签订的合同合法、有效，降低或避免因合同风险带来的经济损失，公司应当按照合同管理的规定，严格把控合同审批、订立、履行、变更、解除等环节，实现合同全流程管理，强化合同履行控制，提高合同管理效率。

总体原则：区分一般合同和重大合同的不同管理措施，明确公司各职能部门不得以自己的名义对外签订、变更、解除合同。

具体内容：

（1）明确合同管理的部门分工，以及子公司需向母公司备案的情形。

（2）明确合同订立的审批流程，不同部门在审批授权与签署授权时的职责和内容，并特别关注对合同合法性的审查：是否符合法律法规规定，有无显失公平，或通过欺诈、胁迫、乘人之危等手段订立合同的情况；涉及对外担保事项的，是否有公司有权机关的相关决议等。

（3）明确合同的履行过程中的汇报流程，例如，出现合同没有约定或约定不明、对方瑕疵履行或拒绝履行的情形时，公司负责提请签订补充协议或向对方提出异议的相关部门及相应汇报流程。

（4）明确变更、解除合同的审批权限和程序。特别地，涉及担保合同或内容的变更时，应征求原担保单位或个人的同意，取得该单位有权机关的同意变更决议，并在变更协议上加盖担保单位印章或落实个人签名和捺印。

3. 做好证据原件及其原始载体的收集和固定工作

常言道，“打官司就是打证据”。无论是何种类型的案件，证据都是决定案件结果的关键因素。企业在日常的经营活动中，应特别重视对以下几类证据的收集和固定工作，以便在日后发生纠纷时更好地维护自身合法权益：

（1）证明合同订立或变更、解除的相关文件，如买卖合同、三方协议、补充协议、变更协议等书面合同、解除通知、邮件、微信聊天记录、电话录音、授权委托书，介绍信及其他有关资料。

（2）证明合同履行的相关证据。具体又分为以下几种类型：①交、收货凭证。如供货计划单、托运单、装货单、收货单、运费通知单、关单、提货单、送货单、验收单、出库单、入库单、过磅单，银行流水及发票等财务凭证。②货款收支和结算凭证。如银行流水、银行电子回单、收据、汇款通知单、转账记录、发票、承付凭证、托收凭证、信用证、完税凭证、结算单凭证（结算单、对账单）等签字凭证。③债权凭证。如债权确认书、欠条、还款计划、还款承诺书、能证明欠货款事实的微信聊天记录。

（3）证明产品质量是否符合合同约定的证据。如产品合格证、质量保证书、质量鉴定书、检验报告、品质检验证书、产品进出口检疫书，原产地证明书、使用说明书、保修单、保险单。如封存样板、交易标的等实际供货情形，证明实际供应货物质量与约定标准不一致，质量不符合合同约定；如存在鉴定情形，注意及时聘请具有资质且在具有管辖权的人民法院的司法鉴定机构名册中的专业鉴定机构出具相应鉴定报告；保留关于质量不符合要求的发函、回函、律师函的原件和快递签收证明，如是微信发送还需注意保留聊天中涉及的文件和图片。

4. 通过绩效评估和合规培训加强企业员工的合规经营意识和水平

为建立良好的内部管理制度，企业还需将印章管理和合同管理作为合规管理的重要组成部分，采取问责制，落实合规负责人，将合规绩效考核纳入员工绩效考核制度之中。此外，企业应定期对员工开展合规培训，帮助企业员工了解企业所处行业的法律法规和最新政策，使其在充分知悉合规管理工作对企业发展的重要性的基础上主动参与企业合规管理活动，并为其提供内部合规交流或情况反映的沟通渠道。

建设工程篇

HL公司与ZY公司、L管委会、XY公司盘锦分公司及第三人江某某、王某某、蔡某某、潘某、周某某建设工程施工合同纠纷

钱汪龙

一、基本案情

原告HL公司与被告ZY公司、L管委会、XY公司盘锦分公司及第三人江某某、王某某、蔡某某、潘某、周某某建设工程施工合同纠纷一案，于2018年1月18日由辽宁省高级人民法院所受理。其中，ZY公司向辽宁省高级人民法院提起管辖权异议，2019年1月25日被驳回，ZY公司不服该裁定，向中华人民共和国最高人民法院提起上诉，ZY公司上诉称，HL公司于2015年1月12日向ZY公司出具《承诺函》一份，该承诺函载明，HL公司自函件出具之日起不再以任何理由、任何方式再组织人员向ZY公司索要追讨辽宁“盘锦某工程”工程款项……其余款项及事宜只能依据双方的合同、书面约定、补充协议、承诺书等手续及相关文件执行，协商不成到HL公司所在地盐城法院诉讼解决。HL公司认为，本案中诉争工程款项已经由ZY公司与HL公司双方结算并支付完毕，《承诺函》的出具系ZY公司与HL公司双方合意之约定，并因此形成了新的合同关系，双方由此所引发的纠纷应按照《民事诉讼法》之相关规定，由双方约定的管辖地江苏省高级人民法院审理。综上，请求：(1) 撤销辽宁省高级人民法院（2018）辽民初××号民事裁定；(2) 本案移送江苏省高级人民法院审理。

最高人民法院经审查认为，本案系建设工程施工合同纠纷，根据《最高人民法院关于适用〈中华人民共和国民事诉讼法〉的解释》第28条第2款关于“农村土地承包经营合同纠纷、房屋租赁合同纠纷、建设工程施工合同纠纷、政策性房屋买卖合同纠纷，按照不动产纠纷确定管辖”的规定，本案应按照不动产纠纷确定管辖。根据《民事诉讼法》第33条第1项的规定，因不动产纠纷提起的诉讼，由不动产所在地人民法院管辖。本案建设工程所在地在辽宁省，一审法院对本案有管辖权。因此，ZY公司上诉请求不能成立，驳回上诉，维持原裁定。

HL公司主张，2012年3月31日，HL公司与江苏省路港建设工程有限公司盘锦分公司（现更名为XY公司盘锦分公司）签订《项目施工合同》，约定HL公司承接盘锦辽滨沿海经济区吹填1区软地基处理工程项目，工程单价为140元/平方米。2014年4月19日，HL公司与盘锦分公司签订《补充协议》，约定HL公司从工程款中扣除2000万元，未完工工程由盘锦分公司负责施工并负责全部工程的验收。根据合同约定及实际履行情况，HL公司共完成项目施工932,437.81平方米，单价140元/平方米，合计工程款130,541,293.40元，盘锦分公司已经支付的工程款300万元、垫付的材料款及工人工资9,083,329.00元，扣除《补充协议》中约定的2000万元，仍拖欠工程款98,457,964.40元。2011年9月20日，盘锦分公司与建设方盘锦船舶修造产业园项目建设指挥部签订了涉案工程建设工程合同，但该指挥部不具有诉讼主体资格，上级管理单位为L管委会，而涉案工程招标工作结束时间为2013年1月8日，所以，L管委会在未进行正式招标前，就把应当进行公开招标的涉案工程交给盘锦分公司承包，盘锦分公司与HL公司签订《项目施工合同》，由HL公司对项目工程进行实际施工，该行为属于《最高人民法院关于审理建设工程施工合同纠纷案件适用法律问题的解释》第1条第3项规定的情形，违反了《招标投标法》第3条的规定，故L管委会与盘锦分公司签订的建设工程合同为无效合同，HL公司为实际施工人。江苏省路港建设工程有限公司（现更名为中运建设控股有限公司），ZY公司作为盘锦分公司的出资人，应对盘锦分公司的欠款承担连带还款责任。

HL公司依据上述事实向辽宁高院提出诉讼请求：(1) 请求判令ZY公司支付工程款人民币98,457,964.40元及利息损失（以98,457,964.40元为基数，按中国人民银行同期贷款利率标准计算利息，自2014年7月20日起算，计算至实际付款之日止）；(2) 请求L管委会在本案欠付工程款范围内承担连带付款责任；(3) 承担本案全部诉讼费用。

二、案件焦点

（一）案涉《施工合同》《项目施工合同》《补充协议》的效力问题

HL公司主张L管委会在未进行正式招标前就把应当进行公开招标的涉案工程交与盘锦分公司承包，盘锦分公司与HL公司签订了《项目施工合同》，由HL公司对项目工程进行实际施工，该行为违反了《招标投标法》第3条的规定，同时属于《最高人民法院关于审理建设工程施工合同纠纷案件适用法律问题的解释》第1条第3项规定的情形，故L管委会与盘锦分公司签订的《施工合同》无效。经查，案涉工程项目为应当进行招投标的项目，从HL公司与盘锦分公司签订的《项目施工合同》的时间和盘锦分公司中标时间及中标后其与L管委会签订的《施工合同》的时间看，盘锦分公司属实在中标之前，且在未与L管委会签订合同的情况下，就与HL公司签订了《项目施工合同》将其所承包的全部工程转包给HL公司。根据上述事实，盘锦分公司与L管委会无论在招投标程序中是否存在违法等不当行为，其将承包的全部工程转包给HL公司，依照《建筑法》及《最高人民法院关于审理建设工程施工合同纠纷案件适用法律问题的解释》等相关法律规定，HL公司与ZY公司就案涉工程项目签订的《项目施工合同》，因ZY公司将全部承包工程转包给HL公司的行为违反法律规定而无效。造成合同无效的主要责任是ZY公司，HL公司也有一定责任。本案ZY公司与L管委会已结算，双方已验收合格并交付使用。根据《最高人民法院关于审理建设工程施工合同纠纷案件适用法律问题的解释》第2条“建设工程施工合同无效，但建设工程经竣工验收合格，承包人请求参照合同约定支付工程价款的，应予支持”的规定，虽本案《项目施工合同》及《补充协议》无效，但HL公司交付的工程符合合同要求。因此，对ZY公司主张工程价款，一审法院应予支持。

（二）案涉工程施工面积、造价如何确定

ZY公司提供了施工图纸证明HL公司的施工面积为865,278.93平方米。按照双方签订的《项目施工合同》约定，具体面积按实际施工面积由HL公司和ZY公司双方一致认定，总造价按实际施工面积计算。由于ZY公司提供的施工图纸是单方制作未经HL公司确认，且也没有提供865,278.93平方米之外的施工资料。依据《最高人民法院关于适用〈中华人民共和国民事诉讼法〉的解释》第90条第1款“当事人对自己提出的诉讼请求所依据的事实或者反驳对方诉讼请求所依据的事实，应当提供证据加以证明，但法律另有规定的除外”的规定，ZY公司的主张无证据支持，一审法院不应采信。本案应以ZY公司与L管委会竣工验收确认的施工面积932,437.81平方米为准计算工程造价。HL公司虽然在施工过程中存在质量问题，但HL公司与ZY公司就该工程质量问题达成了《补充协议》，HL公司同意扣除2000万元，以此款作为约17万平方米以内返工费用。从《补充协议》约定内容看，双方一直强调工程没有达到业主验收合格要求，工程存在质量问题，没有强调工程施工具体完成情况。另外，从L管委会提供的验收单看，工程完工是2013年5月30日，验收时间是2015年5月15日。此节能够证明HL公司与ZY公司在签订《补充协议》时，工程已完成施工，只不过工程没有验收合格。因此，HL公司实际施工面积应以ZY公司与L管委会验收的932,437.81平方米为准。计算工程造价的面积系932,437.81平方米乘以140元，工程总造价为130,541,293.40元。

（三）案涉工程价款支付情况即ZY公司给付HL公司工程款数额、给付江某某工程款数额

2013年2月7日，建设指挥部向盘锦分公司支付工程款1000万元，自

2017年1月16日起至2018年1月25日，基建办公室陆续向盘锦分公司付款，付款总金额为163,689,457.55元，双方结算完毕。L管委会不欠ZY公司工程款，也不欠HL公司工程款。故HL公司主张L管委会在欠付工程款范围内承担给付责任，一审法院不予支持。

HL公司认可的付款为12,083,329元。2014年3月21日收到盘锦分公司300万元，2014年3月6日转账2万元，2015年1月16日收到ZY公司9,083,329元，上述款项合计12,103,329元。另有HL公司同意扣除《补充协议》约定的2000万元。

江某某认可的付款为650万元。陈某某向其四次转账，2013年7月29日50万元，2013年8月1日100万元，2013年9月11日100万元，2013年9月13日100万元；2017年1月26日，江某某向盘锦分公司借款300万元；上述款项合计650万元。江某某对上述款项没有异议。ZY公司主张2013年3月21日江某某收到1700万元，并有江某某出具的收据及E建设发展有限公司给付江某某1700万元银行转款凭证及代付说明。江某某称没有收到此笔款项。虽然1700万元由江某某出具了收据，但此笔款项没有收到。ZY公司虽然向法庭提供的银行转账凭证，但银行转账单上没有收款人及收款人账号，不能说明E公司代ZY公司将1700万元的款项汇入江某某银行卡里，E公司的代付说明与银行汇款凭证证据没有形成了完整链条。因此，江某某主张此笔款项实际没有收到，理由成立，一审法院予以采信。ZY公司主张江某某另外还收到1700万元。江某某对此笔款项不予认可并提供了40,076,000元金额的收据，且该收据记载是F开发建设有限公司付的“清正园工程款”，1700万元是40,076,000元一部分，与本案没有关系。ZY公司主张其付给江某某两个1700万元证据不足，一审法院不予支持。

（四）第三人是否系独立请求权第三人即是否为实际施工人

在本案审理过程中，江某某、王某某、蔡某某、潘某、周某某以独立请求权第三人的身份要求参加本案诉讼。江某某、王某某、蔡某某、潘某、周某某提供了《投资合作协议》及证人证言。王某某、蔡某某、潘某、周某某与江某某之间签订的《投资合作协议》系江某某与其他第三人之间的合作投资的债权债务关系。作为实际施工人应参与案涉工程施工，并投入人力、物力、财力，现王某某、蔡某某、潘某、周某某没有证据证明其参与工程施工并投入人力、物力、财力。证人证言只证明他们之间有投资关系，故王某某、蔡某某、潘某、周某某没有证据系是实际施工人，王某某、蔡某某、潘某、周某某对其投资可另行向江某某主张。ZY 公司虽否认 HL 公司的实际施工人身份，但未明确另有其他实际施工人。从《项目施工合同》及《补充协议》签订主体看系 ZY 公司与 HL 公司，江某某只是在《项目施工合同》及《补充协议》委托代理人处签字。在一审法院审理过程中，各方当事人没有提供江某某与 HL 公司签订过挂靠和借用资质协议，ZY 公司在质证过程中只提交了 HL 公司出具的《授权委托书》。此外，在工程质量出现问题时，ZY 公司多次给 HL 公司发整改通知书，且 ZY 公司与 HL 公司签订了《补充协议》，该协议对工程质量问题如何处理做了约定，HL 公司对施工的工程质量继续负责，并同时同意扣除 2000 万元。当农民工上访时，HL 公司委托 ZY 公司给付工资并出具了《承诺书》，HL 公司出具收款收据。结合上述证据材料，江某某系 HL 公司的委托代理人，并不是实际施工人。综上，江某某、王某某、蔡某某、潘某、周某某不是独立请求权的第三人和实际施工人。因此，江某某、王某某、蔡某某、潘某、周某某请求 ZY 公司给付工程款，一审法院不予支持。

在一审法院审理期间，HL 公司向一审法院申请撤回对盘锦分公司的诉讼，因盘锦分公司系 ZY 公司的分公司，现 ZY 公司已参加诉讼，故对 HL 公司申请撤回对盘锦分公司诉讼，一审法院予以准许。综上，根据 HL 公司与 ZY 公司的合同约定，以及 ZY 公司与 L 管委会认可的竣工验收证单确认实际施工面积为 932, 437. 81 平方米，涉案工程的价款应当为 140 元乘以 932, 437. 81 平方米，工程总造价为 130, 541, 293. 40 元，减去双方约定 ZY 公司扣除的 2000 万元、减去 HL 公司收到的 12, 103, 329 元、减去江某某收到的 650 万元，ZY 公司尚欠 HL 公司 91, 937, 963. 40 元。案涉工程于 2015 年 5 月

15日竣工验收，依据《最高人民法院关于审理建设工程施工合同纠纷案件适用法律问题的解释》第17条“当事人对欠付工程价款利息计付标准有约定的，按照约定处理；没有约定的，按照中国人民银行发布的同期同类贷款利率计息”、第18条“利息从应付工程价款之日计付。当事人对付款时间没有约定或者约定不明的，下列时间视为应付款时间：（一）建设工程已实际交付的，为交付之日；（二）建设工程没有交付的，为提交竣工结算文件之日；（三）建设工程未交付，工程价款也未结算的，为当事人起诉之日”的规定，案涉工程价款的利息从2015年5月15日开始计算，自2015年5月15日起至2019年8月20日止，以91,937,963.40元为基数，按中国人民银行同期同类贷款利率标准计付利息，从2019年8月20日起至实际付清之日止，按全国银行间同业拆借中心公布的贷款市场报价利率标准计算利息。

综上，辽宁省高级人民法院判决如下：

（1）被告ZY公司于本判决生效后十日内给付原告HL公司91,937,963.40元及利息（利息自2015年5月15日起至2019年8月19日止，以91,937,963.40元为基数，按中国人民银行同期同类贷款利率标准计付利息，从2019年8月20日起至实际付清之日止，按全国银行间同业拆借中心公布的贷款市场报价利率标准计算利息）；（2）驳回原告HL公司其他的诉讼请求；（3）驳回第三人江某某、王某某、蔡某某、潘某、周某某对被告ZY公司、被告L管委会的诉讼请求。

三、办案思路与进程

作为HL公司的委托代理人，笔者认为，本案关键在于分析案涉工程施工合同的效力问题，以及在违法转包、施工合同无效的情况下，如何认定实际施工人及工程款结算问题。

笔者认为，根据《招标投标法》第3条及《最高人民法院关于审理建设工程施工合同纠纷案件适用法律问题的解释》第1条第3项之规定，本案中案涉工程项目为应当进行招投标的项目，从HL公司与盘锦分公司签订的

《项目施工合同》的时间和盘锦分公司中标时间及中标后其与L管委会签订的《施工合同》的时间看，盘锦分公司属实在中标之前，且在未与L管委会签订合同的情况下，就与HL公司签订了《项目施工合同》将其所承包的全部工程转包给HL公司。因此，HL公司与ZY公司就案涉工程项目签订的《项目施工合同》，因ZY公司将全部承包工程转包给HL公司的行为违反法律规定而无效，且造成合同无效的主要责任是ZY公司。但是，建设工程施工合同无效，建设工程经竣工验收合格的，承包人请求参照合同约定支付工程价款的，应予支持。因此，本案中原被告间施工合同虽无效，但HL公司交付的工程符合合同要求，因此HL公司主张工程款依法有据。

另外，笔者根据HL公司委托ZY公司给付工资并出具的《承诺书》，以及HL公司出具的收款收据等一系列证据，主张江某某系HL公司的委托代理人，并不是实际施工人，获得一审法院的认可。据此，一审法院在查明事实的基础上，判令被告ZY公司给付原告HL公司91,937,963.40元及利息，并驳回第三人江某某、王某某、蔡某某、潘某、周某某对被告ZY公司、被告L管委会的诉讼请求。

四、案件结果与案件评析

本案案情涉及施工合同的效力判定、建设施工合同无效之法律后果、施工质量不合格以及判定实际施工人等众多复杂法律关系，笔者仍能在准备充分的证据和清晰的法律逻辑后让法院支持了我方几乎全部的诉讼请求，实属不易。本案标的额近1亿元，案情又错综复杂，但在笔者与当事人高度信任、合作的基础之上，最终只经过一审判决即获得胜诉，大幅缩短了当事人拿到赔偿款的时间，维护了当事人的合法权益。

某工程公司诉某镇政府建设工程施工合同纠纷系列案

——政府账户能否被冻结

张　涛

一、基本案情

（一）案情概述

2016～2021年，某工程公司作为中标单位，与某县多个乡镇人民政府签订了多份政府采购合同，约定由某工程公司负责政府民生项目的施工，在工程竣工验收合格、投入使用并结算后，各乡镇人民政府逾期未支付工程款，故某工程公司以“建设工程施工合同”为案由向法院起诉。立案后，某工程公司立即申请了对政府的财产保全。然而，在法院作出冻结政府的银行账户的裁定后，有两个镇的政府提出执行异议。

A镇政府称其被冻结账户内存在农村农业局种植补助金、退役军人事务局的人员保险资金、司法救助专项资金、残疾人医保补助等费用，为专项资金，并不是自有资金，不应被冻结。经查，该账户的性质为基本存款账户。

B镇政府称其被冻结账户为零余额账户，即专用存款账户，账户内包含职工保险、职工住房公积金、职业年金、离退休人员生活补贴等费用，为专项资金，不应被冻结。

法院并未向某工程公司送达A、B镇政府的异议申请书以及相应证据，未组织双方进行听证、质证，即作出解除冻结的执行裁定书。

其后，案件审理结束，某工程公司支付工程款的诉请被法院支持，生效裁判文书进入执行阶段，某工程公司继续申请查封、扣押、冻结政府的财产，其中包括对政府名下的银行账户存款的冻结。然而，A、B 镇政府又以同样的理由提起了执行异议，执行法院亦未经实质审查即裁定解除冻结措施。

某工程公司委托东卫律师事务所代理此案，东卫律师事务所指派张涛律师团队具体代理。

（二）本案亮点

1. 力量对比悬殊下据理力争

本案涉及民营企业与政府之间的纠纷，某工程公司作为民营企业，天然地处于劣势地位。早在案件的审判阶段，政府就以“工程款来源是上级拨付的财产资金，其付款以上级政府拨款为前提”为借口试图逃避责任，到了执行阶段，多个镇政府更是接连以专项资金为由提出异议。面对政府的异议，如何运用法律武器保障委托人的诉讼权益，就成了代理面对的最大难题。

对此，笔者团队梳理了保障中小企业合法权益的法律及政策规定，多次向法院强化这一观点。例如，就“A、B 镇政府是否以上级政府拨款为付款前提”问题，笔者强调，“实践中，民营企业作为行政机关、事业单位、国有企业的商品或服务供应商已成为常态，因两者主体性质、社会地位不同，以及受供需关系、财政拨付等因素影响，民营企业常处于弱势地位，经常出现结算困难情形。为充分保障中小企业合法权益，国务院颁布《保障中小企业款项支付条例》，根据该条例的规定，机关、事业单位从中小企业采购货物、工程、服务，最长付款期限不得超过 60 日。案涉工程自竣工验收并交付使用之日起至今已达 3 年之久，远远超过《保障中小企业款项支付条例》规定的最长付款期限和建设工程保修期，若认为案涉合同付款义务以上级政府拨款为履行前提，则该条款的约定因违反这一法律规定而无效”。而近期最高人民法院发布《关于大型企业与中小企业约定以第三方支付款项为付款前提条款效力问题的批复》，恰恰印证了笔者团队观点的正确性。

2. 程序规定模糊下穷尽救济措施

在A、B镇政府提出保全的异议后，法院并未向某工程公司送达A、B镇政府的异议申请书以及相应证据，未组织双方进行听证、质证，即作出解除冻结的执行裁定书，剥夺了某工程公司作为纠纷当事人的答辩权、质证权等权利，程序违法。而这样错误的执行异议审查程序，一方面是因为法院怠于履行依法审判的义务，另一方面则是因为在执行异议方面的程序规定存在大范围的空白，没有明确的准则来指导法院审查异议。且在解除冻结的执行裁定书作出后，某工程公司需要选择路径去表达己方的观点，请求法院恢复冻结，是提执行异议、执行复议，还是其他程序呢？这就需要律师将与执行异议相关的程序规定研究透彻，穷尽救济途径。

本案中，无论是诉讼保全阶段还是执行阶段，笔者团队均在坚持不懈地依法提出执行异议、执行复议、执行监督乃至检察监督（下文详述），使法院虽裁定解冻，案涉账户却始终处于冻结状态，如此一来，政府方的压力骤增，也就更为积极主动地联系上级政府，最终促成了与某工程公司的执行“大和解”。笔者团队正是通过此策略解决了民营企业在与政府交易过程中“执行难”的问题。

3. 资金性质不明下聚焦客观证据

A、B镇政府主张被冻结银行账户内资金为专项资金，但并未提供账户流水。事实上，法院只有综合审查了案涉账户自纠纷发生之日至今的不间断银行流水，才能明确“待执行工程款是否被挪用”“所谓的专项资金是否已被使用、是否存在虚假冠名情形”“账户内资金是否发生混同”“账户是否存在自有资金的进出账”等问题。A、B镇政府仅仅提供某一时刻的账户交易状态，无法排除该账户有其他进出账变动的可能性。据此，笔者团队提起复议申请，执行法院的上级法院也裁定“现依据的在案证据尚不足以查明案涉账户内资金的实际情况，属认定基本事实不清，应发回执行法院重新审查”。至此，A、B镇政府才不得不向某工程公司提供被冻结账户案涉期间的完整不间断资金流水。

笔者细致审查了被冻结账户自2016～2024年的出入账记录，核对了每一笔所谓“专项资金”的流入与流出，最终发现A、B镇政府在使用该账户时未做到专户专用，导致账户资金未能特定化。

听取笔者意见后，法院也确认账户中并非所有资金均为专项资金，驳回了A、B镇政府的部分异议请求。

二、案件焦点

被冻结的政府银行账户内资金是否为专项资金？冻结措施是否应被解除？

三、办案思路与进程

本案涉及多个关键的节点，分别面临不同的难题，笔者团队通过检索法律规定、过往案例，精密推演，作出坚实有力的论证，顺利推动了案件进程。

（一）通过法条梳理等方法解决“程序难”问题

1. 诉讼保全阶段，对于A、B镇政府提出异议申请后，法院未通知、未送达的违法审查程序，采取三阶段的应对方案

第一阶段，向法院提出执行异议。收到解除冻结的执行裁定书后，笔者团队立刻寻找相关程序规定，《最高人民法院关于人民法院办理执行异议和复议案件若干问题的规定》第7条规定，当事人、利害关系人认为执行过程中或者执行保全、先予执行裁定过程中的行为违法提出异议的，人民法院应当依照《民事诉讼法》第225条，即执行行为异议的规定进行审查。

而法院在保全阶段作出的解除案涉银行账户冻结的措施，亦属于广义的“执行措施”，该措施作出的过程存在程序违法的问题。一方面，参照《最高人民法院关于人民法院办理执行异议和复议案件若干问题的规定》第2条的立法精神，在保全和执行的救济过程中，法院应尽到及时通知异议人和相关当事人的义务，以保障救济的公正性和有效性；另一方面，《民事诉讼法》第71条规定：证据应当在法庭上出示，并由当事人互相质证。法院依据A、B镇政府提交的财政系统表打印件及涉案账户基本信息等证据认定账户为专

用存款账户，但该证据未送达并经由某工程公司的质证，违反《民事诉讼法》关于“证据应当经过质证才能够作为定案依据”的规定。经过此违法程序确认的专项资金来源、用途、项目支出及余额等事实，真实性存疑。

据此，笔者团队代理某工程公司向法院提起了针对解除冻结措施这一执行行为的异议申请，然而法院对此采取漠视态度，不回应、不处理，甚至未作出不予受理裁定。

第二阶段，向上级法院提出执行异议。笔者团队又依据《最高人民法院关于人民法院办理执行异议和复议案件若干问题的规定》第 3 条的规定，“执行法院收到执行异议后三日内既不立案又不作出不予受理裁定，或者受理后无正当理由超过法定期限不作出异议裁定的，异议人可以向上一级人民法院提出异议”，向上级法院提出异议。

第三阶段，向同级检察院申请检察监督。再次受挫以后，笔者团队不焦不躁，做好了“死磕下去”的准备，依据《人民检察院民事诉讼监督规则》第 19 条的规定，“有下列情形之一的，当事人可以向人民检察院申请监督：（一）已经发生法律效力的民事判决、裁定、调解书符合《中华人民共和国民事诉讼法》第二百零九条第一款规定的；（二）认为民事审判程序中审判人员存在违法行为的；（三）认为民事执行活动存在违法情形的”，向同级检察院申请检察监督，强调“法院如此以裁代审的行为，致使申请人的合法权益遭受巨大损失，且由于某工程公司提起的类似诉讼数量较多，法院有在其他诉讼中继续此违法行为的趋势，检察院作为有监督职权的检察机关，应当及时介入，制止法院保护当地政府、违法审判的行为，维护民营企业的合法权益”。最终，同级检察院与笔者团队联系，称此前未处理过这类事项，法律的规定也比较笼统，希望和律师共同研究法律的具体落实。

但由于该案件的审判程序很快结束，笔者团队便将精力转向案涉账户的执行中去。

2. 执行阶段，对于 A、B 镇政府证据不足，执行法院仍然解除冻结的执行裁定，采取两阶段的应对方案

第一阶段，向上级法院提出执行复议。《民事诉讼法》第 236 条规定：

“当事人、利害关系人认为执行行为违反法律规定的，可以向负责执行的人民法院提出书面异议……当事人、利害关系人对裁定不服的，可以自裁定送达之日起十日内向上一级人民法院申请复议。”因此，张涛律师团队向上级法院复议，并表示A、B镇政府未提交被冻结账户流水，无法查清户内存款是否为专项资金。由于A镇政府的案件中账户类型为基本存款账户，存在资金混同的可能性，上级法院认可了张涛律师的观点，将其发回执行法院重审。但B镇政府的案件中账户类型为专用存款账户，上级法院径直裁定驳回了复议申请。

第二阶段，向上上级法院申请执行监督。B镇政府的案件被驳回复议申请后，笔者团队积极寻求下一步救济措施，依据《最高人民法院关于办理申请执行监督案件若干问题的意见》第1条第1款的规定，“当事人、利害关系人对于人民法院依照民事诉讼法第二百三十二条规定作出的执行复议裁定不服，向上一级人民法院申请执行监督，人民法院应当立案，但法律、司法解释或者本意见另有规定的除外”，向该地高级人民法院申请执行监督。高级人民法院已受案审查。

（二）通过类案梳理等方法，解决“认定难”问题

A、B镇政府要求解除冻结措施的理由是一致的，即户内存款为专项资金，不能被冻结，法院也倾向于参照最高人民法院在（2023）最高法执监13号案中的观点，“确保不因执行行为影响到政府部门依法履行行政管理和公共服务职能”。

面对如此难以扭转的局面，笔者团队首先明确了专项资金、基本存款账户、专用存款账户、零余额账户等概念的含义。而后通过检索类案发现，若专项资金与一般资金存在混同，则仍应将其纳入执行范畴。最后通过核对被冻结账户近八年的银行流水，发现确有资金混同事实。将每一个工作环节做到极致后，反复打磨出内容翔实、论证充分的代理意见，主要观点如下：

1. 关于A镇政府基本存款账户的代理意见

第一，基本存款账户中的资金原则上应被认定为自有资金。专项资金，

是国家或有关部门或上级部门下拨行政事业单位具有专门指定用途或特殊用途的资金。中国人民银行《人民币银行结算账户管理办法》第 11 条规定，“基本存款账户是存款人因办理日常转账结算和现金收付需要开立的银行结算账户”；第 13 条规定，“专用存款账户是存款人按照法律、行政法规和规章，对其特定用途资金进行专项管理和使用而开立的银行结算账户”。可见，对于专项资金应当根据存款的特定用途设立专用账户，并实行严格的专项管理和支付。案涉银行账户仅为基本存款账户，A 镇政府主张该账户中均为专项资金，却并未针对其主张账户性质与银行记载账户性质不同的原因进行举证，不符合法律法规与常情常理。这一观点在实践中已有法院强调，如山东省青岛市中级人民法院在（2022）鲁 02 执复 107 号执行裁定中指出，专项资金应当设立专项账户，否则应认定为一般资金。

第二，不是所有用途特定的资金均不得执行，A 镇政府所主张的款项仍然在执行范围内。执行法院在裁定中认定 A 镇政府于造林绿化、农产品仓储保鲜库项目、2022 蔬菜拱棚示范园项目、现代生态循环蛋鸡养殖中所获得的资金均为专项资金，但这些本质上是政府用于购买服务的款项，与某工程公司主张的工程款性质相同，虽有专项资金之外表，实际上却属于 A 镇政府可控制、可调配的范畴。若法院认可其为专项资金，则某工程公司基于民生工程所应得的工程款亦为专项资金，如今却难以执行，充分说明 A 镇政府挪用专款的严重违法违纪行为。事实上，若仅从特定资金用途来看，政府不具有营利性质，其资金来源一般都为上级拨款，并且在申报时会确定用途，那么其账户中流经的财产基本都符合专项资金特征，不得挪用，但这并不意味着政府银行账户中的资金均得以排除执行。所以，执行法院仅基于专门用途之外观认为上述政府账户内资金禁止执行的行为，是将风险全部施加于民营企业上，由政府在市场交易过程中占据绝对的优势地位，这显然不符合民法中“平等民事主体”的理念。司法实践中已有法院认可这一观点，如（2023）赣 0321 执异 3 号执行裁定书中认为，乡村振兴局的补助资金、县委组织部支付的红色名村运维经费、荷塘乡政府支付村庄基础设施费、县委宣传部支付的新时代文明实践站建设资金等资金，与申请人申请执行的工程款性质大同，不能认定为可排斥执行的专项资金。

第三，案涉账户资金混同，并非全部应用于支付专项款项。货币属于种类物，当款项进入涉案账户后，已经无法区分哪些属于财政性拨款，哪些属于一般款项。实践中已有法院认定，若专项存款账户内资金混同，导致专项资金不能与自有资金相区分的，不能以账户系专用存款账户为由阻却法院执行，如湖南省长沙市中级人民法院作出的（2021）湘01执复227号执行裁定书。而A镇政府提交的2016～2023年银行流水显示，案涉账户几乎覆盖了政府的所有活动资金。该账户每个月均会向创新广告设计经营部、文体用品商店、打字复印部、汽车服务店、保洁有限公司、窗帘城等主体转账，也曾向某工程公司偿付工程款。可见A镇政府的日常工作经费、民生项目工程款亦是通过案涉账户支付，而这类一般资金与其主张的专项资金严重混同，在此情况下，账户内专项资金余额已无确认的现实可能性。另外，专管专用系专项资金的应有之义，但银行流水显示，案涉账户在无监管的情况下，恣意地与其他账户发生交易，许多交易均未注明资金用途，不能排除专项资金已被转移至其他账户的可能性。

2. 关于B镇政府专用存款账户的代理意见

第一，仅从“专用账户”的性质不能得出“账户资金为专项资金”的结论。没有任何法律法规规定专户的存款属于专款，对于被执行人自己定义为专项资金的款项也不能对抗法院的执行，否则每个被执行人开一个专户，把存款全部放在专户，就可以逃避执行了。这一观点已被部分法院支持，如山西省高级人民法院作出的（2021）晋执复278号执行裁定认为，对于存款必须是法律、司法解释规定的专款才可以排除执行。

第二，案涉账户资金并非全部属于财政专项资金，也包括工程款部分，实为某工程公司的债权实现途径。某工程公司与B镇政府签订的是关于民生工程的建设工程施工合同，合同中约定工程款来源为“财政资金”。B镇政府向某工程公司支付的工程款来源为该账户，由国库单一账户体系支付该账户，再通过该账户支付给商品或劳务提供者，这符合案涉账户的法定用途。故对该账户进行冻结属于强制执行的应有之义。

第三，B 镇政府存在大量的资金挪用行为，尤其是存在“挪用一般资金来补专项资金缺漏”的恶劣违规行为，使资金性质的确认更加困难。在案涉账户查封后的资金里，尽管部分资金确有固定用途，但由于 B 镇政府“挪用一般资金弥补专项资金缺漏，造成一般资金重大损耗”的前情，如今即使执行全部余额也无法弥补一般资金的亏损，对该部分资金亦应予以执行。至于因执行行为导致的专门民生目的无法实现，由于这样的恶果系由 B 镇政府的违法违规行为造成，应由 B 镇政府向其上级机关申请拨款并进行相关人员、机关的追责，而不是由某工程公司这样本就处于弱势地位的民营企业承担不利后果。

四、案件结果与案件评析

本案聚焦于“政府账户能否被冻结”这样一个微小的具体问题，但代理的工作却并不简单，律师不断地提出执行异议、执行复议、执行监督乃至检察监督，一方面是为了穷尽救济途径，尽可能地为当事人争取，另一方面也是为了在这场与政府机关的博弈过程中有理有据，在后续的调解或是裁判过程中站稳脚跟。

通过以上程序，笔者团队一方面依法争取到法院将案涉账户中不属于专项资金的部分存款恢复冻结并实现了执行扣划，另一方面也最终成功促成了某工程与 A、B 镇政府的调解，并由上级政府出面，协调各方主体，在互谅互让的基础上，达成了执行“大和解”，统一列入政府年度财政预算，确保了每月固定金额的回款，最大限度地保护了委托人的合法权益。

融资租赁篇

融资租赁合同被判无效后二审改判案

邵　男

一、基本案情

2018 年，笔者团队接受 A 国际租赁股份有限公司的委托，代为处理合同无效纠纷一案。A 国际租赁股份有限公司于 1988 年成立，为商务部最早成立的以“中字头”命名的融资租赁公司之一，也是中国第一批获批的中外合资融资租赁公司，现为国资控股上市公司，在全国范围内开展融资租赁业务。

本案由王某、安某（为夫妻关系）在 2017 年于石家庄市长安区法院提起，被告为 A 公司、B 公司（王某为公司的法定代表人），第三人为 A 公司的区域代理商 C 公司。王某、安某主张确认二被告签订的三份总金额为 5015 万元的融资租赁合同无效，确认原告与二被告签订的由原告承担不可撤销连带保证责任的保证合同无效。在长安区法院对 A 公司进行公告送达并在 A 公司缺席的情况下，于 2017 年作出一审民事判决。因 A 公司并不知此诉讼的存在，导致案件一审生效。

2018 年，A 公司就上述案件向石家庄市中级人民法院提起再审。同年，石家庄市中级人民法院作出支持 A 公司的裁定并提审，在 2019 年撤销长安区的民事判决，发回重审。2020 年长安区法院作出判决。王某、安某不服，上诉至石家庄市中级人民法院。石家庄市中级人民法院于 2022 年 5 月作出终审判决，驳回王某、安某全部诉讼请求。

王某、安某提起本诉讼，本意为逃避担保责任。但案件的提起导致 A 公司5000多万元的货款没有办法追偿。从2013年6月与本案原审原告签订合同，2013年7月和10月王某为法人的B公司已经签收全部案涉设备，2017年，王某以保证人身份起诉自己签订合同是和A公司恶意串通，损害自己的利益，其目的不过是想通过确认合同无效之诉阻碍被上诉人对巨额欠款的追索，并逃避担保责任。从B公司收到案涉10台大型工程设备，至今已经过去了将近10年！但总付款金额不足20%，给A公司带来严重的经济损失。同时，A公司自1988年成立以来，全国尚未有一例融资租赁合同被判决无效的先例，本案融资租赁合同无效的生效判决给A公司带来严重不良影响。笔者团队在接受委托的时候，可谓受命于危难之际，经过集体研讨，决意全力为委托人找回公平正义，从具体案件中实现对守约者诚信行为的保护力度，提高违法违约成本，促进诚信社会的构建。

二、案件焦点

本案为融资租赁合同无效纠纷，其焦点为对融资租赁法律关系的认定，难点为融资租赁法律关系的无效认定。根据《合同法》第239条，融资租赁法律关系涉及出租人和承租人之间的租赁合同、出租人和出卖人之间的买卖合同两个合同，出租人、承租人、出卖人三方。具有比较复杂的法律关系。同时，由于王某、安某在诉讼中所提交的证据多为履行证据，但其主张的为合同效力问题，合同的效力与合同履行之间关系厘清问题也将成为本案认定的焦点与难点。

三、办案思路与进程

本案从律师接受委托到最终二审判决生效，历经再审、提审、发回重审一审、二审，整整四年，可谓充满等待与各种不安。

（一）案件再审的提起

笔者团队接受委托，第一步要启动的是针对已经生效的一审判决提起再审。

首先，经阅卷，律师发现已经生效的一审判决程序严重违法。原一审全案适用公告送达程序，且两次公告送达 A 公司时，名称均错误，依法应当认定为未送达副本、传票，违法缺席判决。

（1）公告名称错误。两次公告送达起诉状副本、传票与判决书的公告中，将 A 公司名称中的“富”写成“福”。

（2）违规公告送达。本案长安区法院在立案后送达副本时违规适用公告送达程序，且判决后也适用公告送达判决书，根据《民事诉讼法》第 92 条，受送达人下落不明，或者用本节规定的其他方式无法送达的，公告送达。据此，规定只有通过直接、邮寄、留置、委托其他法院送达等方式无法送达，且下落不明才能适用公告送达。另外，根据《最高人民法院印发〈关于进一步加强民事送达工作的若干意见〉的通知》第 15 条：要严格适用《民事诉讼法》关于公告送达的规定，加强对公告送达的管理，充分保障当事人的诉讼权利。只有在受送达人下落不明，或者用《民事诉讼法》第一编第七章第二节规定的其他方式无法送达时，才能适用公告送达。此案中，A 公司为法人，上市公司，有注册地，有联系电话，法院确适用公告送达，导致 A 公司被起诉不知情，判决后 A 公司仍不知情，直至 2017 年 10 月 18 日，在鹿泉区法院开庭审理 A 公司起诉要求 B 公司与保证人王某、安某即本案原告履行融资租赁合同与保证合同时，从王某、安某提交的证据才知道有本案判决。

（3）其他全国各级法院对 A 公司从未适用公告送达，且均可正常送达。A 司作为上市公司，在工商局、公司主页及各网站均有地址及电话备案，完全不可能存在无法送达、下落不明的情形，其他法院也从未对 A 公司适用过公告送达，公告送达的适用范围是法律常识，本案法官办案过程严重违法。

其次，生效的一审判决存在事实认定错误，原审承办法官仅凭原告一方证据即对 A 公司作出不利判决。

（1）不存在被法院认定合同无效的事实依据。

关于案涉合同为格式合同，申请人为 1998 年成立的融资租赁有限公司，所有融资租赁合同与保证合同等合同版本均统一制定，并在全国实施，在长达 21 年时间内没有任何案件涉及认定融资租赁合同与保证合同无效的案例。

（2）本案不存在违反法律强制性规定的情况，原审关键性证据《委托代理协议》未提交。

本案事实认定错误，不存在原审法院所称的："违反合同法 237 条关于融资租赁合同形式要件和实质要件的强制性规定。"A 公司融资租赁合同文本分为：融资租赁合同、附件一、附件二、附件三、附件四、委托代理协议、产品买卖合同等一套文本，其中委托代理协议明确约定为了让承租人更好地选择设备，避免纠纷，我公司依照承租人的要求，委托承租人自行签订买卖合同，选择租赁物。以上均不违反法律的强制性规定。

A 公司在 2018 年就上述案件向石家庄市中级人民法院提起再审后，同年，石家庄市中级人民法院作出支持 A 公司的裁定并提审，在 2019 年撤销长安区的民事判决，发回重审。

（二）决战发回重审一审

案件发回重审后，笔者团队做好充分准备，甚至就融资租赁合同相关问题直接向参与《最高人民法院关于审理融资租赁合同纠纷案件适用法律问题的解释》起草的相关立法专家请教。就案件的焦点和难点问题全面提出以下代理意见：

1. 上诉人的诉讼请求是确认案涉融资租赁合同无效，保证合同无效。但上诉人在上诉状中所陈述的均为合同履行问题，与合同效力无关。上诉人的主张犯了基本法律常识上的错误：合同效力和合同履行是两回事，合同的履行与否、履行情况如何并不影响合同的效力，合同的效力与履行情况无关。

（1）根据原《合同法》第 44 条：依法成立的合同，自成立时生效。法律、行政法规规定应当办理批准、登记等手续生效的，依照其规定。案涉合同不涉及任何审批手续，不是附条件或附期限才生效的合同，更不存在《合同法》第 52 条合同无效的法定情形。《民法典》第 143 条民事法律行为有效的要件为行为人具有相应的民事行为能力、意思表示真实，不违反法律、行政法规的强制性规定，不违背公序良俗。

（2）最高人民法院《关于审理融资租赁合同纠纷案件适用法律问题的解释》第 1 条第 2 款明确规定，对名为融资租赁合同但实际不构成融资租赁法律关系的，人民法院应按照其实际构成的法律关系处理。同时，根据最高人民法院《关于适用〈中华人民共和国合同法〉若干问题的解释（二）》第 14 条：《合同法》第 52 条第 5 项规定的“强制性规定”，是指效力性强制性规定。结合司法解释，该条并非认定合同无效的强制性规定，而是认定融资租赁合同关系的法律依据，对于即便不是融资租赁合同关系的，法院应当以实际构成的法律关系处理，而非认定无效。即便不是融资租赁合同关系，也应当根据实际的法律关系认定，而不应当直接认定融资租赁合同和担保合同无效。且担保合同只有在主合同无效的情况下，才会被认定为无效，主合同的性质并不会影响担保合同的效力，上诉人应当根据担保合同承担担保义务。

（3）基于上诉人的主张全部围绕履行问题，这里不得不说一下传统民法理论上最基本的负担行为与处分行为相区分原则，或者说原因行为与物权变动行为相区分原则。负担行为是指民事主体向一个或多个相对人承担某种作为或者不为某种作为的义务的法律行为。它的直接法律后果就是给特定的相对人之间确定给付义务，从而在相对人之间建立起债权债务关系。处分行为指的是直接将已存在的权利予以变更、出让、设置负担或者予以抛弃的行为。通俗地说，负担行为就是合同行为，处分行为就是履行行为。负担行为与处分行为的区分，也就是合同行为与履行行为的区分。区分原则在我国《物权法》第 15 条有精准的表述：“当事人之间订立有关设立、变更、转让和消灭不动产物权的合同，除法律另有规定或者合同另有约定外，自合同成立时生效；未办理物权登记的，不影响合同效力。”物权法的区分原则不仅在物权领域适用，而且在动产物权依据法律行为发生变动的情形依然适用。最高人民法院在《民事案件案由规定》明确规定，要按照“区分原则”确立民事案由。

所以，法律行为有效裁判的对象是成立时约定的事项，而非履行时的内容。

对于依法成立的合同，产生当事人适当履行合同义务、违约方依法承担违约责任等拘束力，合同生效后才进入履行的过程。纵览上诉人的上诉理由，均与其诉讼请求合同效力问题无关。

2. 本案不存在《合同法》第52条第5项之合同无效的情形。

王某、安某（夫妻关系）于2016年12月30日向长安区法院起诉A公司及B公司恶意串通，从而合同无效。而相关事实为：B公司2013年6月6日成立，王某在2016年9月30日前为B公司出资90%的股东。尤其需要注意的是王某是融资租赁合同等一系列文件的签字人，也是合同签订期间承租人B公司的股东、法人，对融资租赁合同等一系列文件的签订是明知的。B公司作为融资方，王某的利益和B公司的利益完全一致，王某作为法人的意志就是代表B公司的意志，王某和A公司主观上不可能存在恶意串通损害王某自己利益的可能，这与常理严重不符。

而A公司委托B公司与和C公司签订买卖合同，也是为了B公司的实际需要，为了租赁车辆的运营和管理需要，相关内容也已经清晰写进融资租赁合同第8条，根本不存在恶意串通之情形。

王某同时作为担保合同的担保人，其完全清楚融资租赁合同的真实性，在保证合同第5条第3款，也表明其完全了解主合同及其附件的内容。也不存在恶意串通的情形。在客观上，保证合同的签署仅仅是为了更好地保障出租人的利益，只有当承租人未按主合同履行债务时，保证人才在保证范围内承担保证责任。

所以，本案中不存在《合同法》第52条第5项之合同无效的情形，融资租赁合同合法有效。

3. 本案并不存在不构成融资租赁法律关系的情形。本案《融资租赁合同》符合法定的构成要件，构成融资租赁法律关系，合法有效。

（1）融资租赁合同及担保合同是合同各方真实的意思表示。

首先，本案中A公司（作为出租人）和B公司（作为承租人）是自愿签订融资租赁合同，签订该合同是双方真实的意思表示。

其次，本案中王某、安某与B公司、A公司之间签订保证合同也是各方真实的意思表示。本案融资租赁合同、保证合同于2013年6月28日签订，签订该协议时，王某系B公司的法定代表人（2016年6月14日变更为田某），且作为B公司的法定代表人和C公司签订了销售合同，足见其对融资租赁合同、保证合同、销售合同的签订是知情且自愿签订的。同时，安某与王某系夫妻关系，因此安某对此也是知情的。从庭审中安某、王某提交的证据材料来看，收款凭据、录音材料、机动车登记证等证据材料全部由B公司掌握，作为担保人能取得该等证据材料，足以证明担保人对合同的签订、履行是完全知情的。

（2）本案B公司、A公司之间是融资租赁法律关系。

首先，从形式上本案符合融资租赁法律关系。根据《合同法》第239条，融资租赁法律关系涉及出租人和承租人之间的租赁合同、出租人和出卖人之间的买卖合同两个合同，出租人、承租人、出卖人三方。

本案中A公司（作为出租人）和B公司（作为承租人）签订了《融资租赁合同》，且根据该合同第2条第2款的约定，出租人可以委托承租人以其自己的名义与出卖人签订产品买卖合同，购买租赁物。基于该约定，A公司委托B公司与C公司签订了租赁物的买卖合同。而涉案的租赁物也是出租人A公司购买并支付货款。本案存在两个合同、三方当事人，因此从形式上看符合融资租赁法律关系。

其次，从实质上本案符合融资租赁法律关系。《最高人民法院关于审理融资租赁合同纠纷案件适用法律问题的解释》第1条规定，人民法院应当根据《合同法》第237条的规定，结合标的物的性质、价值、租金的构成以及当事人的合同权利和义务，对是否构成融资租赁法律关系作出认定。因此，认定是否构成融资租赁法律关系，应当根据《合同法》第237条的规定，结合标的物、价值、租金的构成及当事人的合同权利义务进行认定。

①涉案的租赁物由出租人委托承租人购买，但涉案的租赁物依然是由出

租人购买，并没有打破融资租赁的性质。符合融资租赁的法律规定。

②关于本案标的物即租赁物工程车辆，所有权属于出租人A公司，符合《合同法》第237条之规定。只是由于该类车辆运营管理的需要，车辆如登记在出租人名下既不便于承租人运营，也会加重出租人的风险，因此，A公司在国内涉及融资租赁业务时，均是采取委托承租人与出卖人签订买卖合同，购车款由A公司支付的形式，开展融资租赁业务。但所有权属于出租人A公司。双方在融资租赁合同第8条有关租赁物的登记和所有权归属都有明确约定。

③关于租赁物的价值，本案租赁物的价值和实际车辆价值相符，并不存在夸大租赁物价值的情形。并不是仅有融资的外观而没有融物的事实。

④关于租金的构成，根据《最高人民法院关于审理融资租赁合同纠纷案件适用法律问题的解释》，租赁物的租金是以租赁物的大部分或者全部的成本来计算的，是由出租人的资金加成本及利润构成。根据双方签订的融资租赁合同第7条有关租金的计算方法以及租金支付表，出租方的收益为合理收益。

⑤认定融资租赁合同的性质还要结合合同当事人的权利和义务判断。关于当事人的权利义务方面，本案中依据融资租赁合同第2条租赁物的购买，第4条租赁物瑕疵及索赔权转移，第7条租赁本金、租金及其计算方法，第11条租赁物的所有权条款，第12条免责条款，第18条租赁担保条款等条款。出租人的权利有：享有租赁物所有权、对租赁物瑕疵免责、对租赁物致使第三人损害免责、不承担租赁物灭失风险、在承租人违约时享有租赁物取回权、在承租人拒付租金时享有收取全部租金或解除合同的选择权。根据融资租赁合同第3条租赁物的交付等条款，出租人的义务有：购买和交付租赁物的义务、平静占有担保的义务以及对承租人索赔的协助义务。本案中根据融资租赁合同第4条租赁物瑕疵及索赔权转移等条款，承租人的权利有：选择出卖人和租赁物的权利、对租赁物的占有使用权、在租赁物瑕疵时享有的索赔权、在出租人因承租人拒付租金而解除合同时的部分租金返还请求权。

根据第9条租赁物的占有、使用、保管、维修和维护等条款，承租人的义务有：支付租金的义务、妥善保管使用租赁物的义务，对租赁物的维修义务。

以上事实可以得出本案中融资租赁合同约定的出租人和承租人的权利义务完全符合融资租赁法律关系。

最后，从本案实际的履行看，也是融资租赁法律关系。A公司已经将案涉车辆的购车款根据C公司的指示支付给生产商，B公司也根据约定向A公司支付了租金，B公司、王某、安某均向法庭提交了收款凭据，收款凭据中注明“代A公司收”，证明B公司确实支付过租金。

4.《最高人民法院关于审理融资租赁合同纠纷案件适用法律问题的解释》第1条第2款明确规定，对名为融资租赁合同但实际不构成融资租赁法律关系的，人民法院应按照其实际构成的法律关系处理。

《合同法》第237条有关融资租赁合同的定义，是定性法条，定性法条只是解决有名合同的认定。而根据《最高人民法院〈关于适用中华人民共和国合同法〉若干问题的解释（二）》第14条，《合同法》第52条第5项规定的“强制性规定”，是指效力性强制性规定。《合同法》第237条并非效力性的强制性规定，不能直接作为合同效力判断的依据。

所以，本案即便不构成融资租赁法律关系，也不应该判定合同无效，而应该按照实际构成的法律关系处理。

经过上述理论结合案件实际证据的方式，笔者逐层地详细论述了代理观点。案件在2020年长安区法院作出判决，支持了笔者团队的全部主张。王某、安某不服，上诉至石家庄市中级人民法院。石家庄市中级人民法院于2022年5月作出终审判决，驳回王某、安某全部诉讼请求。至此，A公司在签订合同并交付5000余万元设备十年后终于可以依法要求B公司支付货款，要求担保人安某、王某承担担保责任。

四、案件结果与案件评析

本案代理中，笔者团队就融资租赁合同的性质、法律构成要件、合同的效力问题进行了全面分析和阐述。尤其是对于上诉人安某、王某一直主张融资租赁合同未能按约履行，以期达到合同无效的目的，进而达到担保合同无效，逃避担保责任的最终目的，严重混淆了合同效力与合同履行的关系问题，承办律师就这个问题的观点也得到二审法院全面的支持。本案判决清晰地传递了《全国法院民商事审判工作会议纪要》中有关合同效力问题的裁判精神。

婚姻家事篇

徐某1诉贺某婚姻关系无效纠纷

刘 静

一、基本案情

1991年5月24日，徐某1与徐某2于美国加利福尼亚州依法注册结婚，二人均为美国国籍。婚后，徐某1与徐某2一直在美国共同生活。2018年7月3日，徐某2在美国去世。直至徐某2去世前，才告知其父母以及徐某1在中国育有两个女儿（徐小A、徐小B）。

由于徐某2生前在北京市某区购买了1套房屋，故徐某1、徐某2父母向北京市某区人民法院对徐小A、徐小B提起了法定继承纠纷诉讼。在诉讼期间，徐小A、徐小B的母亲贺某作为徐小A、徐小B的法定代理人提出了其与徐某2于2013年3月19日在湖北省民政厅登记结婚的主张。此时，徐某1才得知徐某2与贺某在大陆登记结婚的事实。鉴于徐某2与贺某婚姻关系是否有效将直接影响法定继承纠纷案件的审理结果，故2019年7月徐某1依照《婚姻法》第10条的规定诉至法院，请求法院判决徐某2与贺某的婚姻关系无效。笔者团队接受徐某1委托，代理此案。

二、案件焦点

本案的争议焦点有三：（1）适用法律的问题，徐某2与贺某的婚姻关系的效力，是否可以适用我国法律进行认定？（2）徐某2在具有美国国籍的情况下办理我国台湾地区户籍迁入登记，是否为了规避重婚行为？（3）贺某是否知道徐某2在美国已结婚，但仍与其办理结婚登记，双方是否存在过错？

上述案件争议焦点也是本案的审理难点。

三、办案思路与进程

案件生效判决（2020）京0115民初371号：法院认为，徐某1系美国人，其提起本案诉讼属涉外民事案件，根据《民事诉讼法》第4条："凡在中华人民共和国领域内进行民事诉讼，必须遵守本法。"第5条："外国人、无国籍人、外国企业和组织在人民法院起诉、应诉，同中华人民共和国公民、法人和其他组织有同等的诉讼权利义务。外国法院对中华人民共和国公民、法人和其他组织的民事诉讼权利加以限制的，中华人民共和国人民法院对该国公民、企业和组织的民事诉讼权利，实行对等原则。"对于本案审理过程中所涉诉讼程序问题，应在对等原则基础上按照我国《民事诉讼法》及相关法律规定进行审理。有权依据《婚姻法》规定向人民法院就已办理结婚登记的婚姻申请宣告婚姻无效的主体，以重婚为由申请宣告婚姻无效的，利害关系人为当事人的近亲属及基层组织；在1991年，徐某1与徐某2在美国按照当地法律规定登记结婚，作为近亲属（配偶）的徐某1有权就徐某2与贺某的婚姻效力问题提起本案诉讼，本案应进行实体审理。合法的婚姻受法律保护，成立合法婚姻关系应同时满足结婚形式要件及实质要件的规定。

根据《涉外民事关系法律适用法》第22条："结婚手续，符合婚姻缔结地法律、一方当事人经常居所地法律或者国籍国法律的，均为有效。"此系关于涉外婚姻法律关系中结婚形式要件法律适用的规定，该条文采用了无条件选择适用的冲突规范；具体至本案，按照婚姻缔结地法律，即我国法律，湖北省民政厅对于贺某与徐某2的涉外婚姻按照《婚姻登记条例》等进行了审查，并向贺某、徐某2颁发结婚证，故二人之结婚手续（形式要件）应属有效。

根据《涉外民事关系法律适用法》第21条："结婚条件，适用当事人共同经常居所地法律；没有共同经常居所地的，适用共同国籍国法律；没有共同国籍，在一方当事人经常居所地或者国籍国缔结婚姻的，适用婚姻缔结地法律。”此系关于涉外婚姻关系中结婚实质要件法律适用的规定，本条规定了多个按顺序选择适用的冲突规范；具体至本案，根据《最高人民法院关于适用〈中华人民共和国涉外民事关系法律适用法〉若干问题的解释（一）》第15条：“自然人在涉外民事关系产生或者变更、终止时已经连续居住一年以上且作为其生活中心的地方，人民法院可以认定为涉外民事关系法律适用法规定的自然人的经常居所地，但就医、劳务派遣、公务等情形除外。”现有证据不能证明徐某2、贺某具有共同的经常居所地；又考虑到徐某2系美国国籍（虽然徐某2在中国台湾地区在与贺某结婚登记时亦有户籍注册，但我国不承认双重国籍），贺某系中国国籍，故二人不具有共同国籍；据此，因徐某2、贺某系在贺某的经常居所地即户籍所在地中国湖北省缔结婚姻，故应适用婚姻缔结地法律，即适用我国法律。根据《婚姻法》第10条：“有下列情形之一的，婚姻无效：（一）重婚的；（二）有禁止结婚的亲属关系的；（三）婚前患有医学上认为不应当结婚的疾病，婚后尚未治愈的；（四）未到法定婚龄的。”故重婚系我国法定婚姻无效情形，其违背了婚姻自由、一夫一妻、男女平等的婚姻制度。根据已查明事实，徐某1、徐某2自1991年在美国结婚后，一直保持婚姻关系，直至徐某2死亡，故徐某2与贺某在2013年在我国登记结婚构成重婚，不符合结婚实质要件，徐某2与贺某的婚姻关系应依法宣告无效，故对徐某1要求确认徐某2与贺某婚姻关系无效的诉讼请求，予以支持。

同时需指出的是，根据《刑法》第258条：“有配偶而重婚的，或者明知他人有配偶而与之结婚的，处二年以下有期徒刑或者拘役。”徐某2系有配偶者而重婚，涉嫌犯重婚罪，但其已经死亡，根据《刑事诉讼法》，不追究刑事责任；而对于贺某是否犯重婚罪，涉及是否符合“明知他人有配偶而与之结婚”一节，且对刑事犯罪事实认定需达到排除合理怀疑的证明标准，此并非本案民事诉讼的审理范畴，本案不予审查。依据《婚姻法》第10条第1项，《涉外民事关系法律适用法》第21条，《最高人民法院关于适用〈涉外民事关系法律适用法〉若干问题的解释（一）》第15条的规定，判决徐某2

与贺某的婚姻关系无效。

四、案件结果与案件评析

在婚姻关系无效纠纷案件中，通常会涉及三方主体，即缔结无效婚姻的两方以及合法婚姻关系中受保护的一方。本案中，徐某2在其与徐某1婚姻关系存续期间，利用自己同时具有美国国籍以及中国台湾地区户籍的特殊条件，以未婚名义与贺某在国内民政局的婚姻登记，而该段婚姻关系也因违反我国法律而被认定为无效。

本案可以反映出我国法律对处于该类案件中不同地位的主体具有不同意义上的作用。对于像徐某1这类合法婚姻关系中应受法律保护的一方主体，法律赋予其依法维护自身财产以及身份不受侵害的权利；对于像徐某2这类在已婚状态下仍与他人缔结婚姻的主体，以及贺某这类与已婚者缔结婚姻的主体，法律不仅将其结婚行为认定为无效，也规定了其因该行为而将承担的相应民事以及刑事责任。这不仅彰显了法律对于合法行为予以保护、对于违法行为依法严惩的态度，也体现了法律对于人们的日常行为具有一定的指引、规范作用，以保障社会关系和谐稳定发展，社会生产生活秩序得以正常运行。

在此，笔者也提醒各位读者朋友，婚姻自由、一夫一妻、男女平等是我国长期以来的婚姻制度，建立或变更婚姻关系须严格遵守《民法典》的相关规定，切勿存在通过各种方式规避重婚行为的心理，否则不仅存在被认定婚姻关系无效的可能，也存在依法承担相应刑事责任的风险。

离婚中的非过错方析产案

李力争

一、基本案情

委托人（原告）马某某（女）与被告石某（男）于2012年9月登记结婚，2015年生育一子。原告称被告在婚姻关系存续期间先后与十几名女人存在不正当男女关系，2020年10月被告还因涉嫌强奸罪被公安机关依法传唤。因被告不履行夫妻之间互相忠实、互相尊重的义务，夫妻感情已经完全破裂。原告称儿子一直由自己照顾，共同生活，且被告品行不端，不适宜抚养子女，原告的人品、收入、事业等皆优于被告，为了有利于儿子的健康成长，儿子继续由原告抚养为宜。原、被告在婚后出资190万元共同购买了位于朝阳区某小区102号限价房一套，考虑到离婚时对于妇女儿童应当予以照顾，原告希望判决该房屋归原告所有，原告要求按照先前双方签订的《婚后协议书》的分割比例支付部分房屋折价款给被告。故请求：(1) 判决原告与被告离婚；(2) 判决儿子由原告抚养，被告支付抚养费；(3) 依法分割位于朝阳区某小区102号房屋，要求归其所有，给付被告房屋价值20%的折价款。

被告石某同意离婚，但不同意原告抚养儿子，不同意将房产分割给原告。理由是购房的资金主要源于父母出资，其父母出资140万元，原告父母出资50万元，父母出资属于借款，应当将父母出资偿还后再分割，被告要求取得房屋所有权，给原告60万元。另外，双方婚后签订的协议书不是婚内财产约定协议书，而是离婚协议书，不具有法律效力，应当重新分割夫妻共同财产。

二、案件焦点

1. 婚姻关系存续期间，父母出资给子女购房是借款还是赠与？

2. 原、被告婚后所签《婚后协议书》性质是婚内财产约定协议还是离婚协议？

三、办案思路与进程

（一）一审：找寻证据，占据主动，赢得胜诉

受理本案后，笔者认真听取了原告的陈述，并审查了原告提供的证据，总体感觉证据对原告是有利的，但是不太全面，还需要补充证据，证据链条就完善了。但有一个非常迫切的事，法院三天后就要开庭，这么短的时间补充证据不可能完成。

笔者同委托人商量，要尽快准备一个延期开庭申请书，同时在现有证据基础上做好开庭准备，因为法庭也可能不批准。律师第一时间准备了延期开庭申请书，但是，法官、书记员电话总是打不通，即便快递，恐怕也来不及，法官收到了也就到开庭时间了，法官十有八九是不会同意延期的。看来，只能在有限的时间内尽快准备证据。

首先，是孩子抚养权问题，因为是男孩，律师认为对方不会轻易放弃孩子抚养权。因为孩子6岁了，双方都可以抚养，女方要多准备自己平常抚养孩子而对方很少照管孩子的证据，才能有优势。根据委托人的诉说，律师指导其去准备与孩子在一起的照片、视频，幼儿园老师的证明，给孩子报辅导班的单据及合同，接送孩子上下学的证明，父母愿意帮助她抚养孩子的证明等。

其次，关于购买涉案房屋，父母出资问题。委托人称购买这个房子确实是双方父母都出资了，但是，出资时并没有说是借款，而是父母因双方婚后没有房子居住，儿子又出生，所以帮助他们购房。这么多年，被告父母也没有主张过是借款。律师问，你们双方给他父母打借条了吗？她说没有。律师

思索后说，这方面就看对方开庭时怎么举证吧，如果对方没有充足的证据是借款，那通常就认为是赠与，且是对你们双方的赠与，对你是有利的。

最后，也是最重要的举证，是怎么证实对方多次出轨，从而证明他存在重大过错问题。因为女方现在手里有一个很重要的证据，那就是《婚后协议书》，其上载明：男女双方应当如实通报各自收入情况，如果男方今后再有过错（包括婚外情、与他人同居、重婚、家庭暴力、遗弃、虐待、对家庭不负责等行为）造成夫妻感情破裂而离婚的，夫妻财产分割及儿子抚养等按下约定处理：（1）婚生儿子随女方直接抚养或随男方直接抚养生活、不直接抚养的一方每月给儿子抚养费，直至儿子 18 岁为止（如 18 岁未毕业的顺延至毕业时为止）。不直接抚养的一方有随时探望权。（2）过错方只能享有并带走夫妻共有财产价值 20% 的价值，其余夫妻共有财产所有权归另一方所有。

从协议书的内容看，证实男方有过错很重要，不但抚养权容易争取，而且在财产分割上会大为有利。

女方说她上次离婚时，男方在法庭上好像承认出轨过一次，律师说那好，抽个时间去原来的审理法院调取卷宗及开庭笔录，就知道了。她又说以前男人给她写过一个承诺书，承认出轨过十几个女人，但现在不知道放到哪里了？我说那再好好找找，这个证据也很重要。她又说男方在 2019 年某月与好几个女人去宾馆开房，她知道一些线索，但宾馆不给出证明。律师说可以写个调查申请，申请法院去调取开房记录或给律师出具调查令由律师去调取。笔者想，如果这几个证据都能找到，对女方分割财产及孩子抚养权争取就非常有利了。

三天后，法院开庭，还好，这次法官只简单询问了案情，对几个基础证据进行了质证。可喜的是，法官同意去调取男方开房记录。庭后律师指导女方开始加紧搜集证据，原审卷宗调阅了，男方在开庭中承认出轨一次。女方也找到了男方曾写的承诺书。一个月后，法院再次开庭，法官也调取到了男方在三个宾馆开房多次的证据。开庭时双方审议集中在两个焦点问题上：

第一个焦点是，被告父母出资 140 万元给原、被告购房是借款还是赠与？我方认为是赠与，因为双方父母都出资了，当时都没有说是借，就是因女方生子、住房太紧张，帮助解决子女的住房困难。被告认为是借款，要求按夫妻共同债务去处理，他提供不出借条，但是提供了自己每月还款给母亲的大量银行流水，说通过还款就能证明是借款。

第二个焦点是，原、被告婚后所签《婚后协议书》性质是婚内财产约定协议还是离婚协议？我方认为是婚内财产约定协议，因为男方有过错，所以应按协议约定比例分割涉案房产。被告认为是离婚协议书，没有生效，故不同意按协议约定的比例分割涉案房产。

还有就是房屋价值问题，我方说房屋虽然是限价房，但按市场价在 360 万元，被告称价值为 260 万元，也不知被告是如何考虑的，好像是他及他的律师很确信能争取到房屋，从而给我方较少的补偿款。因限价房购买时间较短，还不能委托评估公司进行市场评估。法官说如果双方在价格上达不成一致意见，该房就只能先暂不处理，将来符合评估条件时，再起诉分割。律师同委托人紧急商量，决定认可被告说的价格，这样就不用评估了，而是因为律师感觉女方争取到房子的可能性更大一些，如果按 260 万元，将来给被告的补偿款也少。最后案件结果证明，我们的策略是对的。

最后，法官主持调解，因双方差距太大，调解未成。半个月后，判决下达，几乎全部支持了女方主张。孩子抚养权判归女方，被告父母出资没有认定为借款，房产按照婚后协议中约定的比例分割，女方取得房屋所有权，给被告 20% 的补偿款，相当于我们争取到了 80% 的房产权利。

被告坚决不服，提出上诉。

（二）二审：积极辩驳，稳扎稳打，维持原判

石某的上诉请求是要求改判涉案房产归其所有，要求认定其父母出资是借款，由双方各承担一半债务。其理由主要是：第一，一审法院未认定购房时向其父母借款这一事实系事实认定错误。购买涉案房屋时，石某、马某某向双方父母借款，其中向马某某父母借款 50 万元，由石某出具了借据，并由马某某还款；石某向父母借款虽未出具借条，但一审中石某提交了银行流水明细，可以证明购房后石某每月向父母还款的事实。第二，一审法院依据马

某某提交的《婚后协议书》进行夫妻共同财产分割，存在适用法律错误。双方签订了《婚后协议书》后，未据此办理离婚，根据《最高人民法院关于适用〈中华人民共和国民法典〉婚姻家庭编的解释（一）》第69条的规定，该协议应当认定为无效。

收到石某上诉状后，笔者与委托人进行了研讨，认为石某的上诉请求是不能成立的，其没有证据和法律依据支持其主张。

二审开庭，双方都没有提供新的证据，法官着重就两个焦点问题进行了询问，笔者代理女方有理有据进行辩驳，占据主动，形势有利。一个月后，中级法院下达了二审判决，维持原判。

（三）申请再审：固守阵地，驳回申请，又获胜利

二审判决下达后，石某仍不服，向市高级人民法院提起再审申请，其理由大体上同二审上诉理由，笔者代理女方积极应对，并准备了翔实、严谨的答辩意见。后市高级人民法院经书面审理，裁定驳回了石某再审申请，女方获得了最终的胜利。

四、案件结果与案件评析

该离婚案，一审法院几乎完全支持了女方主张，得到该房产全部所有权，只给被告补偿20%房屋折价款，且石某父母出资没有认定为借款，属于赠与。被告不服，提起上诉，二审法院维持一审判决。被告仍不服，向市高级人民法院提出申诉，后市高院裁定驳回被告的再审申请。

委托人对案件结果很满意，取得了比她自己预想要好得多的结果。从个人层面看，本案判决维护了婚姻中受害者的合法权益，让无过错方取得了较大经济利益，对过错方是一种惩罚。从社会层面看，反响良好，发扬了正气，弘扬了社会主义核心价值观、家庭观。

本案取得这样的结果，笔者觉得制定正确的诉讼策略是胜诉的关键，针对本案的两个焦点问题，灵活应对，有立有驳，始终处于主动，从而使我方的观点获得法官的支持。

李某遗嘱继承纠纷案

龙圣强

一、基本案情

1952 年，刘某与李某结婚，婚后育有女儿李某 1、长子李某 2、次子李某 3。1997 年 9 月 1 日，李某去世，刘某未再婚。

2000 年 11 月 28 日，刘某购买位于北京市西城区（原宣武区）的房屋一套，购买房屋时使用了夫妻双方的工龄。2000 年 11 月 30 日，刘某取得该房屋产权证。

2002 年 10 月 10 日，李某 2 去世，其生前与陈某有独生女李某 4。2009 年 6 月 26 日，李某 3 去世，其生前与安某育有独生女李某 5。

2009 年 9 月 16 日，刘某留下自书遗嘱一份：我和丈夫李某（已去世）拥有宣武区房产一套，我丈夫遗产由李某 4、李某 5 继承，对于我份额我订立遗嘱——因我多年体弱有病，主要由女儿李某 1 赡养，所以我拥有的房产份额全部由我女儿李某 1 继承。

2015 年 9 月 24 日，刘某去世。

2021 年 4 月，李某 1 以遗嘱继承纠纷为由起诉李某 4、李某 5 等人。

二、案件焦点

本案的争议焦点有三：一是刘某使用去世配偶工龄购买案涉房产是否属于刘某个人财产，二是案涉遗嘱存在财产性质认识错误的是否合法有效，三是按照遗嘱内容如何确定继承份额。

本案的难点有三：一是李某5位于美国，如何快捷高效地完成相关文书的送达；二是因年代久远，李某与刘某的工龄分别折抵多少房款无法查实；三是刘某交付购房款的资金来源以及凭证无法举证。

三、办案思路与进程

围绕本案的争议焦点及难点，笔者先与当事人当面详细沟通案情，询问其是否有李某5的国内联系地址、电话、微信等，此前案涉各方是否有沟通、是否达成调解方案、如果达成调解为何最后未实际履行，刘某购房时的资金来源等情况。

经过周密详尽的调查和充分沟通，为解决第一个难点问题，笔者拟订了一封律师函，将调解意愿、响应期限、拟提起诉讼等情形均写明，将律师函原件邮寄给李某5的母亲，并将律师函扫描件通过微信的方式发给李某5及其家人。律师函送达李某5后不久，笔者就接到李某5委托代理人的电话，双方就调解方案进行了几轮沟通未果。笔者随后告知李某5的委托代理人李某1将会近期向法院提起诉讼，提醒其与李某5尽快办妥相关涉外授权手续。

关于具体工龄问题，经过分析研判，李某1以遗嘱为由提出继承案涉房屋的全部份额，若李某4、李某5主张案涉房屋为夫妻共同财产并要求将工龄政策福利作为遗产分割的，具体工龄的举证责任在李某4、李某5。至于刘某购房资金来源问题，只能通过间接举证资金并非源于李某2、李某3，来推断出购房款系由刘某个人交纳。

针对第一个争议焦点问题，笔者先以“工龄”“夫妻共同财产”作为关键词进行法规检索：

1.《关于唐民悦房改房产权认定问题的复函》（建住房市函〔1999〕005号）认为，按照目前我国城镇住房制度改革的有关政策，按成本价或标准价购买公有住房以城镇职工家庭（夫妇双方）为购房主体，且每个家庭只能享受一次。本案中，唐民悦按房改政策购买住房时享受了其配偶的工龄优惠，该住房应当视为其夫妇双方共同购买。因此，我司认为，该住房应视为唐民悦与其配偶共有财产。

2. 最高人民法院在2000年2月17日发布的《关于在享受本人工龄和已死亡配偶生前工龄优惠后所购公房是否属夫妻共同财产的函的复函》（以下简称《复函》）中认为：夫妻一方死亡后，如果遗产已经继承完毕，健在一方用自己的积蓄购买的公有住房应视为个人财产，购买该房时所享受的已死亡配偶的工龄优惠只是属于一种政策性补贴，而非财产或财产权益。夫妻一方死亡后，如果遗产没有分割，应予查明购房款是夫妻双方的共同积蓄，还是配偶一方的个人所得，以此确认所购房屋是夫妻共同财产还是个人财产；如果购房款是夫妻双方的共同积蓄，所购房屋应视为夫妻共同财产。

上述《复函》于2013年4月8日被废止。

3. 北京市高级人民法院2016年发布的《关于审理婚姻纠纷案件若干疑难问题的参考意见》第31条：【成本价购买公房的分割】婚姻关系存续期间用夫妻共同财产以成本价购买的登记在一方名下的公有住房应认定为夫妻共有财产，在离婚时应综合考虑房产来源、夫妻双方工龄折扣、是否影响另一方福利分房资格等因素予以公平分割。

4. 北京市高级人民法院2018年发布的《关于审理继承纠纷案件若干疑难问题的解答》第6条：被继承人购买公房时根据工龄政策福利，使用已死亡配偶工龄折抵房款的，所获工龄政策福利能否折算后作为遗产分割？

按成本价或标准价购买公房时，依国家有关政策折算已死亡配偶一方工龄而获得政策性福利的，该政策性福利所对应财产价值的个人部分应作为已死亡配偶的遗产予以继承。

该政策性福利所对应的财产价值计算参考公式：（已死亡配偶工龄对应财产价值的个人部分÷购买公房时房屋市值）×房屋现值。

5. 江苏省高级人民法院2019年发布的《家事纠纷案件审理指南》（婚姻家庭部分）第34条：享受本人工龄和已死亡配偶生前工龄优惠后所购房改房的性质应当如何认定？

房改房是国家根据职工工龄、职务、工资、家庭人口等各种因素综合考虑后在价值计算上给予职工政策性优惠福利的房屋。此种政策性优惠福利具有人身和财产双重属性，属于财产权益。生存配偶享受本人工龄和已死亡配偶生前工龄优惠后所购房改房，是对原有承租权的承袭和转化，一般应当认定为夫妻共同财产。

通过前述法规及政策的检索，工龄优惠具有财产价值，使用已故配偶的工龄所购房产有被认定为夫妻共同财产的风险。但笔者基于对于物权取得以及夫妻共同财产的理解，自然人从出生时起到死亡时止，具有民事权利能力，依法享有民事权利，承担民事义务，夫妻共同财产需在婚姻关系存续期间取得。而刘某签订房屋买卖合同及取得诉争房屋产权之前李某已去世，虽然刘某在房改购房时使用了李某的工龄，但因李某当时已死亡，不具备民事权利能力，客观上已不具备再行取得财产的可能。司法实践中是否支持笔者所持观点呢?

随后，笔者以“工龄”“夫妻共同财产”“北京”等为关键词在中国裁判文书网进行案例检索。检索结果令笔者感到欣喜：（2021）京 02 民终 1886 号、（2019）京 02 民终 9701 号、（2019）京 02 民终 435 号、（2018）京 01 民终 8263 号等案例均支持笔者观点。为此，笔者向承办法官提交了详尽的类案检索报告。

四、案件结果与案件评析

一审判决（2021）京 0102 民初 17184 号：根据查明的证据显示诉争房屋系在李某去世后刘某购买并取得产权证，应认定为刘某的个人财产，刘某对其合法财产有权立遗嘱予以处分，该遗嘱合法有效。遗嘱的内容体现出刘某并非将诉争房屋全部留给李某 1 继承，遗嘱指定的继承人范围是李某 1、李某 4、李某 5 共计三人。遗嘱应遵循遗嘱人的真实意愿，刘某认可房屋属于其与李某的夫妻共同财产，并确认李某的份额由李某 4、李某 5 继承，其对房屋性质存在误解，但该误解并不影响其对房屋份额的处分权，且该处分意见明确，应按其本意执行遗嘱，故本院认定诉争房产由李某 1 继承该房 1/2

份额，李某4、李某5共同继承该房1/2份额。本案判决后，双方均服判未上诉。

本案承办法官严格按照《民法典》第13条“自然人从出生时起到死亡时止，具有民事权利能力，依法享有民事权利，承担民事义务”以及第1062条“夫妻在婚姻关系存续期间所得的下列财产，为夫妻的共同财产，归夫妻共同所有：（一）工资、奖金、劳务报酬；（二）生产、经营、投资的收益；（三）知识产权的收益；（四）继承或者受赠的财产，但是本法第一千零六十三条第三项规定的除外；（五）其他应当归共同所有的财产。夫妻对共同财产，有平等的处理权”确定诉争房产的性质为刘某个人财产，同时亦根据刘某的遗嘱真实意愿确定继承份额，于法有据、于情有理，令本案争议各方均服判息诉。

同时，本案也提醒各位读者朋友，遗嘱形式一定需严格遵循《民法典》的相关规定，遗嘱内容需清楚明确且仅能处分个人合法财产，否则遗嘱将有无效的法律风险：

1. 自书遗嘱由遗嘱人亲笔书写，签名，注明年、月、日。

2. 代书遗嘱应当有两个以上见证人在场见证，由其中一人代书，并由遗嘱人、代书人和其他见证人签名，注明年、月、日。

3. 打印遗嘱应当有两个以上见证人在场见证，遗嘱人和见证人应当在遗嘱每一页签名，注明年、月、日。

4. 以录音录像形式立的遗嘱，应当有两个以上见证人在场见证。遗嘱人和见证人应当在录音录像中记录其姓名或者肖像，以及年、月、日。

5. 遗嘱人在危急情况下，可以立口头遗嘱，口头遗嘱应当有两个以上见证人在场见证。危急情况消除后，遗嘱人能够以书面或者录音录像形式立遗嘱的，所立的口头遗嘱无效。

“打印遗嘱”无效继承纠纷胜诉案

张　涛

一、基本案情

（一）案情概述

刘某1与赵某共生育3名子女，分别为刘某2、刘某3、刘某4。刘某5系刘某2之子。赵某于2000年10月16日死亡，未留下遗嘱，刘某1于2014年3月14日死亡，其名下登记有北京市海淀区×号房屋，该房屋原为北京某大学公房，2001年12月18日，刘某1与北京某大学签订公有房屋买卖契约，享受教师优惠折扣后，以成本价购买了×号房屋。

刘某1去世后，刘某2将×号房屋出租，自房屋开始出租至2021年2月28日期间，取得房租共计500,000元。

由于刘某4表示自愿放弃对×号房屋的继承权，刘某3起诉到人民法院，要求与刘某2共同继承该房屋，并依法分割房租收益。但刘某2辩称：一方面，刘某1购置×号房屋的钱款，实际由刘某2用国库券、定期存款、刘某5的压岁钱等支付，全家商议该房屋购买后由刘某5继承；另一方面，2001年12月18日，刘某1在大学的校内打印店，通过他本人口述并请打印店的员工打字，由刘某1本人签字的方式留下了一份标记为《公证材料》的文件，内容为：“×号房屋由刘某2出资14万元购买，由孙子刘某5继承，经全家人讨论，一致同意上述内容，待领取房产证后再办理正式公证手续。”并认为这份材料即为刘某1的自书遗嘱。

双方就刘某1是否留下遗嘱、《公证材料》效力等问题争执不下，刘某3遂委托东卫律师事务所代理此案，东卫律师事务所指派张涛律师具体代理。

（二）本案亮点

1. 家事案件举证难题

本案是典型的家事案件，纠纷发生于亲密的家庭成员之间。这类案件的显著特点在于，家庭成员基于对彼此的信任，即使是关于重大财产的决定也未落在书面上，只是口头有过商议。这就使诉讼中的举证十分困难，例如，本案中刘某2声称自己出资购买房屋登记于刘某1名下，实际是在借名买房；全家对于×号房屋的继承有过商议，一致同意由刘某5继承，但这些主张并无完整的证据链加以证明。

基于家事案件的这一特点，律师在代理时更加应当着眼于事实的细节，例如，可以询问对方当事人“遗嘱是在哪个打印店制作完成的”“打印店工作人员能否作证”等问题，挖掘出对方当事人所述事情经过的逻辑漏洞，从而否定对方陈述的真实性。

2. 遗嘱形式特殊

本案中，严格来说，刘某1并未留下遗嘱，只有一份打印的《公证材料》载有“×号房屋由刘某5继承”的信息。那么，这个在刘某1购买案涉房屋之时生成的《公证材料》，能否被定性为遗嘱呢？如果能，该遗嘱又是否有效呢？这就涉及打印遗嘱的法律要件问题。

打印遗嘱，是指遗嘱的内容由打印机等机器设备打印而成的遗嘱，近年来，司法实践中出现了以打印的方式立遗嘱的情况，由于《继承法》没有对打印遗嘱作出规定，对打印遗嘱的效力产生了一些争议，直至《民法典》第一次将打印遗嘱列为一种新的遗嘱形式。这是符合信息技术发展规律的立法动向，对案件有重要的影响。

同时，《公证材料》是不同于一般打印遗嘱的特殊形式，它包含了丰富的信息，不仅作为遗嘱存在，对继承进行处理，还包括了对出资主体的确认，若《公证材料》作为遗嘱的内容无效，其他内容是否同样无效呢？

3. 亲情与公平正义之间的平衡

本案纠纷发生于刘某3与刘某2之间，二人虽为亲属，但人生境遇以及所持资源大不相同。刘某2倚仗其较高的社会地位和经济水平，不曾给予刘某3一丝一毫该有的尊重，霸占了全部房屋后，向刘某3表示“既然你来要，那我可以出于人道/同情给你一部分钱”。而刘某3则认为，如果法院裁判×号房屋中有她应得的份额，那么她要得心安理得，不存在“人道/同情”的成分；如果法院查明事实后依法裁判×号房屋均由刘某5继承，她也坦然接受这样的结果。

这充分说明，许多案件中，当事人起诉并非纯粹为了金钱利益，更多更深层次的原因往往是为了获得公平公正的对待，为了在法律的层面上让自己的人格得到尊重。代理律师只有深刻了解这一底层原因，才能够更充分、更精准地理解客户需求，与客户在情感上共鸣、共振。

也正因此案中蕴含公平正义的价值追求，张涛律师团队为刘某3依法维护合法权益的决心越发坚定。

二、案件焦点

案涉《公证材料》文件是否为遗嘱？该遗嘱的效力如何？

三、办案思路与进程

在承接此案之后，张涛律师及其专业团队立即全力投入，对案件的所有事实细节、核心证据等进行了系统性、全面性的梳理，推演、归纳出案件的争议焦点以及后续诉讼可能的演进情形，并拟订出详细的应对预案和诉讼策略。

但办案中遇到的第一个困难就是，刘某2声称自己持有刘某1的遗嘱，却不向刘某3及张涛律师团队出示，只以此为由威吓、逼迫刘某3与其调解。张涛律师根据经验判断，刘某2应确实持有与遗产继承相关的材料，但如果该材料完全没有问题或瑕疵且有十足的法定证明力，想必刘某2也不会如此急切且大费周章地想要调解结案。于是，张涛律师安抚刘某3的情绪，充分向其言明利弊，在刘某3知晓了诉讼风险仍想要起诉的情况下，开展了深入、充分且扎实的的代理工作，最终通过谨慎的推进（没有拒绝调解且积极推进磋商和解），耐心的周旋（边调解边推进诉讼进程，申请法庭开具律师调查令同时协调法官尽快排期开庭），最终在诉讼中发现刘某2提交的“遗嘱”存在的多个漏洞。

首先，开庭前，刘某2哄骗刘某4在上面签名，伪造出有两名见证人的假象，不符合见证人“在场”的遗嘱生效要件；其次，该《公证材料》的内容是“房屋由孙子刘某5继承”，这属于遗赠，而遗赠有比一般继承更严格的生效要件，要求受遗赠人在一定期限内作出接受或者放弃受遗赠的表示，然而刘某5并无此意思表示和具体行为。

此前，张涛律师团队已有针对性地调研、梳理了与打印遗嘱相关的法律法规、过往类案，庭审时，提交了反复打磨出的代理论证意见。主要内容如下：

（一）刘某2提交的《公证材料》为无效遗嘱

1. 刘某2提供的《公证材料》最多为字据而非遗嘱

刘某2提供的《公证材料》名称即公证材料，而非遗嘱。其第一段的内容为“爷爷刘某1与奶奶赵某临终前曾商定如下……”，根据我方提供的海淀派出所出具的证明信及公有房屋买卖契约可知，赵某于2000年10月16日去世，涉案房屋的《公有房屋买卖契约》签订于2001年12月18日，刘某1与赵某在尚未购买涉案房屋时即便有商定出资、使用、继承的事宜，也仅为其二人阶段性曾经的意思表示，不等于最终意思表示和行为，且当时该房屋尚未购置，二人并无处分权。

该《公证材料》第二段内容为“经全家人讨论，一致同意上述内容，待领取房产证后再办理正式公证手续”并不属实（下文详述），据其内容及形式可知该证据最多为字据而非遗嘱。

2. 刘某2提供的《公证材料》非刘某1最终认可的意思表示

该《公证材料》第二段内容为“经全家人讨论，一致同意上述内容，待领取房产证后再办理正式公证手续”，根据原告刘某2方提供的《北京市房屋产权登记申请书》可知，涉案房屋的房产证发证日期为2002年6月27日，刘某1于2014年6月20日去世，直至刘某1去世该材料也未作公证，说明刘某1最终并未认可并落实该材料的意思表示。

3. 该《公证材料》的形成不符合打印遗嘱的法定要件

根据《公证材料》中“爷爷刘某1”“奶奶赵某”“儿子刘某2”“孙子刘某5”等称呼可知，该材料的叙述并非刘某1的口吻，故难以将该《公证材料》解释为刘某1的真实意思表示。

同时，根据《民法典》第1136条规定：“打印遗嘱应当有两个以上见证人在场见证。遗嘱人和见证人应当在遗嘱每一页签名，注明年、月、日。”2020年11月24日，刘某2在本案庭审中的陈述为“《公证材料》是刘某1自己单独去打印店向店员口述并由店员敲打、打印”。但《公证材料》中并无打印店员工的签名，打印店员工也并未在《公证材料》上手写注明年月日，这不合常理。

而刘某2、刘某4不具有见证人资格，虽然他们在《公证材料》上签了名，该《公证材料》仍不符合打印遗嘱应当有两个以上见证人在场见证的条件。一方面，刘某1口述《公证材料》时，刘某2、刘某4并未在其身边，事实上，在与刘某4核实时，法庭亦发现，该刘某4、刘某2在公证材料上的签字实为2020年11月20日开庭前二人补签的；另一方面，《公证材料》中表示“该房产由孙子刘某5继承”，而刘某2、刘某4为刘某5的父亲和姑姑，因此二人都与刘某5有利害关系，不符合《民法典》第1140条与继承人、受遗赠人有利害关系的人不能作为遗嘱见证人的相关规定。

综上，该《公证材料》的形成不符合打印遗嘱的法定要件。

4. 刘某5并未向刘某2、刘某4等家人面前披露、出示过该《公证材料》，也并没有作出接受该“遗赠”的意思表示

《公证材料》中表示“该房产由孙子刘某5继承”，根据《民法典》第

1127 条的规定，遗产按照下列顺序继承：第一顺序：配偶、子女、父母。第二顺序：兄弟姐妹、祖父母、外祖父母，刘某 5 并非其法定继承人，故该“遗嘱”的内容实际上为“遗赠”。

从庭审查明的事实看，刘某 5 早在刘某 1 去世前已知该“遗赠”，而刘某 5 从未在刘某 2、刘某 4 等家人面前披露和出示过该证据材料（直至本案纠纷发生第一次开庭前刘某 5 才展示给刘某 4 看），更没有在刘某 1 去世后法定的两个月内期限内表示或主张过接受该“遗赠”。根据《民法典》第 1124 条第 2 款“受遗赠人应当在知道受遗赠后六十日内，作出接受或者放弃受遗赠的表示；到期没有表示的，视为放弃受遗赠”之规定，该“遗赠”无效。

综上可知，刘某 2 提供的《公证材料》非遗嘱，即便认定为遗嘱，亦为无效遗嘱。

四、案件结果与案件评析

（一）案件结果

经过艰辛、专业、严谨、扎实、尽责的代理，张涛律师的意见最终获得法院的支持，法院的判决在说理部分指出：“《公证材料》虽属于遗嘱性质，但不符合自书、代书或打印遗嘱的形式要件，该遗嘱应属无效。刘某 1 的遗产应当按照法定继承办理。”

至于《公证材料》中不属于遗嘱继承的部分，例如对“刘某 2 出全资购置了 X 号房屋”内容的确认，无须达到打印遗嘱的严格证明程度，即不需要“两个以上见证人在场见证，遗嘱人和见证人在遗嘱每一页签名，注明年、月、日”。刘某 1 在《公证材料》上签字，应视为其对材料内容予以确认，出资者实为刘某 2。

（二）案件评析

《民法典》对于打印遗嘱的形式要件作出明确的规定，但这些要件存在瑕疵并不当然导致遗嘱无效，因为形式要件只是用于识别“遗嘱是否为立遗嘱人真实意思表示”的标准，真正影响遗嘱效力的因素还是意思表示的真实性。在此简要列举以下裁判规则，以供参考：

1. 若是立遗嘱人、见证人的签字或日期存在瑕疵，例如某一页上未签名、某一页未注明年、月、日，此时需要审查遗嘱前后页的语言表达是否通顺、是否存在矛盾、遗嘱内容是否与见证人陈述相互印证，从而对遗嘱的真实性、有效性进行裁量。但若是签字或日期大范围缺失，则遗嘱因不符合法定的形式要件而归于无效。

2. 见证人应全程参与订立遗嘱的过程，见证遗嘱的全套制作程序。若见证人是在遗嘱打印好后，核实内容再签字，未亲历遗嘱的形成过程，则遗嘱内容的证明力被削弱，大概率被认定为无效。但经过综合审查，如遗嘱足以反映立遗嘱人的真实意愿，仍不排除认定为合法有效的可能性。

3. 捺印不等于签字，可以通过录音录像补强。即使立遗嘱人因文化水平限制和当时身体原因无法书写自己名字，仅能通过按指模来表达自己的意愿，其亦可通过法定的录音录像遗嘱方式订立遗嘱，以保障其遗嘱权利得到法律的确认和保护，录音录像不仅要显示出立遗嘱人捺印的过程，还要显示出见证人在立遗嘱人捺印前向其宣读遗嘱的过程。

部级“央产房”遗嘱继承纠纷胜诉案

张　涛

一、基本案情

（一）案情概述

白某5与李某共生育4名子女，分别为白某1、白某2、白某3、白某6。白某4系白某6之子。

白某5生前系M工业部离休干部，享受副部级住房待遇。经单位分配，白某5承租了北京市朝阳区×号房屋。白某5去世后，1998年12月30日，李某与国家M工业局（M工业部）签订房屋买卖契约，之后，李某使用白某5工龄优惠，按成本价购买了北京市朝阳区×号房屋。2000年8月1日，李某取得该房屋的所有权证，产权登记在李某名下。

2004年8月2日，李某在北京市东城区公证处立公证遗嘱，遗嘱内容为：“根据京房权证朝私成字第×号房产所有权证，座落在北京市朝阳区的×号房屋属于我个人所有；在我去世后，将此房产留给长子白某1继承。”

李某去世后，白某1据此主张按该遗嘱继承上述房屋，但白某2、白某3、白某4均认为案涉房屋系成本价购买的部级干部住房，蓝岛大厦央产房交易大厅查询不到该房屋的任何信息，不能继承过户，且均主张李某购房时享受了白某5的工龄优惠和作为部级干部的住房补贴，使用了夫妻共同积蓄，故该房屋为夫妻共同财产。李某在遗嘱中处分了白某5的份额，故该部分遗嘱无效。双方争执不下，因而成诉。

白某1委托东卫律师事务所代理本案，东卫律师事务所指派在房地产领域经验丰富的张涛律师具体代理。

（二）本案亮点

1. 央产房不同于商品房，政策性较强

本案中，李某使用已故配偶白某5的工龄优惠购买了央产房，若认定该房屋为夫妻共同财产，则李某无权在遗嘱中对白某5的产权份额作出处分，若认定该房屋仅为李某一人所有，则“房屋由白某1继承”的遗嘱内容合法有效。故案涉央产房的权属问题成为案件的第一个关键问题。

所谓央产房，即中央在京单位已购公房，是以原产权归属中央在京单位的住房，职工按房改成本价或标准价购买或用于解决中央和国家机关无房和住房困难职工基本住房需求的中央在京单位建设的安居工程住房和集资合建住房。房改购买该类房屋，既有身份的要求，又与职级、工龄等高度相关。一方使用已故配偶工龄优惠购买的央产房归该购房方个人所有，还是夫妻共同所有，曾是一个非常有争议的话题。

若仅从法律层面考虑，职工或职工的配偶获取产权的过程中，作出贡献的人，既包括提供了工龄优惠的职工，又包括实际支付成本价房款的出资人，那么房屋权利人应为提供工龄优惠的职工及其配偶。

然而，央产房本身是政策的产物，其所有权归属也需要严格考察住房制度改革的初衷、意图、导向。最高人民法院曾作出《关于在享受本人工龄和已死亡配偶生前工龄优惠后所购公房是否属夫妻共同财产的函的复函》（已失效），指出“夫妻一方死亡后，如果遗产已经继承完毕，健在一方用自己的积蓄购买的公有住房应视为个人财产，购买该房时所享受的已死亡配偶的工龄优惠只是属于一种政策性补贴，而非财产或财产权益。夫妻一方死亡后，如果遗产没有分割，应予查明购房款是夫妻双方的共同积蓄，还是配偶一方的个人所得，以此确认所购房屋是夫妻共同财产还是个人财产；如果购房款是夫妻双方的共同积蓄，所购房屋应视为夫妻共同财产”。这一复函将工龄优惠定性为政策性补贴，而非财产或财产权益，那么，在确认房屋产权时，无须考虑职工工龄优惠对购房作出的贡献，只需要考虑成本价的房款由谁支付即可。

上述复函已于2013年4月8日失效，房改房政策下央产房的权属该如何认定？这是本案的第一个焦点问题。

2. 部级干部住房的继承实操较困难

案涉房屋不仅为央产房，还是副部级干部住房。国务院机关事务管理局、直属机关事务管理局《关于贯彻落实〈在京中央和国家机关部级干部住房制度改革实施意见〉有关问题的通知》第7条规定，“部级干部购买的专为部级干部建设，购买的住房和普通住宅楼房，以及已故领导干部配偶按部级干部标准购买的住房，暂不得上市交易”。

本案中，一审法院向在京中央机关和国家机关住房交易中心核实，北京市朝阳区×号房屋未建立住房档案，无法上市交易，这意味着×号房屋不能办理过户登记手续，即使李某的遗嘱合法有效，白某1享有继承权，也难以诉请将案涉房屋继承过户至他名下。法院一般认为，判决继承过户存在实际操作上的障碍，于是往往模糊地称“现行政策对此种房屋所有权的处分权能存在严格限制，如判决继承则将发生此类住房所有权变动的法律效力，该结果与现行政策相悖，因此，暂不宜支持诉讼请求”“应待相关政策出台后，再依照遗嘱进行分割处分”。

这种情况下，律师需要为白某1找到一条可行的路径，既符合“暂不得上市交易”的政策需求，又使白某1的排他性继承权得以实现。这十分考验律师对于诉请的精准把握。

二、案件焦点

使用已故配偶工龄优惠购买的承租公房是一方个人财产，还是夫妻共同财产？副部级央产房是否可继承、过户？

三、办案思路与进程

需要特别说明的是，笔者是在此案已历时3年半诉讼、庭审毫无实质进展的情况下被白某1委托聘请介入的。接手本案后，笔者及团队全面梳理了案情、证据和争议焦点，进行了详尽而深入的调研工作，不仅涵盖了央产房的特定政策法规，还系统、广泛研究了公有住房相关的法律法规体系及过往典型案例，以确保对案件背景的全面把握与精准分析，最终独辟蹊径地提出了仅诉请“继承”而不要求“过户”，并反复打磨出代理论证意见。主要内容如下：

（一）对方主张在白某5去世后才形成的涉案房屋属于白某5与李某的夫妻共同财产是缺乏法律、法规依据的

白某5生前，涉案房屋系其承租的公有住房，白某5对涉案房屋享有承租的权利，但从未取得过涉案房屋的产权，直至白某5去世时，涉案房屋的性质仍然是承租的公有住房。白某5去世后，其承租人的身份已经消灭，其不再是涉案房屋的承租人，涉案房屋的承租人变更为李某，且由李某实际居住。

在白某5去世两年后，李某通过自己的意思表示，作出买卖合同这一民事法律行为，取得涉案房屋的所有权；且售房单位对涉案房屋出售的对象是具有特定性的，出售行为仅针对李某一人，并非面向白某1等全部继承人，故对方主张在白某5去世后才形成的涉案房屋属于白某5与李某的夫妻共同财产，是缺乏法律、法规依据的。

另外，无论是使用已故配偶的工龄优惠还是购房面积考虑了已故配偶的职级因素，在法律上均无法直接等同于为已故配偶创设房屋所有权。最高人民法院《关于在享受本人工龄和已死亡配偶生前工龄优惠后所购公房是否属夫妻共同财产的函的复函》［（2000）法民字第4号］虽然于2013年4月8日因与现行房改政策不一致被废止，但最高人民法院目前尚未出具新的规定，李某购买承租公房的行为、取得房产证的行为，办理继承遗嘱公证的行为，包括李某死亡均发生在（2000）法民字第4号文有效期间，故该复函应当适用，该规定可以作为判断本案诉争房屋是否属于白某5与李某夫妻共同财产的依据。

因此，涉案房屋系李某个人财产，非夫妻共同财产，李某有权自行遗嘱处置。

（二）涉案房屋虽属部级干部央产房，但法律并不禁止子女继承

1996年8月9日，部级干部白某5去世。2000年8月，白某5配偶李某以其名义购买涉案房屋并取得涉案房屋房产证。2011年5月8日，李某去世。

根据国务院机关事务管理局、直属机关事务管理局《关于贯彻落实〈在京中央和国家机关部级干部住房制度改革实施意见〉有关问题的通知》（厅字［2000］4号）第16条的规定："已故部级干部配偶，可以依照本意见承租或购买一套不超出已故部级干部面积标准的现住房。"根据国务院机关事务管理局《部级干部政策解答》第74问："已故部级干部的子女能否购买住房？答：在京中央国家机关部级干部夫妇在厅字［2000］4号文出台之后去世，现住房不符合出售条件的，可与子女协商，配套一套可售部级干部住房，以部级干部夫妇的名义购买，再由子女按规定继承；部级干部在厅字［2000］4号文出台之前去世，其配偶在此之后去世的，以其配偶的名义购买现部级干部住房，再由子女按规定继承；部级干部及其配偶均已去世，子女不能购买。"

因此，部级干部白某5在厅字［2000］4号文出台之前去世，其配偶李某在此之后去世，部级干部白某5配偶李某以其名义购买现部级干部住房，李某长子白某1有权按公证遗嘱内容继承涉案房屋。

至于案涉房屋"暂不得上市交易"的问题，由于"继承"不等于"继承过户"，笔者代理白某1在诉讼中仅主张继承案涉房屋，而不要求办理过户登记手续，该诉请应该被支持。

四、案件结果与案件评析

（一）案件结果

经过艰辛的专业、严谨、扎实、尽责的代理，张涛律师的意见获得了一

审、二审法院判决的全面支持。二审法官在询问诉请问题时，对笔者的深度思考和诉讼设计表示赞赏，二审判决书在说理部分特别指出："白某5的工龄优惠系政策性补贴，不影响案涉房屋所有权的性质；考虑到案涉房屋的特殊性质，一审法院认定该房屋由白某1继承而非继承过户，并无不当。"

（二）案件评析

本案诉争房产涉及部级（副）干部央产房的继承、房改享受已故配偶工龄优惠购房、被废止法律文件的有效性等众多问题，与政策、历史遗留问题息息相关，在房产纠纷中具有代表性。

律师在本案中是通过以"继承"替代"继承过户"的方式提出诉讼请求，最终获得法院支持，该案一审、二审发生在2014~2017年。需要提请注意的是，这一以"继承"替代"继承过户"的诉请主张仍存在一定的诉讼风险。例如，在北京市西城区人民法院作出的（2021）京0102民初24342号民事裁定中，当事人称"继承和办理房屋所有权过户是不同的，在办理完毕继承后，其可暂时不去办理所有权过户手续"，但法院不予认可，因为"根据《中华人民共和国物权法》第二十八条规定，因人民法院、仲裁委员会的法律文书或者人民政府的征收决定等，导致物权设立、变更、转让或者消灭的，自法律文书或者人民政府的征收决定等生效时发生效力。若人民法院判决诉争房屋由继承人继承，待判决生效时就会发生物权变动的法律效果，该结果与现行政策相悖"。

因此，律师在确定诉讼请求时应当充分预判风险，准备好第二甚至第三备选方案。笔者团队在结案后亦未停止对这一问题的探索，现总结、提炼出了其他实现继承权的途径，供参考：

1. 对于"暂不得上市交易"的房屋，继承权人可以诉请处理房屋的居住使用权利，若无其他继承人，当事人甚至可以对房屋享有排他性居住使用权，待满足过户条件后再由其继承过户。

2. 对于"暂不得上市交易"的房屋，继承权人可以诉请确认房屋的产权份额。因受政策规定所限，实践中有的法院仅判决各继承人所持有的产权份额，暂不处理继承问题，待具备处分条件时再行解决产权继承事宜。

总体来看，无论是何种路径，均存在被驳回诉请的风险，这是因为部级干部央产房的继承问题在司法实务中尚无成熟的解决方案，前路有待探索。这也对律师专业性和行业政策敏感性提出了极高的要求，在处理相关案件时应当实事求是，精研法律，吃透政策，全面掌握类案裁判标准，充分识别、研判各方案风险，择优并最大限度地维护当事人的合法权益。

法律援助篇

潘某三次被诉离婚法律援助案

秦根才

一、基本案情

潘某（女）与王某（任职全国某一流互联网公司 OMG 事业部全国行业销售总监）经自由恋爱，于 2007 年 2 月 14 日在民政部门登记结婚。2008 年 3 月 28 日及 2011 年 8 月 23 日分别生育长女王某 1 和次女王某 2。婚后，潘某为了家庭放弃北京某高校在编教师的工作机会，成为全职太太。不幸的是，潘某偶然发现了王某与异性原同事海外拼住旅游四天三夜的旅游合同。潘某认为王某出轨，双方产生矛盾，婚姻出现危机。随后，王某不仅连续三次起诉和一次上诉要求离婚，拒绝抚养两个女儿，甚至为表离婚决心，竟以不再提供两女儿抚养费为要挟。为此，潘某不得不到某私立学校临时代课，微薄的薪资仅能解决潘某母女三人的温饱问题，一旦孩子们偶受风寒感冒等就不得不举债度日。2014 年 10 月和 2015 年 9 月王某起诉至某区人民法院，由于潘某在二次诉讼中均坚持不同意离婚，法院驳回了王某的两次起诉。驳回起诉后，夫妻双方感情并没有得到改善，双方仍然处于分居状态。2016 年 12 月 7 日王某第三次提起离婚诉讼。潘某的遭遇引起北京市妇联的重视，向其推荐了北京市东卫妇女法律援助中心，该中心指派律师接待并协助其先后四次申请了法律援助，并通过代理诉讼，依法维护了潘某及其子女的合法权益。

二、案件焦点

在接待潘某咨询的过程中，听完潘某的案件情况介绍并查看了潘某提供的判决书等资料，笔者认为本案审理的主要争议焦点将可能涉及婚后夫妻共有财产分配、共同债务分割、子女抚养权、经济帮助和精神损害赔偿问题。

三、办案思路与进程

在潘某第三次被诉离婚的应诉中，笔者和潘某商定鉴于双方分居不是过长，尤其会考虑到两个女儿需要完整父爱，不同意离婚，但需要及时进行双方共有财产及为抚养子女的共同债务调查，以防法院判决离婚分不到应有财产的应诉策略。为此，笔者到北京市公安局公安交通管理局及其东城交通支队车辆管理所查询后，获知王某名下有价值近人民币 45 万元的奔驰牌 GLK SUV 轿车一辆。笔者围绕争议可能焦点，重点对以下内容进行了分析应对：

（一）争议焦点分析

1. 夫妻共有财产

离婚时，王某有隐藏、转移夫妻共同财产的行为，分割夫妻共同财产时，依法应当少分或不分。依据《婚姻法》第 47 条第 1 款之规定，“离婚时，一方隐藏、转移、变卖、毁损夫妻共同财产，或伪造债务企图侵占另一方财产的，分割夫妻共同财产时，对隐藏、转移、变卖、毁损夫妻共同财产或伪造债务的一方，可以少分或不分”。王某在起诉离婚前向其父亲转移公积金 15,823.24 元，在离婚纠纷处理中向张某某转款共计 1,453,282 元，是隐藏、转移夫妻共同财产的行为，依法应当在分割夫妻共同财产时少分或不分。另根据《婚姻法》第 47 条第 2 款，人民法院对前款规定的妨害民事诉讼的行为，依照民事诉讼法的规定予以制裁，以及《民事诉讼法》第 111 条第 1 款第 1 项，诉讼参与人或者其他人有伪造、毁灭重要证据的，妨碍人民法院审理案件的，人民法院可以根据情节轻重予以罚款、拘留，构成犯罪的，依法追究刑事责任。王某隐瞒、转移夫妻共同财产导致证明夫妻共同财产数额的重要证据被毁灭，法院依法应当对王某的违法行为予以制裁。

离婚时，法院应当照顾子女和女方权益，另外也应当照顾无过错方对夫妻共同财产作出分割。依据《婚姻法》第 39 条第 1 款之规定，“离婚时，夫妻的共同财产由双方协议处理；协议不成时，由人民法院根据财产的具体情况，照顾子女和女方权益的原则判决”。最高人民法院在《关于人民法院审理离婚案件处理财产分割问题的若干具体意见》中规定，在离婚分割财产时应当照顾无过错方。原审判决第二项中两子女由潘某抚养，且王某有婚内出轨第三者的过错，依法应当在分割夫妻共同财产时照顾子女和无过错的女方的权益。

2. 共同债务

潘某离婚前后生活困难，为抚养两个女儿欠下共同债务。依据《婚姻法》第 41 条之规定，“离婚时，原为夫妻共同生活所负的债务，应当共同偿还”。潘某因为结婚生育，为了支持王某工作，辞去有编制工资较高的工作，成为全职太太。王某为了达到离婚的目的拒不提供潘某母女三人的生活费，迫不得已才临时代课，休息没有工资，没有其他福利和待遇，仅能维持基本生存。潘某为抚养两个女儿欠下夫妻共同债务已达 27 万元。这部分抚养孩子所致夫妻共同债务依法应当由王某和潘某共同承担。

3. 经济帮助

离婚时潘某无固定收入来源且负担巨额债务，生活困难，王某应当给予帮助。依据《婚姻法》第 42 条之规定，“离婚时，如一方生活困难，另一方应从其住房等个人财产中给予适当帮助”。潘某是全职太太，在北京某小学仅是临时代课老师，代课的原因也是王某为了达到离婚的目的拒不提供生活费，潘某不得已重操旧业临时替人代课，休息日没有工资，没有其他福利和待遇。其收入仅能维持他们基本生存。被诉离婚维权只好求助于法律援助。王某月薪在 28,000 元以上，潘某仅有不稳定的每月 3000 元临时工资，双方实际收入差异很大，王某依法应当对生活困难的潘某给予经济帮助。

4. 子女抚养权

对于子女抚养权的归属问题，应以有利于子女成长为原则，避免不幸的婚姻对子女成长造成更大的伤害。首先，王某并无北京户口，如果跟随王某，还要去外地读书，更脱离了长期相守的外婆和母亲。其次，一直以来潘某与两个懂事的女儿相依为命、相互鼓励，是彼此的精神依托和全部的希望。两个孩子感情很好，谁也离不开谁。如果将两个孩子分开，无疑是不利于她们成长的。

5. 精神损害赔偿

王某与张某某的不正当男女关系直接导致了潘某与王某离婚的结果，王某作为过错方应当向潘某承担损害赔偿责任。依据《婚姻法》第 4 条之规定，“夫妻应当互相忠实，互相尊重；家庭成员间应当敬老爱幼，互相帮助，维护平等、和睦、文明的婚姻家庭关系”。婚姻应当以感情为基础，夫妻之间应当互相忠实，互相尊重，以维护平等、和睦、文明的婚姻家庭关系。维护夫妻之间的相互忠诚，不仅是道德义务，更是法律义务。王某与张某某存在不正当男女关系，是对婚姻的不忠实，是难以容忍的不诚信，它不仅破坏了夫妻关系，拆散了家庭，也伤及无辜的子女，而且败坏了社会风气，是法律所禁止的行为。潘某作为无过错方，有权获得精神损害赔偿。

（二）诉讼过程

第三次起诉一审法院判决：准予双方离婚，双方各抚养一个子女。潘某表示坚决上诉，同时因为经济困难，希望能够继续获得笔者的法律援助。为此，笔者及时协助潘某向东卫妇女法律援助中心二次申请了法律援助。

笔者在上诉过程中重点强调潘某为婚姻和家庭成为全职太太，仅以临时代课老师职业每月获取的 3000 元左右（不上课没有报酬）的不固定的代课费维持母女三人生计，母女长期生活在一起感情深厚。而王某是全国知名网络公司 OMG 事业部全国行业销售总监的高管，有高收入，但不履行抚养照看子女的法定义务的实际情况，书面详细阐述了一审法院对于子女抚养不应该不征求子女意见，没有考虑共同共有财产及债务的调查和审判等代理意见。为此，第三次起诉后二审法院撤销原判，发回重审。

在发回重审一审的过程中，笔者第三次协助潘某申请了法律援助。庭审过程中，重审一审法院征求了两个子女对抚养问题的意见，双方就王某的工资收入、公积金进行了激烈的博弈。男方先是延长了收入较低单位的工作时间，并向法庭提交了工资流水，后是伪造工资流水，为此，笔者首先是对王某在新单位开始工作时间的证据进行证据保全公证，其次是三次申请法院调查令分别到收入较低的原单位核实，再次到相关银行核实，最后申请法院直接到王某的工资开户行调取。

经过据理力争并充分举证，重审一审法院判决双方离婚，潘某抚养两个子女，王某每月向潘某支付人民币15,000元抚养费；就双方共有财产中的车辆和公积金判决王某支付给潘某差价约人民币25万元。潘某对笔者代理的法院判决结果满意，但王某对此不服，又一次提出上诉。本案重审二审过程中，笔者第四次协助潘某申请了法律援助。这次庭审中，潘某紧紧抓住王某伪造工资流水不放，考虑到子女需要父爱，良好的后续关系对子女成长有利，经过笔者的释法讲理和充分举证，并积极配合法院促成双方和解。

四、案件结果与案件评析

家庭是生活的港湾。每个人在享受这份宁静的同时，更应该为它的长久发展担负起陪伴、经济、家务劳动、养育子女和社会生活等方面的责任。在潘某与王某离婚诉讼纠纷案例中，潘某就遭遇了丈夫婚内出轨，后三次被诉离婚，其在北京东卫妇女法律援助中心和笔者的法律援助下，在离婚诉讼纠纷中充分利用法律手段维护了自身合法权益，不仅在王某瞒报个人收入、转移财产的情况下通过举证使共同财产合理分割，而且顺利争取到两子女的抚养权。最终在律师的积极协调下达成了和解协议，王某在一审判决基础上另行一次性向潘某支付子女抚养费人民币40万元。

自立是自信和自尊的基础。虽然离婚和结婚一样自由，但婚姻关系的稳定是家庭和睦的前提，维持婚姻和家庭的和谐稳定是夫妻双方的义务。工作是女方自立的保障，建议女性不要轻易放弃工作，成为全职太太。因为经济条件的差异也会暗伏危机。当然，家庭的幸福首先建立在双方心血的付出和双方奉献基础之上，在家庭上付出更多的女性理应得到家庭的尊重。愿夫妻双方彼此忠实，互相理解、关爱和帮助，共同撑起温馨家庭的“保护伞”！

像潘某这样的离婚诉讼的当事人有很多，她们需要律师服务，但又因经济困难，无力承担律师服务费。国家的法律援助制度在很大程度上解了她们的燃眉之急。本案的特殊性还在于，虽然多次被诉离婚，但是同一律师多次提供法律援助，最终达成当事人和解的满意效果，达到了社会效果和法律效果的统一。

护士王某讨要加班工资等劳动争议案

秦根才

一、基本案情

农业户口的王某在某医学中等专业学校护理专业毕业后，通过全国护理学（士）专业技术资格考试，被授予初级（士）专业技术资格证书。后在北京某医院注册执业。2007 年 10 月王某发现某医院招聘护士广告后，就与某医院的工作人员联系面试，面试时某医院工作人员告诉王某，第一个月工资 1800 元，每月 300 元饭补，以后不定时涨工资。王某经面试考核合格，29 日被安排到某医院某中心手术室上班，从事护士工作，被要求周六、周日、法定节假日上班。2008 年 7 月王某被任命为护士小组组长，每月加发 100 元岗位补助。2009 年 6 月 30 日，某医院为王某办结变更执业注册，但一直没有通知王某签订劳动合同，更没有办理社会保险手续，没有缴纳社会保险费，没有参加社会保险统筹。10 月 29 日，王某短信通知某医院该中心负责人打算辞职。2011 年 1 月正式辞职不再上班。2011 年 7 月 27 日向北京丰台区劳动争议仲裁委员会申请仲裁：（1）请求确认双方于 2007 年 10 月至 2011 年 1 月期间存在劳动关系；（2）支付 2007 年 10 月至 2011 年 1 月休息日、法定节假日加班工资 83,460 元；（3）支付未缴纳社会保险补偿 24,000 元等。2013 年 5 月 6 日，该仲裁委作出裁决：（1）2007 年 10 月 25 日至 2010 年 11 月 29 日双方事实存在劳动关系；（2）该医院支付 2007 年 10 月至 2010 年 11 月养老保险补偿 4787.30 元、失业保险补偿 936 元；（3）驳回加班工资等仲裁请求。2013 年 5 月 16 日，王某委托笔者代理起诉。

二、案件焦点

在接待王某咨询的过程中，听完王某的情况介绍并查看了王某提供的仲裁裁决书等资料，笔者认为本案争议的主要焦点很可能集中在王某请求发放加班工资的事实和证据上。

三、办案思路与进程

（一）第一次开庭

立案前，笔者根据预测的争议焦点，指导并协助王某收集了毕业证书、师（士）资格证、执业证、工作证、餐卡、出入证，尤其是北京市社会保险基金管理中心《关于核对2012年度社会保险个人缴费情况的公告》中的各类人员缴费基数及费率标准；王某的《2012年度北京市社会保险个人缴费信息对账单》、某医院某中心《非淋菌性尿道炎防治知识》宣传册、仲裁阶段某医院提供的王某工资《支出凭单》等主要证据。然后，根据王某的决定依法向法院起诉，请求判令：(1) 确认2007年10月29日至2011年1月1日王某与某医院存在劳动关系；(2) 某医院支付2007年10月29日至2011年1月1日期间未缴纳养老、失业、生育、医疗保险的补偿19,937.11元；(3) 某医院支付解除劳动合同经济补偿金11,754.17元；(4) 某医院支付休息日、法定节假日加班工资96,249.2元及25%的经济补偿金24,062.3元；(5) 某医院补足2010年7月29日到2010年11月29日期间未签订无固定期限劳动合同两倍工资13,600元。

开庭过程中某医院辩称：认可存在劳动关系，同意按裁决书第二项支付王某的社会保险，不同意支付解除劳动关系的经济补偿金，王某没有在合理的期限内且仅通过一条短信的方式向某医院提出辞职，不应向王某支付经济补偿金。王某在工作期法定节假日从未加班，星期日的加班工资已经依法支付，在工资明细中已列明，不同意支付加班工资。请求驳回王某诉讼请求。因此，法庭归纳的本案争议焦点没有超出笔者的预料。

法庭调查过程中，围绕法庭归纳的争议焦点，笔者向法庭提交了《举证提纲及证明指向》，并对对方举证进行了质证，尤其是对某医院代理人提交的王某《某医院2007（08、09、10）年员工工资表》、《某医院工作人员值班表》、工资《支出凭单》、排班表进行了认真质证。第一次庭审举证王某《某医院2007（08、09、10）年员工工资表》《支付凭单》时，笔者指出《某医院2007（08、09、10）年员工工资表》是打印且无王某签字，不真实，王某不认可。某医院代理人提供的《支付凭单》可以证明，某医院一定保存有和其一致的考勤表和请假条，也许是因为与其证明指向相矛盾才没有向法庭提交。因此，如果某医院不向法庭提交上述相关假条及考勤表，法院依法只能作出对某医院不利的判决，请求法院认定在王某没有请假时，支付工资的工作期间，包含有休息日及法定休假节日，由此可知，王某在休息日及法定休假节日是在班工作的。另外，重点指出，《支付凭单》中显示的“奖金等”字样，王某举证的某医院宣传册及证人张某的证言可以证明，某医院要求王某节假日不休息，正常上班。第二次庭审时，强调某医院向法庭提交的排班表为一种字体，没有其他相关劳动者签字，且排班表为铅笔书写，据某医院讲是为了有人请假，改动方便。由此，如何让王某相信，某医院没有为了诉讼需要而改动王某的相关排班信息。尤其是，该排班表显示的信息与某医院提交仲裁庭王某签字确认的工资《支付凭单》相矛盾，王某在2009年11月请假2天，扣100元，而某医院根据其提供的排班表主张王某请假天数却高于2天。所以，无法认定该排班表上显示的与工资《支付凭单》相矛盾的王某请假或休息的内容不是王某起诉后某医院根据诉讼需要形成的。

在法庭辩论阶段，笔者发表了如下代理意见：

1. 王某曾经是某医院的护士，有权获得某医院未缴纳城镇职工社会保险费的补偿，某医院应当为王某缴纳社会保险费中的单位应缴部分。

根据《人力资源和社会保障部关于印发城镇企业职工基本养老保险关系转移接续若干具体问题意见的通知》第2条的规定可知，某医院所在地早就应该根据调整规范农民工参加养老保险政策。结合《城镇企业职工基本养老保险关系转移接续暂行办法》的贯彻落实，采取可行措施，将在城镇企业就业并建立劳动关系的农民工按照国家统一规定纳入城镇企业职工基本养老保险制度。在《城镇企业职工基本养老保险关系转移接续暂行办法》实施前已自行出台农民工参加养老保险办法的地区，要抓紧调整相关政策，实现与城镇企业职工基本养老保险政策的统一规范，切实做好农民工参加城镇企业职工养老保险工作。

王某举证的北京市社会保险基金管理中心《关于核对2012年度社会保险个人缴费情况的公告》各类人员缴费基数及费率标准及2012年度北京市社会保险个人缴费信息对账单可以证明，尽管王某至今仍是农村户口，但同样可以参加城镇职工社会保险。北京其实早已将农民工纳入城镇职工养老等社会保险。王某举证的《普通中等专业学校毕业证书》、护士资格证及执业证可以证明，王某是在医学中等专业学校修完护理专业教学计划规定课程，成绩合格，被准予毕业。通过全国护理学（士）专业技术资格考试，被授予初级（士）专业技术资格证书。在某医院单位工作前就已注册执业，是从事护士工作的医疗护理专业技术人员，不是以种地为主，外出打工为辅的农民工。依情依理也应该参加城镇职工社会保险，单位应该按城镇职工为王某缴纳社会保险费，王某有权享受城镇职工社会保险权利。

因此，某医院应该根据《北京市基本养老保险规定》《北京市基本医疗保险规定》《北京市失业保险规定》等北京市城镇职工社会保险的规定，确定缴费基数，缴纳社会保险费，同时社保部门会根据一定比例划入王某个人账户。根据《北京市高级人民法院、北京市劳动争议仲裁委员会关于劳动争议案件法律适用问题研讨会会议纪要》第1条规定的精神可知，某医院未按规定为其缴纳社会保险费，王某可以在与用人单位终止或解除劳动合同后要求用人单位赔偿损失或给付相关费用。

2. 王某可以要求某医院支付休息日及法定休假日加班工资及其25%的经济补偿金。

本案庭审中，某医院始终没有提供其向王某支付过休息日及法定休假节日加班工资的有效证据，相反其向仲裁或法庭提供的《支付凭单》可以证明，在王某没有请假时，支付工资的工作期间，包含休息日及法定休假节日，因此可知，王某在休息日及法定休假节日是上班工作的。王某举证的某医院宣传册及证人张某的证言可以证明，某医院要求王某节假日不休息，正常上班。因此，某医院依法应依《工资支付暂行规定》第 13 条及劳社部发［2000］8 号、劳社部发［2008］3 号等规定为王某计发休息日及法定休假节日的加班工资。同时，王某要求加发相当于工资报酬 25% 的经济补偿金也符合劳部发［1994］481 号文件第 3 条的要求。

3. 王某有权主张解除劳动合同经济补偿金。

某医院为王某等劳动者依法缴纳社会保险费是其法定义务。只要没有缴纳社会保险费，没有参加社会保险统筹，都必然被追究一定的法律责任。即使劳动者同意不参加，单位发放过一定的社保补贴，也不会例外。我国《劳动合同法》第 38 条规定，某医院未及时足额支付劳动报酬或未依法为劳动者缴纳社会保险费的，王某均可以解除劳动合同，不需要提前告知。由于某医院存在上述两种情形，故王某有权依照《劳动合同法》第 46 条的规定，要求某医院应当向其支付经济补偿。自王某 2007 年 10 月 29 日入职，到 2011 年 1 月正式辞职的通知，其实际在某医院工作年限为三年零一个月，依法某医院应按解除前 12 个月平均工资计发 3.5 个月的工资即 11,754.17 元。

4. 王某有权要求补足未签无固定期劳动合同二倍工资 13,600 元。

本案中王某自 2007 年 10 月 29 日在某医院处上班，双方建立劳动关系。庭审中某医院没有向法庭提交要求与王某签订劳动合同通知的有效证据，双方始终没有签订劳动合同。依照《劳动合同法》第 82 条第 2 款及《劳动合同法实施条例》第 7 条的规定可知，自 2008 年 10 月 29 日起某医院被视为与王某订立无固定期劳动合同，应当立即与王某补订书面劳动合同。某医院没有与王某订立无固定期限劳动合同，自 2008 年 10 月 29 日起就应该向王某每月支付二倍工资直到 2010 年 11 月 29 日王某通知解除劳动合同。由于王某是 2011 年 7 月 27 日申请劳动仲裁，加上仲裁时效一年的规定，王某要求补足

2010 年 7 月 29 日至 11 月 29 日二倍工资，再付 4 个月工资共计 13,600 元合法有据。

至于支付王某“补足未签无固定期劳动合同二倍工资 13,600 元”的诉讼请求与仲裁请求事项“支付 2007 年 10 月至 2011 年未签订劳动合同二倍工资 11 万元”的问题，笔者认为，只是文字表述不严谨而已，其仲裁请求应该包括未签订固定期限和未签订无固定期限两种劳动合同，尤其是《劳动合同法实施条例》第 7 条也规定……视为……已经与劳动者订立无固定期限劳动合同，应当立即与劳动者补订书面劳动合同。也没有说补订无固定期劳动合同。因为劳动合同不仅包括固定期限劳动合同，而且包括无固定期限劳动合同，二者发生事由密切相关，具有不可分性，依照《最高人民法院关于审理劳动争议案件适用法律若干问题的解释》第 6 条的规定，即使在人民法院受理劳动争议案件后，当事人增加诉讼请求的，也应当合并审理，无须再向劳动争议仲裁委员会单独申请仲裁。

（二）第二次庭审

本案审理过程中，法官要求王某到庭说明在职期间考勤值班情况，但当时王某怀孕保胎住院出院不久，需要卧床休息十天。于是，笔者协助王某申请书面回复并获准，王某书面向法官进行了说明。第二次庭审笔者着重强调如下：

1. 关于王某加班事实的认定。某医院提交的部分排班表与工资《支付凭单》等王某举证相矛盾的地方不能作为认定王某是否加班等案件事实的根据。

首先，某医院至今失信于法庭及王某，没有向王某方提供上述排班表的原件，严重影响王某方质证，不应该认定其真实、有效。

其次，某医院没有证据证明排班表及值班表合二为一的考勤制度在王某入职前已经提前告知王某等劳动者。排班表为一种字体，没有其他相关劳动者签字，且排班表为铅笔书写，据某医院讲是为了有人请假改动方便。由此，不能排除系某医院为了诉讼需要而改动王某的相关排班信息的可能。

尤其是，该排班表显示的信息与某医院提交仲裁庭王某签字确认的工资

《支付凭单》相矛盾，王某在2009年11月请假2天，扣100元，而某医院根据其提供的排班表主张王某请假天数却高于2天。

所以，不能排除该排班表上显示的与工资《支付凭单》相矛盾的王某请假或休息的内容系王某起诉后某医院根据诉讼需要形成的。

某医院宣传册证明某医院的制度及惯例以及工资《支付凭单》含有休息日和节假日计发工资的期间可以证明，王某在上述休息日及节假日是正常上班的。含有节假日与不含节假日的月份工资相同，证明某医院并没有为王某计发加班工资。后期工资《支付凭单》确实含有扣假工资，与某医院有事休息须写请假条相吻合。本案中王某申请证人张某出庭，因为请不下假，无法出庭。某医院向仲裁庭提交的餐费补助名单张某签名与王某提交法庭张某证言的签字一致，可以证明王某提供证人确为原某医院工作人员，故其证言对本案有证明力。

工资《支付凭单》可以证明，某医院应该保存和其一致的考勤表和请假条，也许是因为与其证明指向相矛盾才没有向法庭提交。因此，如果某医院不向法庭提交上述相关假条及考勤表，依法只能作出对某医院不利的判决。

2. 不应该让某医院因违法而获利。

与王某等劳动者签订劳动合同后，为其缴纳社会保险费是某医院法定义务，否则，都应该承担法律责任。王某举证可以证明尽管王某依然是农村户口，这是高校在校学生户籍管理政策允许的，北京早已允许农村户籍的人员参加城镇职工的社会保险。因此，某医院也应该按照城镇职工的标准为王某缴纳社会保险费。某医院没有缴纳时也应该按照城镇职工的标准支付补偿款。如果法院判决某医院按照农民工的较低标准支付补偿款，一方面对王某是不公正的，另一方面某医院因违法而获利，于法相悖。

四、案件结果与案件评析

最终，法院认定双方虽未签订劳动合同，但双方在上述期间存在劳动关系。因王某系农业户口，某医院未给其缴纳养老、失业保险，判决某医院支付王某2007年11月至2010年11月休息日和法定节假日加班费5000元；补偿王某2007年11月至2010年11月未缴纳养老保险补偿4787.3元及未缴纳失业保险补偿1404元。

一审判决认可了王某加班的事实，支持了王某加班工资和社会保险补偿的部分数额。尽管解除劳动合同经济补偿金和未签劳动合同二倍工资差额等未获支持，但其对代理结果满意，双方均未上诉。

韩某某劳动合同解除案

刘艳鸿

一、基本案情

A公司与韩某某于2020年7月1日签订《劳动合同书》，约定合同期限为2020年7月1日至12月9日，韩某某担任广告策划经理一职，为T市B区×××家园房地产项目完成一定的工作任务，工作地点为T市，执行标准工时制度，每周休息日为双休，双方同意加班工资基数按当地最低工资计算，且加班须根据公司行政人事制度办理加班申请手续，基本工资为5000.00元，如违反劳动纪律、不符合录用条件或严重违反规章制度，A公司有权立即解除合同且不承担任何经济补偿与赔偿责任（证据1）。A公司与该项目委托方B置业公司的《广告策划推广代理服务合同》约定服务时间为2020年6月11日至2021年6月10日，项目服务内容即提供广告策划推广服务（证据2），项目团队人员为：副总经理徐某、策划总监李某某、策划经理韩某某、文案编辑王某某和平面设计王某（证据2）。服务地点、内容与时间在招聘时已告知韩某某。

2021年6月8日，韩某某接到B置业公司通知该服务项目合同到期，韩某某及其同事需要撤出案场，韩某某将该情况汇报给其上级策划总监李某某，要求公司尽快安排新工作。公司人事负责人张某回复：要求其6月11日回公司所在地北京报到（证据3：张某与韩某某的微信聊天记录），后续进驻其他项目或留在公司等待进驻其他项目。韩某某要求走出差申请，在钉钉上申请300元差旅费，张某回复：因其是A公司在北京招聘，且本人是北京人，合同的签订地也是北京，被派驻 T 市 B 区项目上工作，所以回公司报到不属于出差。该申请未获得审批。6 月 11 日 7：33，张某再次要求韩某某先回公司，如果开车回，最好把公司的电脑、打印机等办公用品一并带回。韩某某要求 6 月 15 日再回公司报到，张某未批准其要求。A 公司考虑到韩某某是北京人，所以安排她回北京工作，韩某某不同意，安排其就同一职位、同样工资与福利到 A 公司在重庆、安徽等地的项目去工作，也遭到其拒绝。在双方反复沟通下，张某强调如果韩某某不服从公司安排，不愿意离开 T 市，可以选择自动离职，解除合同，韩某某不同意，要求公司予以补偿。A 公司提出了几种补偿方案，韩某某都不同意（证据 3：张某与韩某某微信语音通话文字版），只邮寄了 A 公司在案场的固定资产（打印机、电脑等）。A 公司不得已于 6 月 11 日晚上 8 时通过微信向韩某某发送了解除劳动合同的《通知》（证据 3 张某与韩某某微信文字聊天记录和证据 4）。

2021 年 6 月 24 日，韩某某向 T 市 B 区劳动人事争议仲裁委员会申请仲裁，请求 A 公司承担违法解除劳动合同的赔偿责任，请求支付其加班 21 天的工资，请求支付其未休带薪年休假的工资。韩某某向仲裁委提供了其与 A 公司在 2019 年 12 月 10 日签订的《劳动合同书》，除了工资在《劳动合同书》中没有明确数额，其他内容跟 2020 年 7 月 1 日签订的内容一样。之所以有两个签订时间不一样的合同，是因为 A 公司在 2020 年 7 月 1 日跟韩某某签订了新的《劳动合同书》，取代 2019 年 12 月 10 日签订的合同，而韩某某拿出旧的《劳动合同书》想证明的是，她在 A 公司工作已经超过 1 年 6 个月了，公司补偿需要按她工作两年的月数补偿。

仲裁委根据双方提供的证据，主要以 A 公司提供的证据，作出终局裁决，支付韩某某补偿金、加班工资和带薪年休假工资共计 N 元，因裁决的经济补偿金数额不超过 T 市最低工资标准 12 个月的金额，该裁决结果是 A 公司作为用人单位不能提起诉讼，但韩某某对裁决结果不服，于 2021 年 8 月 24 日起诉。一审法院的判决认可了韩某某未经过公司行政人事制度办理加班申请手续的加班，即认定加班天数远多于申请获批的加班天数；在认定劳动合同对劳动报酬、加班加点工资计算的约定时认为显失公平，判决A公司支付的补偿金大大超过了仲裁裁决，且其判决无法律依据。因此，A公司上诉至T市中级人民法院，二审法院重新认定了加班时间，确定了一审认定有误，并对一审法院适用法律错误予以纠正，认可了用人单位与劳动者约定的劳动报酬及加班加点工资计算基数，最终，二审判决补偿金低于仲裁裁决的数额。

二、案件焦点

1. 韩某某不服从公司的临时工作安排是否“严重违反公司规章制度”。

2. A公司与韩某某解除劳动合同是否违法。

3. 韩某某非正常工作时间的打卡行为是否属于“加班”，韩某某要求A公司支付其21天加班费是否合理、合法。

4. 韩某某要求A公司支付其2020年12月10日至2021年6月11日带薪年休假工资是否合理、合法。

5. 关于一审判决对韩某某加班工资的计算方法是否适用法律错误的问题。

三、办案思路与进程

（一）接受委托之初

1. 该案是临危受命。下周一9点在T市B区劳动人事争议仲裁委员会开庭，这周五12点笔者突然接到A公司老总电话。笔者在A公司向综合部部长王副总和曾与韩某某沟通解决该劳动争议问题的人事主管张主任当面了解了劳动争议的起因始末，时间紧任务重，即刻根据他们提供的简单信息给出了相应的法律分析，经老总认可后，授权笔者代理其公司解决该劳动争议。

2. 该案棘手的地方有几点：第一，自收到应诉通知书之日起，经过20多天的时间，A公司整理出了4份主要证据：（1）《广告策划推广代理服务合同》和解除劳动合同的《通知》；（2）韩某某4、5月《考勤表》；（3）《A公司管理规章制度》和与韩某某签订的《劳动合同书》；（4）韩某某4、5月在钉钉上的《打卡记录表》。缺乏针对韩某某提出的违法解除劳动合同、加班工资支付、未休带薪年休假工资支付的细节性反驳证据。第二，草拟的答辩书，基本围绕《劳动合同法》第40条来辩驳，对应的证据只能证明“劳动合同订立时所依据的客观情况发生重大变化”，这样的话，公司支付补偿金就需要另外加1个月的工资，如果不想另外加1个月的工资，那么还需要证明“单位与劳动者协商一致解除劳动合同”的情况，但公司却没有收集相应的证据。然而，根据T市劳动合同法实施细则，双方就解除劳动合同的补偿进行协商过，但未达成一致的，视为双方一致同意解除劳动合同。因此，就公司解除劳动合同是否违法的争议，证明曾协商过补偿事宜即可，无须依据《劳动合同法》第40条，这样证明责任更轻，支付的补偿金更少。这表明公司处理劳动争议问题的思路过于简单和狭窄。第三，公司的管理规章制度个别规定不明确，同时，实际管理中并未按照规章制度管理，造成人事、行政管理混乱，无法收集到对己方有利的证据，甚至为员工逃避考勤、虚报加班、套取已休带薪年休假工资提供有力证据。

3. 笔者请公司配合按照要证明的事项再次向相关人员核实、调查，整理出来另外一份证据清单。

证据①组：《劳动合同书》《签收回执》《保密协议》《录用条件确认书》《A公司规章制度》《A公司考勤打卡管理制度》，证明韩某某已收到《劳动合同书》《保密协议》，且其在A公司的职务、工作内容、工作地点、工作时间和休息时间、工资标准、需遵守的公司劳动纪律及合同解除、终止和经济补偿，同时，证明韩某某严重违反规章制度“不服从公司管理和安排的”，A公司可以解除劳动合同。并且，按照公司规章制度的规定，加班需要按照加班流程提前填写《加班申请表》并得到有权限的领导批示才是“加班”，否则不予认可。

证据②组：《广告策划推广代理服务合同》，证明A公司为T市B区《×××家园》房地产项目提供广告策划推广服务，服务期限为2020年6月11日至2021年6月10日，项目团队人员有策划经理韩某某，截至给韩某某发解除劳动合同《通知》之日，该项目已终止。

证据③组：公司人事负责人张某与韩某某的微信聊天记录、张某与韩某某微信语音通话文字版，证明A公司临时安排韩某某回北京报到，其不服从，安排其就同一职位、同样工资与福利到其他项目去工作，韩某某也不同意。协商解除合同进行经济补偿，韩某某也不同意。同时证明，2021年6月11日A公司以韩某某“不服从公司管理和安排”严重违反公司规章制度解除劳动合同，不违反法律规定。

证据④组：解除劳动合同的《通知》，证明A公司已于2021年6月11日将解除劳动合同的《通知》送达韩某某。

证据⑤组：《A公司考勤表》2020年6月至2021年6月、钉钉打卡《每日统计表》2020年6月1日至2021年6月25日、钉钉《加班审批记录》，证明韩某某在2021年调休的时间为5天，只有调休记录没有加班申请记录。同时证明，2020年韩某某2020年11月至12月期间周末打卡只有12天曾提交加班审批，其余其声称的加班日期并未提交加班申请并获得批准。

证据⑥组：《A公司关于2021年春节放假的通知》和韩某某收到通知的微信群回复、《关于2020年春节放假通知》及2020年春节放假延期《通知》和韩某某收到的微信群回复，证明2021年春节放假，除法定节假日7天外，韩某某另外休了6天，其中有2天为2021年的带薪年休假，她已休完2021年的年休假，A公司于2019年12月23日下发2020年的春节休假通知，证明2020年2月3日至9日共计七天韩某某2020年的带薪年休假已休完。

证据⑦组：《A公司2021年工资明细表》2021年1月至6月、《A公司2020年员工工资表》2020年6月至12月、《A公司2020年1—2月员工工资表》证明韩某某调休期间和带薪年假期间都是全勤工资，她将加班时间已调休，并且已休完2020年和2021年的年休假。另外，证明韩某某的月平均工资为12,091.48元。

证据⑧组：公司人事专员李某某与韩某某的微信聊天记录、综合部长王副总与案场销售部经理电话录音文字版和与销售员微信聊天记录、周末宣传推广活动《活动说明》，证明韩某某没有加班申请记录，只有调休记录，且现场不需要周末加班，也不负责管理韩某某等 A 公司派驻至案场工作的员工，韩某某的春节放假、年休假、调休、加班是由 A 公司管理。2021 年 1 月至 6 月 10 日期间×××家园房地产项目，周末工作情况，除 3 月 7 日（周日）、3 月 20 日（周六）、4 月 10 日（周六）、4 月 17 日（周六）这几天周末工作外，其他周末并无工作安排，而这几个周末的钉钉打卡显示，韩某某并未加班。

证据⑨组：打卡地点（项目工作地）与考勤地点（韩某某工作居住的宿舍）距离查询、A 公司为韩某某提供宿舍的租赁协议和租金支付证明，证明韩某某工作居住的宿舍离项目工作地只有 300 米，她可以随时去打卡上下班，为其提供了“加班”假象的条件。同时证明，公司为了员工上班方便，提供的居住房屋均在项目附近或就在项目所在地，因此公司在规章制度中规定加班需要报批既合法又合理。

（二）仲裁开庭情况及结果

仲裁员开庭之初花费一上午时间都在为双方争议协调，试图调解结案，而公司也作出最大限度的让步，但是韩某某执意认为公司是违法解除劳动合同，要双倍补偿并且要根据她计算的加班时间支付加班工资。无奈之下，仲裁庭又经过一下午的开庭，对双方提供的证据一一质证，辩论，总结陈述。

庭后仲裁委根据双方提供的证据，主要以 A 公司提供的证据：韩某某工资表、工作钉钉打卡记录及加班申请记录，以及证明其打卡并未申请加班的原因的证据，另外还有公司全体员工休年假的通知，作出了终局裁决书。

（三）一审庭审情况及庭后争取

一审庭审时，针对双方首要争议“公司因韩某某拒不服从公司的工作安排严重违反公司规章制度解除合同是否属于违法解除合同”，韩某某认为公司要其回京就是改变了劳动合同中的工作地点，属于劳动合同变更，笔者根据公司提供的证据，认为公司要求韩某某回京报到仅是临时性、短期性的工作需要，劳动者的身份、职位种类未发生变化，不属于劳动合同变更，且 T

市B区×××家园房地产项目的策划推广服务合同期限是2020年6月11日开始的，韩某某在庭审时说她自2019年12月10日至“T市B区《×××家园》房地产项目”驻场开始，都是在北京工作，有时会两边跑。因此，公司让其回京并未明显加重其工作负担，她拒绝公司安排，违反了《劳动合同书》中劳动纪律的规定及其签字认可的《A公司规章制度》的规定，其行为系严重违反公司规章制度，因此符合《劳动合同法》第39条第2项的规定，公司解除劳动合同不应向其支付经济补偿。

一审法院在未对公司考勤表、加班审批表和第三方钉钉打卡记录一一质证的情况下结束了审理。一审法院判决的事实认定有误，证据不足，且违背《T市劳动合同法实施细则》规定的“用人单位应当与劳动者在劳动合同中对劳动报酬、加班加点工资计算基数进行明确约定”。根据《劳动合同书》中约定的加班工资计算基数，属于双方意思自治，且该约定并不违反法律的规定，一审判决不应以“显失公平”主动变更。基于以上事实与法律的分析，笔者认为公司应当为自己的权益争取改判，因此公司决定上诉。

（四）二审庭前与庭后积极行动

二审法院立案后，笔者给二审法官邮寄了向一审法院提交过的证据的证明，以佐证一审法院开庭时未当庭质证却在判决中一概认定A公司根本没有提供证据。让二审法官在开庭前切实感受到笔者的认真、负责，有利于法官审慎对待我方提供的证据。

经过两次开庭后，笔者认为二审法院改判的可能性极大，为了加重改判的砝码，在庭审后立即写了代理意见邮寄给法官，并跟法官表明了关于一审判决适用法律错误的严重性，同时强调把笔者的代理意见一并放入归档案卷内，以防笔者认为二审法院判决不公时再审所用。

四、案件结果与案件评析

该案经过“一裁终局”的劳动仲裁，劳动者不服起诉至一审法院，用人单位不服一审法院判决上诉至二审法院，最终在笔者的努力下，二审法院撤销一审适用法律错误的判决，并查清事实，给予用人单位以公正的裁决，判决合法、合理的经济补偿金。

该案结果无疑是对中小企业生产、经营的支持，有利于后疫情时代中小企业的发展。

A公司作为委托人，对被告身份有一定的认知，知道自己作为劳动单位在劳动诉讼中可能处于更多的不利地位，举证被要求更严格，经济补偿要按法律、法规规定的一次性支付到位，所以公司对要支付的经济补偿金有一个基本底线，在这个范围内，笔者做到了尽可能支付少的补偿金，因此，公司很满意诉讼结果。同时，公司老总及人事部门的人对笔者收集证据的认真负责和精准十分赞赏和钦佩，而一审判决的不利因笔者的专业素养将该判决的无法律依据展现得淋漓尽致也让他们赞服。因为笔者的专业、敬业及受到信任，所以公司又委托其他劳动纠纷案件。

该案对律师掌握细碎的劳动法体系的相关内容及各个地方性法规、带薪年休假、加班工资和补偿税收的计算是一种极大的考验。法律、法规与规章交叉，要想从中找到对己方有利的依据，必须熟知其条款内容，对加班工资和补偿税收的算法和基数，各地也不尽相同，需要一一对照，得出的数额才能合法、合理，要求律师有会计一样的绝对耐心和细致，不厌其烦地多次核对。因此，接受劳动案件委托的律师必须有强大的大脑记忆力和沉下心来的定力。不因其小而忽视，不因其杂而放弃。

该案的办理过程也能体现律师的专业素养及证据收集的能力。很多劳动案件的当事人对证据的收集并不重视，哪怕是有一定管理规模的中小企业，也会忽视对证据的收集。表面上看是因为当事人或者企业人力资源管理者不具有专业法律知识，根源其实是法律意识薄弱，企业人力资源管理者和劳动者对基本的劳动法律知识一点儿也不了解，或者一知半解，想当然地认为网上解答的就是依据，证据有合同和工资条、出勤证明、公司规章制度就可以了。然而，因为各地的《劳动法》《劳动合同法》实施细则不同，对证明符合或不符合细则要求的证据也就不同，国务院出台的规章和部委出台的规章也是细节性规定，这些细节性的规定需要一并考虑，才能全面找到支持自己行为的法律依据，也才能整理出对自己有利的证据。

劳动合同和公司规章制度在该案的审理中为公司胜诉提供了可能性。虽然公司人事行政管理并不完善，特别是规章制度的制定和执行有一定的缺失，但通过庭审时律师的据理力争，最终的判决还是肯定了劳动合同的内容和公司的规章制度，这充分地证明了公司重视内部合规管理有多么重要。一个公司想要劳动诉讼少，维护公司的声誉，留住人才，和员工和和气气地来，有商有量地走，必定要在人力资源管理和法律风险防控上所费不赀。

本案中律师以熟知法律法规条款的功底彻底赢得了诉讼，也赢得了法官的尊重，这是法律的胜利，也是中国法治进程的胜利，法官和律师呈现出了真正的法律共同体即为追求法律真理而互相制约、互相协作的职业群体的工作样貌。

特许经营篇

历时 8 年的侵权纠纷案

——A 公司诉 B 公司特许经营权侵权纠纷案

马力宏

一、基本案情

2008 年 11 月 12 日，A 公司与 × 县人民政府签订了《×××管道天然气项目投资合同》甲方 × 县人民政府授予乙方 A 公司在某县境内独家建设、经营管道天然气特许经营，为期 30 年。合同签订生效后双方依约履行了义务，且未产生任何法律纠纷。

2010 年 12 月 2 日，B 公司在没有得到 × 县人民政府任何特许经营许可，又无任何手续的情况下，擅自向 A 公司特许经营范围内的 E 公司和 F 公司进行铺设管道燃气基础设施施工和销售天然气。

A 公司多次分别向 × 县人民政府、×× 市人民政府及相关部门书面反映侵权行为和安全隐患，此事件在当地和燃气业引起强烈反响，特许经营权具有地域性，而燃气具有高风险性。

2010 年 8 月 26 日，A 公司向 × 县人民政府主管县长反映："B 公司不顾国家特许经营权规定，不顾城市供气安全，不遵守 2010 年 8 月 9 日在你办公室开会决定的同意母公司与 B 公司在 × 县建设 CNG 加气母站，不得搞管道天然气，但同意其管道从新开发的工业园过境区 ×× 市路北工业园。而他们今日去了建设局及新区管委会申请去 × 厂的供气管线路由。"

2010 年 10 月 25 日，A 公司向 × 县人民政府提交关于管道天然气特许经营再次汇报的书面报告："1. 2010 年 8 月 9 日在你办公室开会决定的同意母公司与 B 公司在×县建设 CNG 加气母站，不得搞管道天然气，但同意其管道从新开发的工业园过境区×市路北工业园。2. B 公司既没有经县建设局、新区规划部门同意，又未经×县政府任何行政许可就直接在新区铺设天然气管道，这严重违背了国家关于管道燃气特许经营权的规定，也严重侵犯了×县与我们公司签订的特许经营权协议。同时，为安全事故埋下隐患。请×县人民政府尽快制止这种违规行为。"

2010 年 12 月 5 日，A 公司向×县人民政府书面提交了关于燃气管道重大安全隐患的紧急报告："近期 B 公司在××路、××路等地铺设高压燃气管道，给×县城埋下了重大安全隐患，对城市供气造成了巨大威胁。请×县政府督促其撤除违规铺设的高压管道，以消除事故隐患。"

A 公司多次向县、市、省级有关部门反映上述情况后没有任何答复。当事人迫于无奈找到笔者团队。

二、案件焦点

（一）争议焦点

1. 被告 B 公司是否构成侵权？

2. 原告 A 公司要求被告停止侵害、消除妨碍，排除妨害的法律依据是什么？

3. 原告 A 公司要求被告赔偿损失的依据是什么？

（二）B 公司答辩

1. 原告 A 公司分立，与特许经营权没有事实上和法律上的关联关系。

2. 被告 B 公司的经营行为不构成侵权。

3. 原告 A 公司诉讼请求的损失事实不存在，损失计算方式不成立。

三、办案思路与进程

（一）办案思路

A 公司法定代表人与笔者接洽，其曾咨询过很多律师，绝大部分的意见是本案A公司为招商引资企业，与×县人民政府签订了招商引资协议，且该县也依法颁发了管道燃气特许经营权证书，A公司在×县独家经营权为30年，经营期间B公司侵犯了A公司的特许经营权，视为政府违约，应该以×县人民政府为被告，对投资合同提起违约之诉。

但A公司认为他的特许经营权为30年，目前剩余特许经营权年限还有22年，A公司不愿意起诉×县人民政府，但又想达到维护特许经营权排他性的合法权益。

笔者团队依据事实和法律对案件进行了研判：是选择违约之诉还是侵权之诉?

首先，我们认为假如选择违约之诉，虽然A公司与×县人民政府签订了投资合同，根据合同的相对性原则，可以起诉×县人民政府。但是，×县人民政府有可能会以其没有违约且未授予第三方特许经营权为抗辩。因此，A公司若选择×县人民政府为被告，将承担违约举证不能的败诉法律后果。

其次，如果我们选择侵权之诉，B公司在该县没有特许经营权的情况下，在A公司的特许经营权范围内实施了侵权行为，构成了侵权。因此，A公司以B公司侵权为由，以B公司为被告，作为我们的诉讼方案为宜。

最后，关于级别管辖受诉法院问题，根据当时×省中级人民法院第一审民商案件管辖诉讼标的的规定，为1500万元以上。因此，代理团队选择了向×市中级人民法院立案。

2014年9月28日，×市中级人民法院作出（2014）×立民初字第14号裁定：本院经审查认为，×县人民政府与A公司签订天然气项目投资合同并授予A公司30年特许经营权，现A公司称B公司未经特许即在×县境内经营天然气的经营行为构成侵权。特许经营权，是指经特定程序而获得的对有限自然资源开发利用、公共资源配置以及直接关系公共利益的特定行业的市场准入权。因此，特许经营权是市场准入权，并非受民法调整的财产权，B公司的经营行为应由政府以行政权力进行规制。A公司诉B公司侵权并无事实及法律依据，故法院对本案不予受理，根据《民事诉讼法》第119条第1

项、第 123 条的规定，裁定不予受理。

为此，A 公司开始了 8 年的维权诉讼之路。

对于 × 市中级人民法院不予受理的民事裁定，A 公司和代理团队都难以置信，难道我们的诉讼方案和策略错误？代理团队经受了巨大的考验，我们重整旗鼓，重新梳理案情，研究法律和司法解释。我们认为，此案依法应由人民法院管辖，故 A 公司以四点理由依法提起上诉：（1）特许经营是一种无形资产，A 公司通过特许经营权从中获取收益，同时，承担社会责任和义务，投入大量的人力、财力和物力。A 公司的无形资产应当受到法律保护。（2）一审法院未实体审查就否认了侵权的事实和真实性，该行为欠妥。（3）B 公司在未取得特许经营权的情况下私拉乱接管道，是直接侵权者，一个区域只授予一家管道天然气企业经营，一个区域为一个责任主体，若同一区域被多家管道相互交错，无法进行安全管理，B 公司的行为已埋下了重大安全隐患，危害了公共安全、公共利益和社会稳定。（4）原审认为 B 公司的经营行为应由政府规制，假设如此，也无法免除 B 公司对 A 公司民事权益的损害。因此，B 公司应当承担民事责任。

接着，诉讼团队依据事实和法律提交了全面的代理意见。

2014 年 11 月 10 日，× 省高级人民法院以（2014）× 立民终字第 196 号认为 A 公司起诉 B 公司要求停止侵害、消除妨碍，排除妨害、赔偿经济损失 1500 万元符合《民事诉讼法》第 190 条规定，属于人民法院受案范围，人民法院应当立案受理，原审裁定不予受理，应属于适用法律错误，原审裁定不予受理，应予以纠正。依照《民事诉讼法》第 169 条第 1 款、第 170 条第 1 款第 2 项、第 171 条的规定，裁定如下：（1）撤销 × 省 × 市中级人民法院（2014）× 立民初字第 14 号民事裁定；（2）本案由 × 省 × 市中级人民法院立案受理。

2014 年 12 月 22 日，A 公司依法向 × 市中级人民法院申请对 B 公司财产诉讼保全并提供了担保。

2015 年 2 月 4 日 × 省 × 市中级人民法院（2015）× 民一初字第 1 号：

“查封、冻结被告名下的银行存款1500万元或查封、扣押其同等价值的财产，本裁定书送达后立即执行。”

（二）案件经过

1. 被告B公司滥用诉权和浪费司法资源，故意拖延民事诉讼，中止审理三次的辛路历程。

2015年3月6日，B公司以×县住建局为被告，A公司为第三人，向×市×县人民法院提起行政诉讼，请求“判令请求撤销×县住建局于2008年11月20日颁发给A公司的×县城市管道燃气特许经营权证书（简称特许经营权证）”。

2015年5月17日，被告B公司以A公司总经理阻止该公司施工，指使现场本单位员工故意破坏该公司的天然气管道，向×市公安局×区分局报案，该局以破坏公私财物为由，对A公司总经理刑事拘留。

2015年6月12日，对其取保候审。

2016年6月12日，解除取保候审。

我们认为：×公安局对A公司总经理的刑事拘留没有事实和法律依据，是错误的，A公司总经理是无罪的，该局错误羁押总经理达37天，A公司总经理还在申请国家赔偿。

2015年5月20日，×省×市中级人民法院（2015）×民一初字第1号裁定，因B公司向×县人民法院提起了行政诉讼，因特许经营权证是处理本案的重要依据，为保证案件处理结果的正确性，本案应中止诉讼，待行政诉讼案作出最终结论后再恢复诉讼。依照《民事诉讼法》第150条第1款第5项之规定，裁定如下：本案中止诉讼。

根据《民事诉讼法》之规定，一审民事案件应当在6个月内审结。这是B公司第一次滥用司法诉讼的权利，浪费司法诉讼的资源，故意拖延民事诉讼，造成民事诉讼案件的第一次诉讼中止。

2015年11月9日，×省×县人民法院（2015）×行初字第10号行政判决：“撤销×县住房和城乡建设局为第三人A公司颁发的×县城市管道燃气特许经营权证书。” ×县住建局服判，未提起上诉。

2015 年 11 月 19 日，A 公司以第三人身份，向×省×市中级人民法院提起上诉，请求依法撤销×县（2015）×行初字第 10 号行政判决并依法驳回 B 公司的诉讼请求。

2016 年 3 月 29 日，×省×市中级人民法院（2016）×11 行终 10 号裁定如下：（1）撤销×县人民法院 2015 年 11 月 3 日作出的（2015）×行初字 10 号行政判决；（2）驳回被上诉人 B 公司对原×县建设局 2008 年 11 月 20 日为 A 公司颁发×县城市燃气特许经营权证书的行政行为的起诉；（3）一审、二审案件受理费共计 100 元，由被上诉人 B 公司负担。本裁定为终审裁定。

2016 年 5 月，B 公司诉×县住建局行政管理一案，不服×中级人民法院（2016）×11 行终 10 号行政裁定，向×省高级人民法院申请再审。

2016 年 12 月 25 日，×省高级人民法院（2016）×行申 331 号行政裁定：本案指令×市中级人民法院再审。

2017 年 3 月 28 日，×省×市中级人民法院（2017）×11 行再 1 号：本院原二审裁定认为 B 公司与被诉行政行为没有利害关系，适用法律不当，裁定驳回起诉不当，应予以改判。裁定撤销本院（2016）×11 行终 10 号行政裁定并恢复二审程序，由原审判组织继续审理，本裁定为终审裁定。

据此，代理团队认为：根据《行政诉讼法》之规定，关于发回重审的案件，原审法院应当另行组成合议庭，而本案依然由原合议庭审理，因此，审判组织不合法，审判结果因没有法律依据，依法应认定为无效。

2017 年 7 月 31 日，×省×市中级人民法院依据错误的（2017）×11 行终 80 号：本院认为，2008 年×县住建局为 A 公司颁发的×县城市管道燃气特许经营权证书与其 2014 年 9 月 19 日作出××［2014］25 号“关于批准×县对 A 公司特许经营权续存的通知”是否属于同一行政行为，一审法院未进行查明，应属认定事实不清。裁定如下：撤销×省×县人民法院（2015）××初字第 10 号行政判决并发回×省×县人民法院重审。

×省×市×县人民法院，以本院不能另行组成合议庭为由，报请上级人民法院指定管辖。

2017 年 11 月 13 日，×省×市中级人民法院（2017）×11 行辖 27 号：为确保案件公正审理，×县人民法院报请本院指定管辖。裁定本案由×省×区人民法院管辖。

2018 年 5 月 28 日，×省×市×区人民法院（2018）×1181 行初 2 号：B 公司已超过法定起诉期限，裁定驳回 B 公司的起诉。

2018 年 6 月，B 公司不服×省×市×区人民法院（2018）×1181 行初 2 号裁定，向×省×市中级人民法院提起上诉。在审理期间，B 公司又提出撤回上诉申请。

2018 年 8 月 24 日，×省×市中级人民法院（2018）×11 行终 54 号裁定："上诉人（B 公司）撤回上诉符合法律规定，准许上诉人（B 公司）撤回上诉。本裁定为终审裁定。"至此，×省×市×区人民法院（2018）×1181 行初 2 号裁定驳回 B 公司的起诉，原一审裁定发生法律效力。

2018 年 8 月 27 日，A 公司向×中级人民法院提出恢复 A 公司起诉 B 公司侵权纠纷一案的审理，依法增加诉讼请求，由原来的 1500 万元增加至 5700 万元。

2018 年 11 月 28 日，×省×市中级人民法院（2018）×11 民辖 33 号民事裁定："本院于 2014 年 12 月 29 日立案，审理过程中根据被告 B 公司申请并经本院审查认为，本案为侵权责任纠纷，由基层人民法院管辖。"

2018 年 9 月 13 日，×市中级人民法院作出（2015）×民初字第 1 号民事裁定书，将本案移送有管辖权的（侵权行为地）的×县人民法院处理。

2018 年 10 月 22 日，×县人民法院立案后向×市中级人民法院申请，请求移送管辖。

2018 年 11 月 5 日，×市中级人民法院裁定由×省×市×区人民法院审理。

2018 年 12 月 6 日、2019 年 1 月 18 日，原告 A 公司以侵权损失标的超出基层人民法院管辖且本案属于重大疑难案件为由，分别向×省×市×区人民法院提出管辖权异议，应由×市中级人民法院管辖。

2019年1月17日，B公司又以×县住建局为被告、A公司为第三人向×市×区人民法院提起诉讼。请求确认×县住建局2014年9月19日以通知形式允许第三人A公司使用《燃气特许经营权许可证书》行政行为违法，并要求×县住建局承担本案诉讼费。

2019年2月18日，×省×市×区人民法院（2018）×1181民初2309号之一民事裁定："本案必须以行政诉讼案的审理结果为依据，行政诉讼案尚未审结。裁定本案中止审理。"

这是B公司第二次滥用司法诉讼的权利，浪费司法诉讼资源，故意拖延民事诉讼，造成民事诉讼案件的第二次诉讼中止。

2. 2019年2月27日，A公司依据《最高人民法院关于适用〈中华人民共和国行政诉讼法〉的解释》第75条，在一个审判程序中参与过本案审判工作的审判人员，不得再参与该案其他程序的审判。发回重审的案件，在一审法院作出裁判后又进入第二审程序的，原第二审程序中合议庭人员不受此款规定的限制。本案审判长曾经是×省×市×区人民法院（2018）×1181行初2号行政裁定一案的审判长，属于《行政诉讼法》第55条中的"其他关系"，为此，向×省×市×区人民法院提交回避申请，申请审判长×回避，后又提出回避申请异议，但回避申请和异议均被驳回。

2019年6月4日，×省×市×区人民法院（2019）×1181行初8号裁定："因考虑到×县境内使用天然气用户现状，如果撤销将会对该辖区公众的生产生活带来重大影响，确认被告与2014年9月19日作出的《关于批准A公司特许经营权续存的通知》违法，由×县住建局采取补救措施。"

2019年6月13日，A公司以2018年5月28日×省×市×区人民法院（2018）×1181行初2号"B公司已超过法定起诉期限，裁定驳回B公司的起诉"为终审判决且已发生法律效力，B公司违反重复起诉、一事不再理原则为由，向×省×市中级人民法院提起行政上诉。

2019 年 9 月 20 日，×省×市中级人民法院以（2019）×11 行终 132 号判决驳回上诉，维持原判。

2019 年 10 月 10 日，A 公司向×省高级人民法院提起行政再审，再审审理期间 A 公司因集团拟在香港交易所申请上市，担心诉讼案未结而影响其上市，故申请撤诉。

2020 年 3 月 31 日，×省高级人民法院作出（2020）×行申 63 号行政裁定："准许 A 公司撤回再审申请。"

2020 年 8 月 3 日，该民事案件因 B 公司书面申请而恢复审理，同时，A 公司向人民法院申请变更诉讼请求，增加诉讼标的额，请求判令 B 公司因持续侵权给 A 公司造成的经济损失人民币 1.2 亿元。

2020 年 9 月 15 日，笔者代理团队出庭依法向×省×市×区人民法院民事审判庭提交了新的证据，法庭开庭审理了此案。

2020 年 9 月 22 日，B 公司对×县人民政府作出的〔2020〕20 号《关于 A 公司特许经营权涉诉遗留问题的批复》不服，向×市人民政府提出行政复议。

2020 年 10 月 29 日，×市×区人民法院作出（2018）×1181 民初 2309 号之二裁定中止审理。中止理由：本案必须以行政复议案的审查结果为依据，行政复议案尚未审结，待行政复议案作出最终结论后再恢复诉讼。

这已经是 B 公司第三次滥用司法诉讼和行政复议权利，浪费司法诉讼和行政复议资源，故意拖延民事诉讼，造成民事案件第三次中止。

3. 2021 年 3 月，×市人民政府作出行政复议决定：B 公司提出的行政复议请求，依法不受《行政复议法》的调整，依法不予受理。

2021 年 7 月 7 日，×省×市×区人民法院开庭审理了此案，为此，本案历时 8 年才进入实体审理程序。

四、案件结果与案件评析

2021 年 9 月 27 日，×市×区人民法院作出（2018）×1181 民初 2309

号民事判决："限本判决生效之日起二十日内被告 B 公司停止在 × 县境内对 E 公司、F 公司进行管道燃气基础设施施工及销售天然气等一切侵害原告 A 公司燃气特许经营权的行为，排除妨碍，消除危险，赔偿损失额另行计算。"

为此，历经 × 省高级人民法院、× 省 × 市中级人民法院、× 省 × 市 × 县人民法院、× 市 × 区人民法院，三级四院，19 个合议庭和 1 个行政复议机关、共计近百人参与了此案，作出了 20 个判决和裁定及 1 个行政复议决定。本案以判决的方式完全采纳了笔者诉讼团队的代理意见，认定被告 B 公司停止侵权、排除妨碍、消除危险，赔偿损失额另行计算。最终，以原告 A 公司全面胜诉而圆满结束。

至此，笔者诉讼团队依据委托代理协议履行了代理义务，维护了法律的尊严和 A 公司的合法权益，赢得了委托人和司法行政机关相关人员的尊重。

首先，在本案中，人民法院完全采纳了笔者代理团队的意见，达到了胜诉的目的，也依法维护了当事人的合法权益，在当地引起了极大的社会反响。通过此案的启发，各级人民政府应转变思想，逐渐领悟行政权必须在法律赋予的授权范围内行使。

本案系民事和行政交叉案件，其间节外生枝了一起刑事案件，律师除应具备全面扎实的理论功底，掌握案件事实和证据，结合民事、刑事、行政诉讼等法律知识，对案件诉讼策略的研判、形成到实施的过程，也是非常重要的。通过本案的生效判决及事实和时间证明，本案的诉讼策略是极其正确的。若某一个环节和程序出现错误，都将无法弥补，本案即为例证。

其次，8 年中，代理团队多次收集证据、与当事人梳理案情，出差达 120 次，而被告 B 公司不断的不当行为，让当事人放弃或中止与代理团队的代理关系。但委托人仍坚持每个阶段依法委托本团队的行为，表明对我们的认可和信赖，也为代理团队不辞辛劳和职业操守所感动。

虽然被告 B 公司采取了跟踪、威胁、利诱等方式。但是，笔者代理团队依然以事实为依据，以法律为准绳，精诚团结，加强与当事人沟通，毕竟，此案民事、行政、刑事多措并举，代理人凭借30多年的职业经验，准确预估诉讼风险，精心准备诉讼策略，做到有的放矢，为本案的胜诉奠定了坚实的基础。以高质量的法律服务维护当事人的合法权益，最终以被委托人充分的肯定和高度认可为本案画上了圆满的句号。

王某商业特许经营合同纠纷案

秦根才

一、基本案情

2014年11月5日，某公司与王某签订代理合同，约定：某公司许可王某在某县区域内销售电动车系列产品，合同期限为1年。王某向某公司缴纳代理押金59,800元，某公司给王某铺货总价值为32,400元的电动车，王某独享经营期间所得的全部利润。王某后期进货，代理押金按照双方约定系列车型每辆车返利800元。王某店铺的装修、布置均应按照甲方提供的统一形象来设计，费用由王某承担。合同签订当天，王某支付某公司代理押金59,800元。2014年11月18日，王某验收某公司所发产品时发现没有电瓶、合格证及商标标识，严重影响产品销售，因此未接收该批货物。同月19日，王某向某公司提出解除合同并要求退还王某交纳的代理押金59,800元及利息、赔偿房租5830元、装修费用3006.5元、广告宣传费1500元等。同月20日，笔者接受王某委托，作为其委托代理人参与其诉某公司特许经营合同纠纷案一审的诉讼活动。

二、案件焦点

笔者在接待王某咨询的过程中，听完王某的情况介绍并查看了王某提供的《代理合同》等资料，认为本案争议的主要焦点集中在王某请求解除合同是否成立和要求赔偿经济损失能否得到支持两个方面。

三、办案思路与进程

第一步，指导收集证据。签订委托代理协议后，笔者根据预测的案件焦点，首先指导并协助王某收集证据，包括《代理合同》，某公司宣传资料中的合作政策，房屋租赁合同，及租赁费、装修费、广告宣传费收据等证据。

第二步，发送《律师函》明确某公司违约行为及建议。2014 年 11 月 28 日，王某委托笔者向某公司发送律师函要求解除合同并明确指出，某公司与王某签订的《代理合同》的法律性质实属特许经营合同，某公司有如下四点违约行为：(1) 没有依法向商务主管部门备案。(2) 没有在特许经营合同中约定必备条款，即“被特许人在特许经营合同订立后一定期限内，可以单方解除合同”。(3) 特许经营合同约定的特许经营期限应当不少于 3 年。(4) 尤其是在订立时就显失公平，在履行合同中供货、价格等违法、违约，已经严重侵犯王某的合法权益，依法王某可以要求撤销合同，贵司应当返还收取的代理押金等款项，并赔偿王某租房、装修等方面的损失。

第三步，提起民事诉讼主张权利。由于某公司没有在律师函指定时间内书面回复处理意见。笔者及时按照王某的要求向法院提起民事诉讼，重点以“双方签订的《代理合同》为特许经营合同，现被告没有备案，合同没有约定原告可以单方解除合同的期限，合同期限少于三年，且被告提供的产品存在重大缺陷，不符合合同约定，构成违约”为由，请求人民法院判决解除合同并赔偿王某的经济损失。

某公司在开庭过程中答辩称，原告所述被告所发产品无电瓶、合格证、商标标识不属实。被告向原告所发货物确实没有电瓶，但这是行业销售习惯。特许经营合同需收取加盟费、有统一的经营模式等，被告未收取原告的加盟费，且所收取的费用会在进货过程中返还，双方合同并非特许经营合同。故不同意原告的全部诉讼请求。

法庭归纳的争议焦点和笔者预测的案件焦点完全一致，为此，笔者依据庭前充足的准备，依次针对诉请进行举证，向法庭提交了举证提纲及证明指向，并对某公司代理人提交的证据进行质证。协助法庭查清案件事实后，在法庭辩论阶段，笔者发表了如下代理意见。

（一）《代理合同》系商业特许经营合同，双方成立商业特许经营合同法律关系

《商业特许经营管理条例》第3条第1款规定："本条例所称商业特许经营（以下简称特许经营），是指拥有注册商标、企业标志、专利、专有技术等经营资源的企业（以下称特许人），以合同形式将其拥有的经营资源许可其他经营者（以下称被特许人）使用，被特许人按照合同约定在统一的经营模式下开展经营，并向特许人支付特许经营费用的经营活动。"根据前述法律条文的明确规定，可以看出"商业特许经营"的基本特征有以下几点：（1）特许人拥有注册商标、企业标志、专利、专有技术等经营资源；（2）被特许人根据特许人的授权在特定经营模式下使用特许人的经营资源；（3）被特许人按照约定向特许人支付特许经营费用。

本案事实是，原、被告双方2014年11月5日签订了《代理合同》，该合同不仅约定了合同有效期、代理区域，还约定了乙方按照县级代理商的标准向被告缴纳代理押金59,800元，被告给原告铺货价值32,400元的电动车，乙方确定代理权后独立享受经营期间全部利润，按政策享受返利奖励，不得跨区域销售，不得擅自采购其他品牌产品，不得转让经销权，尤其是约定其装修布置等均应按约定统一形象来设计。

签订合同前，被告给原告出具的《××××四轮代理合作政策》显示：被告拥有且允许原告使用某注册商标的使用权，代理合作政策除了上述内容还有年进货300辆奖励价值3万元品牌宣传车一辆等广告支持；代理优势区域垄断，免费补货资金补贴利润差价自营自销广告分享超低级价格店面装修及销售指导：总部提供代理商店面装修，销售宣传资料电子设计方案和营销手册。

签订合同并交纳代理押金后，被告给原告出具了《授权书》，授权其在

某县代理某电动车系列产品，负责该地区的产品销售和售后服务。被告允许原告使用其拥有的注册商标等经营资源，并要求原告执行被告统一的销售政策，独家区域代理销售相关系列电动车和售后服务的经营模式，正像其宣传片宣传的那样，采取的系特许经营模式。双方之间存在的是商业特许经营合同法律关系，应该遵守商业特许经营合同的法律规范。

（二）《代理合同》缺乏法定条款，原告享有单方解除权

《商业特许经营管理条例》第 12 条规定："特许人和被特许人应当在特许经营合同中约定，被特许人在特许经营合同订立后一定期限内，可以单方解除合同。"本款俗称"冷静期"条款，该条款赋予被特许人在一定期限内解除商业特许经营合同的权利。被特许人可依据此条款行使单方解除权，一般会产生两个方面的法律后果，一是商业特许经营合同解除，二是商业特许经营费用返还。据此，笔者根据事实和法律论证了原告王某依法享有合同解除权的观点：

首先，由于双方签订的《代理合同》中没有约定被特许人（原告）可以单方解除合同的期限，再加上被告也没有催告原告行使合同解除权的权利，依据《合同法》第 94 条、第 97 条，《商业特许经营管理条例》，原告在向对方要求退还押金、赔偿损失时，仍然享有该权利，可以单方解除合同。

其次，根据《合同法》第 96 条第 1 款的规定，当事人一方依照《合同法》第 94 条的规定主张解除合同的，应当通知对方。合同自通知到达对方时解除。被告在合同解除时就应该退还相关费用。

最后，由于门店装修并未结束，原告并没有实际利用被告的字号、注册商标、经营模式等经营资源。

因此，根据《商业特许经营管理条例》第 3 条、第 12 条，《合同法》第 95 条和第 94 条第 1 项的规定，原告有权解除与管理公司的合同，并且根据《合同法》第 96 条、第 118 条的规定履行了法定的通知义务和及时转租的减轻双方损失的义务，根据《合同法》第 97 条的规定，原告有权要求两被告退还和赔偿诉讼请求中的款项和损失。

经过开庭审理，法院认可笔者的主要代理意见，认为双方合同约定符合商业特许经营的特征，故该《代理合同》系商业特许经营合同。当事人应当按照合同约定全面履行自己的义务。本案原、被告虽未就原告代理被告的“某”品牌电动车的具体标准进行明确约定，但被告提供给原告的电动车产品应当满足具备产品合格证这一产品上市的基本条件，且应当系双方约定的“某”品牌。对于涉案电动车是否应当配有电瓶，因电动车由电瓶提供动力，电瓶系电动车产品的重要组成部分，在被告未举证证明电动车销售行业不配备电瓶系行业惯例的情况下，应当认定被告提供给原告的电动车产品应当配备有电瓶。根据上述查明的事实，未有证据显示被告某公司提供给原告某的电动车产品系双方约定的“某”品牌且配有产品合格证，该产品亦未配备有电瓶这一重要部件，致使原告王某无法实现品牌产品代理销售的目的，故可以认定被告某公司的行为构成违约，原告王某有权解除合同并要求被告某公司返还代理押金及相关利息，赔偿由此遭受的房屋租金、广告宣传费损失。

四、案件结果与案件评析

最终，某区人民法院于2015年7月30日作出（2015）某民（知）初字第1347号民事判决书，判决：确认原告王某与被告某公司签订的《代理合同》自2014年11月5日解除；被告某公司退还原告王某代理押金59,800元及利息；被告某公司赔偿原告王某房租损失5830元、广告宣传费损失1500元等。

本案系典型的商业特许经营合同纠纷案件，特许经营备案、“冷静期”及合同期限均是规范从事特许经营的重要环节。商业特许经营的本质是成熟商业模式的复制，特许人依据合同约定，为被特许人提供品牌体系的全部经营资源，使其在当地区域独享现成的商誉、品牌和整套经营体系，在成立之初就拥有较高的起点。特许经营合同是建立特许经营法律关系的核心，尤其是对于特许人而言，合同的完善是减少特许经营纠纷的关键。在商业特许经营合作中，应重视特许经营合同的订立和履行，于特许经营合同中务必明确特许人的具体义务以及违约后果，对重大违约事宜约定合同解除权，并对合同终止后义务作出具体约定。这对于加盟后日常经营管理、潜在违约行为的及时监控、确认合同终止以及终止后义务的履行都有非常重要的保障作用。

本案中被告缺乏备案手续，没有约定原告可以单方解除合同的期限，约定的合同期限少于三年，尤其是提供货物有重大缺陷，严重侵犯了原告的合法权益。笔者以事实为根据，以法律为准绳，精准指出被告的重大违约行为，使法院基本支持了原告全部的诉讼请求，维护了原告单方解除合同并要求赔偿损失的合法权益。需要提醒的是，民事交往过程中，应该有风险和证据意识，注意收集、保全证据，当争议和纠纷出现后，建议及时采取必要法律手段，方可有效减免经济等损失。

破产重整篇

LHJS 合伙企业实质合并重整异议案

张世国　盛海波

一、基本案情

A 公司作为母公司，此前已经进入破产重整程序。B 公司作为其子公司，也同步进入破产重整程序，但独立于母公司的破产重整程序。

在 B 公司的破产重整程序中，D 律师事务所作为破产管理人，以 B 公司过度支配和控制 C 公司等十家公司，并存在法人人格高度混同、区分各关联企业财产的成本过高、严重损害债权人公平清偿利益等情形，向破产管辖法院提出实质合并重整申请，拟将 C 公司等十家公司纳入 B 公司的破产重整范围。

收到破产管辖法院发送的实质合并通知书后，LHJS 合伙企业为维护自身作为 C 公司股东和外部债权人的合法权益，组织笔者团队进行了多次座谈，并进行了深入的沟通和交流，遂委托东卫破产团队代理。

二、案件焦点

本案的争议焦点可概括为：C 公司是否符合实质合并重整的条件，是否有必要被实质合并重整，也就是管理人提出的合并重整事由是否具有事实依据和法律依据。

三、办案思路与进程

（一）基本策略

基于本案存在的事实、证据，笔者团队认为，根据“破产会议纪要”、

《公司法》相关规定以及公司章程等，首先对本次实质合并重整事宜应依法定的程序提出书面的异议，并参加听证程序，必要时可以现场与破产法官、破产管理人当面沟通交流，以便充分表达意见。

（二）书面异议的组织与起草

根据与LHJS合伙企业的深入沟通与讨论，基于本案的事实、证据及相关情况，最终确定本次提出的异议，至少应包含如下内容：

1. C系公司与B公司不存在法人人格高度混同的情形。

（1）强调拟被实质合并重整公司独立法人主体地位。

C公司及旗下的子公司、孙公司均系依法成立的法人主体，具有独立的主体地位和法人资格，均具有独立的股东会、董事会和监事会，公司法人治理结构完善，与B公司不存在法人人格高度混同的情形。

（2）分析B公司对C公司等相关公司存在过度支配和控制的原因。

即便如管理人所称存在法人人格高度混同的情形，但根本原因在于B公司对C公司及其子公司的过度支配和控制。并且，在不到五年的时间里，这种过度支配和控制就达到所谓的法人人格高度混同的程度，足以看出B公司行为本身已严重违反《公司法》以及公司章程的规定。并且，即便存在法人人格高度混同，也不能以此否认C系公司的独立法人人格。

（3）破产管理人自身在实质重整申请也确认B公司存在过度支配和控制的情形。

破产管理人提交的实质合并重整申请书的内容恰恰说明B公司作为C公司股比稍占优势的大股东，独自霸占和控制了C公司的实际运营，并长期阻止其他股东参与公司经营管理，在公司的重大经营问题上不召开公司股东会、董事会，未经许可擅自经营决策，同时可能存在挪用资金、侵占资产等违反法律及公司章程的行为。

（4）本次实质合并重整对C系公司的其他股东和债权人明显不公平。

如前所述，B公司对C公司的过度控制和支配的行为本身已经严重违法违规，而此次破产管理人的实质合并重整行为，直接否认C系公司的独立法人人格和独立法人财产权，对C系公司的其他股东和债权人明显不公平，实质合并重整的申请不应获得支持。

2. C系公司的法人财产权均具有独立性，应予以严格区分，区分成本过高并不足以成为实质合并重整的理由。

（1）强调C系公司名下的独立法人财产权。

C系公司对其名下的财产享有独立的财产所有权，包括占有、使用、收益和处置的全部权利。如前所述，C系公司具有独立的法人主体资格，有权对其名下的财产享有所有权，该财产应严格与B公司名下的财产进行区分。

（2）财产区分成本过高并不必然导致实质合并重整的结果。

即便财产存在混同、区分财产的成本过高，也应充分尊重各方的财产权，更不能由此直接剥夺和否定C系公司对相关财产的所有权。此种情况下的实质合并重整，将严重损害C系公司的法人财产权，进而损害包括LHJS合伙企业在内的其他股东的合法权益，以及C系公司全部债权人的合法利益。

3. C系公司不具备破产重整的情形，即便重整也应单独重整，不存在损害B公司债权人公平清偿利益的情形。

（1）基于现有证据，C系公司并不存在破产重整的情形。

作为C公司的合法股东，LHJS合伙企业及其他股东均认为C系公司不存在破产重整的情形，不应进入重整程序，更不能因大股东的破产重整程序影响到公司以及其他股东，甚至是全部债权人的合法利益。

（2）即便C系公司单独重整，也不存在损害B公司债权人公平清偿利益的情形。

如前所述，即便C系公司符合重整条件，也应是单独重整，且应独立于大股东（B公司）的破产重整程序，二者不能混同。在实质合并重整存在损害其他相关方权益的情况下，应慎重适用实质合并程序。即便C公司单独重整也不存在损害大股东债权人公平清偿利益的情形。而且，不能仅考虑大股东的债权人公平清偿利益，C系公司债权人的公平清偿利益也应得到尊重和保护。

（3）B 公司作为大股东自身存在重大过错。

正是由于大股东 B 公司自身经营管理的混乱和过度控制行为，致使包括 LHJS 合伙企业在内的其他股东无法行使《公司法》及公司章程规定的各项股东权利，股东权益已经长期受到侵害，公司自身也遭受了严重损失。在此情况下，破产管理人应从整体出发，综合考虑客观事实和相关情况，严格依法办事，切实尊重和维护相关各方的权益，慎用实质合并重整程序。

（4）LHJS 合伙企业也积极采取措施维护自身和公司权益。

LHJS 合伙企业为维护自身股东权益及公司权益，已就大股东侵占公司财产、挪用公司资金等违法犯罪行为，向相关部门予以实名举报。此外，LHJS 合伙企业还提起了股东知情权诉讼，要求公司提供自 2015 年以来的财务报表、重大经营事项、与大股东的关联往来、对外担保，以便了解公司的运营情况及利益受损情况。

4. 除依据“破产会议纪要”提出上述异议外，笔者团队还从如下角度提出意见，以强化此次异议诉求。包括但不限于：

（1）强调各方的股权隶属关系不同，不具有关联性。

根据股权隶属情况，本次合并重整的 10 家企业中，有 4 家公司是 C 旗下的全资控股，6 家公司是在 RZBZG 公司旗下并有其全资控股。从股权的隶属关系上看，10 家企业的股权归属于 2 个不同的公司，不具有关联性和一致性。值得注意的是，RZBZG 公司的全资控股股东是 A，理应将其纳入 A 的破产重整范围，但此次反而将其纳入 B 公司的重整范围，明显不符合常理，也与股权隶属关系不符。此次合并重整申请，相当于把与 C 公司完全不相关的公司及其债务，强加给 C 系公司并由其承担偿还责任，对 C 公司严重不公平。

（2）B 公司的破产重整是否有必要独立于 A 的破产重整程序，其合理性值得商榷。

如破产管理人在听证会上所述，B 公司本身不具有生产能力，仅是所谓的管理公司，主要是在各家子公司之间起到统筹资金和协调资源的作用。在此情况下，作为典型的管理型公司，B 公司本身不具有破产重整的价值。此外，从股权关系上看，B 公司作为 A 的全资子公司，应纳入 A 的破产重整范围，此次将 B 公司的重整程序独立出来，本身就加大了破产管理人的工作量，降低了重整效率，其合理性值得商榷。

（3）参会代表不具有合法授权，其所发表的听证意见不具有法律效力，听证程序存在严重违法情形。

C 系 4 家公司的合并重整事宜，应系 C 公司的重大决议事项，根据公司章程和《公司法》的规定应由公司股东会决议并予以授权，但该四家公司的参会代表并未经 C 公司股东会决议和授权，故该 4 名参会代表不具有合法授权，无权代表公司，其所发表的意见不能体现公司的真实意思表示，不具有法律效力。

此外，即便参会代表是公司的法定代表人，但公司重整事宜系公司的重大决议事项，不是法定代表人所能单独决定的，必须以公司股东会、董事会等公司机关的决议作为授权的基础和来源，法定代表人未经合法授权擅自代表公司参与听证并发表意见，构成越权代表、无权代表、非法代表。并且，有的参会法定代表人，任期已经届满，未经股东会和董事会再行续聘，无权代表公司。鉴于此，4 家公司的参会代表未经合法授权，其所发表的听证意见不具有法律效力，故听证会程序存在违法情形。

（4）本次实质合并重整事宜存在遗漏，存在选择性重整的情形，不能完全反映 C 公司的整体价值。

经查询工商登记信息，C 公司旗下共计有 5 家全资子公司，但本次拟合并重整事宜仅选择其中 3 家，另外 2 家全资子公司均未被纳入重整范围，该种合并重整方式明显存在重大遗漏，显然是选择性重整，该种实质合并重整并无法真正体现股东权益，更无法保障外部债权人的正当利益。

（5）即便 C 公司符合重整条件，也应单独重整，不应与 B 公司合并重整。

作为 C 公司的股东，LHJS 合伙企业及其他股东均认为 C 系公司不存在破产重整的情形，不应进入重整程序。B 公司的破产重整，不能影响到 C 系公司的合法权益，也不能影响包括 LHJS 合伙企业在内的其他股东和全部债权人的合法利益。即便如管理人所述，C 系公司资不抵债，符合破产重整条件，也应是单独重整，独立于 B 公司的重整程序，二者不能混同，更不能取而代之。

四、案件结果与案件评析

（一）案件结果

鉴于上述异议事由，律师团队与破产管理人和破产法院办案法官进行了多轮深入的沟通和论证，据理力争。最终，破产管理人同意撤回实质合并重整的申请，长春市中级人民法院出具裁定同意破产管理人撤回实质合并重整的申请。

（二）案件评析

本案的难点在于，作为即将被合并重整公司的股东或债权人，在面临破产管理人的实质合并重整申请时，是否能够有所作为，作为代理人律师该如何应对。本案的代理过程和最终的结果为类似案件的办理提供了一个启示，实质合并重整并不是洪水猛兽，也能被关进笼子。当然，工作还是要一步一步做，律师团队的专业能力和办案态度赢得了当事人的高度赞扬和尊重。

此外，结合本案以及全国各地法院的实质合并重整的案例，目前破产法院适用合并重整程序的审查标准，主要遵循了“破产会议纪要”第六部分的相关规定，但在司法实践中又根据案件的具体情况有所侧重。基于本案的代理工作，笔者深感实质合并重整程序是一把“双刃剑”，用得好，则能最大限度地维护股东和债权人合法权益；用得不好，很可能会损害利益相关方的合法权益。鉴于此，笔者认为，对于关联企业的实质合并破产案件，破产管理人和破产法院应基于客观事实和法定规则，立足各企业之间的具体关系，采取不同方式处理，一事一议，慎用实质合并重整程序，发挥其积极的一面，避免给利益相关方造成不必要的损失，真正维护司法公平和社会正义。

B 印刷公司破产清算案

东卫破产团队

一、基本案情

B 印刷公司是经北京市工商行政管理局通州分局批准成立的全民所有制企业，成立日期为 1986 年 9 月 9 日，法定代表人为黄某，注册资本 203.9 万元，住所：北京市通州区；所属行业：印刷出版企业；经营范围：出版物印刷、排版、装订，其他印刷品印刷、装订。

1994 ~ 2009 年，上级单位与 B 公司签订承包合同（协议），由黄某承包了 B 公司，同时担任 B 公司的法定代表人，协议期限至 2009 年 12 月 31 日。2009 年 12 月 31 日，上级单位发文同意关闭 B 公司。2010 年 1 月 4 日，上级单位召开会议，确定 B 公司正式职工的工作安排。黄某在承包合同到期后一直在经营，在 2016 年 1 月正式辞退职工停止经营。2017 年 5 月 31 日，上级单位正式成立清算组，经过清算，出现资不抵债的情况，向人民法院申请破产清算。人民法院于 2019 年 3 月 14 日裁定受理 B 公司破产清算申请，同时指定北京市东卫律师事务所担任 B 公司管理人。

二、案件焦点

1. B 公司存在被承包经营的情形，现 B 公司破产，承包关系能否在破产程序中一并解决。

2. 职工购买机器的集资款与拆迁款分离。

三、担任管理人办理案件情况

笔者团队担任管理人后，组建了5人的管理人团队，从以下几个方面办理本案。

（一）接管整个B公司

1. 全面交接

针对接管工作，管理人制订了相应的接管工作计划，分成不同的组与A公司进行交接，主要从财务、资产、内部管理三个大的方面进行接管，并制作交接笔录与交接清单，用时三天完成交接工作。

2. 制定工作方案及制度

根据交接过程中了解的情况，有针对性地制定了管理人工作方案及管理人工作制度报人民法院备案。

3. 破产原因分析

B公司为印刷类企业，不符合北京市整体的发展要求，属于清退企业，整体产能较低，销售渠道不稳定，造成资不抵债。

（二）调查B公司资产状况

管理人在接管B公司后，对账面与实物资产进行了全面的清查，主要资产如下。

1. 固定资产

根据B公司的财务资料，固定资产的账面净值为325,282.67元人民币，主要的固定资产为印刷设备及原材料，还有一些设备不在账面记载，需要重新登记并核对。

2. 流动资产

货币资金2,315,640.2元人民币。

3. 拆迁费

鉴于B公司所占用的土地、房屋产权均为上级单位所有，2010年12月16日，上级单位（甲方）与拆迁方签订《协议书》，就上级单位所有的地及公用房在通州区新城建设拆迁范围内的拆迁安置等问题达成协议。

2018 年 12 月 25 日，某会计师事务所有限责任公司出具《B 公司拆迁补偿咨询报告》，B 公司在拆分后应分配的拆迁补偿款可能为 12,266,718.75 元，其中房屋重置价格 4,388,593 元、设备及附属物房屋重置价格 569,830 元、停产停业综合补助费 4,786,030 元、提前搬家奖励费 2,393,015 元、拆迁补助 119,650.75 元、移机费 9600 元。鉴于黄某自 1994 年承包 B 公司，黄某表示在承包后新建、翻建了部分厂房，同时 B 公司房屋面积和实际面积存在较大差异，且账面名称与实际不符，会计师事务所无法分清 B 公司房屋产权实际归属，无法最终确定归属于 B 公司的拆迁补偿。

（三）审查申报债权

根据 B 公司账面记载，管理人逐一通知了已知债权人，经过债权申报及审查，最终管理人审查确认 36 位债权人债权，债权总额为 17,564,027.34 元人民币，为普通债权。

在黄某承包期内，以 B 公司的名义分别在不同时期向不同的职工或个人借款购买机器设备产生的债务，该类型的债权人申报时将拆迁的因素添加到债权申报数额中，这类型的债权均发生在承包期之内，在审查这类型的债权时，管理人非常谨慎，了解当时 B 公司的现状以及职工投资的背景，并与当时的承包人进行了逐一核对，确定债权的真实性，对申报中不合理的没有法律依据的部分不予以确认。

对于承包人在承包期内对房屋厂房的翻建以及新建，承包人主张对于该部分应该作为拆迁的对象直接给予拆迁补偿，不能作为破产财产，后管理人根据土地与建筑物不可分离的法律原理对债权人进行了解释，最终债权人对房屋厂房的翻建以及新建产生的费用作为债权进行了申报，不再直接主张拆迁款，管理人审查后予以确认。

（四）拆迁款的主张

鉴于 B 公司所占用的土地及房屋的产权均属于上级单位，虽然有会计师事务所出具的拆迁咨询报告，但上级单位认为拆迁款针对的是产权人，不是针对B公司，所以B公司对于拆迁补偿的要求不予认可。

管理人对应属于B公司的拆迁补偿款对上级单位提起诉讼，要求将拆迁款中涉及的拆迁安置补偿、翻建及新建部分的补偿、停产停业损失等支付给B公司，经过人民法院审理，人民法院支持了管理人提出的请求，判决上级单位支付B公司拆迁补偿合计1000余万元，扩大了破产财产的范围。

（五）资产处置

B公司机器设备、原材料是一个完整的生产链，管理人基于处置利益最大化的原则，建议打包处置，债权人会议同意管理人的该方案，获得一个较高的处置价格。

（六）终结破产清算，注销A公司

B公司拆迁款及全部财产处置变现后的价格总额为1300余万元，在支付职工债权后，普通债权的清偿率为60%，获得债权人会议的认可，在人民法院裁定终结破产清算程序后，管理人办理了注销登记，完成本案。

四、案件评析

（一）在破产程序中将承包关系一并解决

本案的复杂之处在于B公司从1994年开始就由黄某承包经营，而黄某本身属于上级单位的正式职工，在承包期内自负盈亏，虽然承包合同只签订到2009年，但实际承包结束一直延续到清算前。在自行清算期间，将承包关系、拆迁补偿关系、清算关系混在一起，导致债权无法得到有效的确认，拆迁与承包混在一起无法确定拆迁补偿。

管理人接管后，将B公司作为主体，所有的关系全部围绕B公司进行，首先，将承包关系中涉及的承包期内承包人自费翻建和新建的房屋与拆迁补偿进行分离，明确了承包的翻建与新建是承包人与B公司之间的关系，现B公司破产，对于该部分由承包人直接申报债权。其次，承包人翻建和新建的房屋作为B公司的财产，按照拆迁补偿协议领取对应的补偿款，作为破产财产，承包人不得直接针对补偿。按照这两个大方向，经过多次沟通，得到债权人的认可，在破产程序中成功地将承包关系一并解决。

（二）将职工或其他个人对 B 公司的投资款与拆迁款分离，给予普通债权较高的清偿率

30 多名职工以及其他个人在承包期内向 B 公司进行投资购买机器设备，用于生产经营，单台机器设备的产生的收益进行独立核算，产生的利润对机器投资人进行分红。现该部分债权人在申报时主张机器的所有权、拆迁补偿款按照投资额度进行分配、投资款的本金及利息。

由于涉及人数较多，管理人对该类债权人特别慎重，经管理人内部研讨后，首先确定机器设备的所有权归属于 B 公司，其次确定投资购买机器的行为与拆迁没有关系。经过与该类债权人多次的开会解释，债权人接受了管理人的认定，最终对该类型的债权人确定了债权本金及相对应的利息，无人提异议，不但最终得到较高的清偿率，还避免了群体性事件的发生，取得了较好的办案效果。

A 地毯公司破产清算案

东卫破产团队

一、基本案情

A 地毯公司成立于 1981 年，为全民所有制企业，2003 年由全民所有制企业改制为有限责任公司，注册资本为 25, 163, 690 元人民币，股东为多名自然人。2006 年 A 公司注册资本增加至 44, 153, 160 元人民币，股东中增加了法人股东。股权结构经过多次变更后，现在的股权结构为一位法人股东，出资为 42, 394, 126 元，持股比例为 96. 03%；张某，出资为 1, 683, 300 元，持股比例为 3. 8%；李某，出资为 75, 680 元，持股比例为 0. 17%。A 公司住所地为北京市某区，主要经营范围为制造、加工和销售地毯，现已停止生产。A 公司虽然改制为私有制企业，但是仍然按照全民所有制企业进行管理，在职职工 258 名。

A 公司以本公司资产不足以清偿全部债务为由向人民法院申请破产清算，人民法院于 2013 年 1 月 18 日裁定受理 A 公司的破产清算申请。2013 年 4 月 28 日法院决定由北京市东卫律师事务所担任 A 公司管理人。

二、案件焦点

本案中，在职职工为 258 名，年龄在 40 至 50 岁之间，如何妥善地安置职工成为本案的重点。

三、担任管理人办理案件情况

笔者团队担任管理人后，组建了 9 人的管理人团队，从以下几个方面办理本案。

（一）接管整个 A 公司

1. 全面交接

针对接管工作，管理人制订了相应的接管工作计划，分成不同的组与 A 公司进行交接，主要从财务、资产、人员、内部管理四个大的方面进行了接管，并制作了交接笔录与交接清单，用时 7 天完成交接工作。

2. 制定工作方案及制度

根据交接过程中了解的情况，有针对性地制定了管理人工作方案及管理人工作制度报人民法院备案。

3. 破产原因分析

A 公司机器设备均为 20 世纪 80 年代的产品，产能较低，生产品种少，职工较多，销售渠道不稳定，跟不上市场的发展，造成资不抵债。

（二）调查 A 公司资产状况

管理人在接管 A 公司后，对账面与实物资产进行了全面的清查，主要资产如下。

1. 固定资产

根据 A 公司的财务资料，固定资产的账面净值为 14, 404, 300. 35 元人民币，主要的固定资产为生产地毯的机器设备与一处房产。

2. 流动资产

应收账款为 9, 019, 169. 65 元人民币，欠款单位 88 家；

预付账款为 188, 706. 04 元人民币，收款单位为 13 家；

其他应收款为 7, 016, 334. 35 元人民币，欠款对象为 26 家。

3. 存货

账面存货净值为 10, 888, 444. 00 元人民币，主要为地毯的产成品与半成品。

（三）审查申报债权

根据A公司账面记载，管理人逐一通知了已知债权人，经过债权申报及审查，最终管理人审查确认5家债权人债权，债权总额为44,343,837.77元，为普通债权。

（四）安置在职职工

管理人接管时，A公司现有在职职工258名，每月工资、社保及医疗保险大约为90万元，A公司在人民法院受理破产之前就已停产，没有经营收入，A公司的职工工资及社会保险、医疗保险等费用是通过借款来发放的。

如何妥善地安置职工是破产工作的重中之重，A公司虽然在形式上是私有制企业，但实质上还是按照公有制企业在管理，职工的年龄大多集中在40至50岁之间，如这些职工下岗，以现在劳动市场的供需去找工作的可能性基本为零，并且，由于职工人数较多，考虑到区域特色及稳定，需要针对本案的特点制订符合本案情况的安置方案。

经过政府与法院的协调，B公司有用人需求，管理人与债权人会议主席及B公司开会研究安置职工细节方案，经过多次研讨及向小范围的职工摸底最终确定了职工安置方案，方案的主要内容包括：（1）职工与B公司进行双向选择到B公司进行工作，按照职工在A公司工作的年限计算经济补偿金，将经济补偿金支付给B公司。（2）选择协议解除劳动合同的方案，此方案在上报人民法院后实施。

管理人与B公司经过7天紧锣密鼓的工作，与A公司的258名职工分区域、分小组地进行了面对面的交流，讲解了本次A公司破产职工安置的方案，由职工进行自由选择。最终，在258名职工中，6人选择协议解除劳动合同，202名职工与B公司达成一致去B公司工作，50名职工没有作出任何选择。

针对50名没有作出任何选择的职工，管理人与B公司再一次进行动员会，最后36名职工与B公司达成一致去B公司工作，剩余14名依然不做选择，同时B公司也表态不再接收该14人。

针对该14人，管理人在充分地告知其权利义务后，依据《劳动法》《劳动合同法》的规定单方解除了劳动合同，并依法支付了相应的经济补偿金，该14人认可了管理人的方案，没有提出诉讼。至此，258名在职职工均妥善地进行了安置，没有引起群体性事件。

（五）资产处置

1. 房产的处置

管理人通过拍卖的方式对房产进行了处置，获得一个较高的价格。

2. 机器与存货

A公司机器设备、原材料、在产品、产成品等物品是一个完整的生产链，管理人基于处置利益最大化的原则，建议一起打包处置，债权人会议同意管理人的该方案，获得一个较高的处置价格。

3. 应收账款

对外的应收款、预付款，因产生的时间较久，超过了诉讼时效，而且证据材料缺失，管理人对部分债务人进行催收，但均没有催回欠款，经债权人会议决议不再进行催收。

（六）终结破产清算，注销A公司

A公司的全部财产处置后的价格总额为1500万元，在支付职工工资及经济补偿金后，无财产供普通债权人分配，债权人会议同意该结果。人民法院裁定终结破产清算程序，管理人办理了注销登记。

四、案件评析

本案的重点是258名在职职工的妥善安置，管理人制订了完善的职工安置方案，人性化操作，妥善地安置了258名在职职工，未引发群体性事件，维护了区域的稳定。

（一）职工安置方案的形成

1. 接收单位的确定

通过与政府及人民法院的沟通，最终确定由B公司作为接收单位。

2. B公司对接收人员的选择

B公司作为私营企业，对258名职工并非无条件接受，经过多轮的商讨，确定先由职工填报去B公司的意愿，再由B公司从有意愿的职工中选择，本着双方自愿、双向选择的原则，确定去B公司的职工。

3. 经济补偿金直接支付给B公司

258名职工均为40~50岁的人员，从参加工作就在A公司工作，其无法接受下岗的事实与概念，为了稳定职工情绪，采用无缝对接的方式，对通过双向选择去B公司工作的职工将其劳动关系直接转移至B公司，工龄从在A公司参加工作时连续计算，将其对应的经济补偿金直接支付给B公司。

4. 前期摸底

针对安置方案，管理人前期与部分职工进行了摸底，职工均赞成该安置方案。

5. 安置方案的主要内容

（1）职工与B公司进行双向选择到B公司进行工作，按照职工在A公司工作的年限计算经济补偿金，将经济补偿金支付给B公司。

（2）协议解除劳动合同，自谋职业。

（二）职工安置方案的实施

面对258名职工，管理人采用分组、分片的方式讲解安置方案，利用7天的时间，分别与职工进行了面对面的交流，讲解破产事宜，安置事宜获得职工的理解与支持，最终对全部职工进行了妥善的安置，未引发群体性事件，为区域的稳定作出贡献，顺利地完成本案。

某地产公司全部资产被保全后僵局破解案

赵显光　张　涛

一、基本案情

某地产公司项目建设在尚未整体竣工验收之际，因现金流绷紧而引起众多债权人恐慌，短时间内遭遇多起诉讼并引发连锁反应，很快公司全部资产被保全，法院冻结了公司的银行账户，查封在售房屋和500多个地下车位。这些诉讼导致项目扫尾工程的施工被迫停止，公司运营很快陷入困境。

政府为避免群体性事件，虽然未阻止公司向业主交付房屋，但整个小区的房屋产权手续因涉诉均无法办理。实际上，公司负债规模、应收账款和可售资产尚处于总体良性状态，只是突发的变故导致公司措手不及，难以应对。

由于公司规模较小，股东财力早已透支，应收债权存在纠纷难以及时回收，加之房地产行业下行的市场环境，公司想从市场上融资更是无望。随着诉讼案件陆续败诉和进入执行程序，考虑到公司资产经法院拍卖处置后将遭受严重价值折损，股东已经预感到公司再无起死回生的可能。

查封的资产经司法评估，房屋和车位的评估价格只有此前市场价格的七成左右，公司的法定代表人牛总看在眼里，痛在心上。牛总是公司主要股东之一，曾经运作过多个房地产项目，三年前将自己全部个人积蓄和希望都投入西北某城市的这个房地产项目上。牛总本来对这个项目寄予了厚望，但没想到因其他股东将资金错误投入其他项目而导致本项目现金流断裂。面对法院强制执行和债主们的不断催讨，面对股东相互推诿和相继离开，已经被限制高消费并被纳入失信被执行人员名单的牛总深感无助，渐渐地也想尽快逃离这绝望之地。万事云烟过，只求隐桃园，牛总心灰意冷，收拾好行囊，独自开车2000多千米回到北京，隐居于京北远郊的深山小院里。牛总换了手机号，从此断绝一切与公司业务有关的人和事，开始了种菜赏花的人生。

一年以后的一个秋日，牛总偶遇笔者团队，也是偶然谈及他的风云往事，但律师敏锐地感觉此事当前是困局但未必是死局。首先，公司尚有大量资产、到期债权2000余万元，不属于严重资不抵债，并非不可救药。其次，因房地产市场下行和小城市购买力限制，法院对房屋和车位处置难度较大，开发商参与处置具有优势。最后，法院和政府必然急于给业主办理房屋产权手续，应该乐见开发商出面配合。基于此，项目盘活还是很有希望的。

实际上，牛总身居北京山村，但内心并没有真正放下曾经呕心沥血的那个房地产项目。他反思之后，慢慢理解了曾经帮助过自己的那些债权人，不再怨恨他们断然诉讼的维权方式，对至今仍无法办理房屋产权手续的无辜业主也深感自责。牛总当时决心“跑路”，心中更多的是经营困局重压之下的无奈。

牛总听了笔者团队的初步分析，重新燃起了自己东山再起的希望。几日后他主动约见笔者团队就公司困局进行深入沟通研讨，经过笔者团队的进一步分析，牛总豁然开朗，当即决定聘请笔者团队，并请律师随其出征，再赴那片承载他全部希望的土地。

二、案件焦点

牛总此前陷入困局，是因为法院严格按照传统执行方案，将公司账户冻结，相关房产、车位查封后进入司法拍卖流程，使地产公司的资金断流、经营陷入困境，那么，是否存在一个更为合理的方案，能够既满足地产公司的经营需求，又使申请执行人的债权得以实现呢？因此，本案的争议焦点在于，强制执行方案是否能根据实际情况灵活调整，乃至由被执行人自行处置已被查封的财产。

（一）被执行人自行处置财产机制的合法性

《最高人民法院关于人民法院民事执行中拍卖、变卖财产的规定》第1

条指出："在执行程序中，被执行人的财产被查封、扣押、冻结后，人民法院应当及时进行拍卖、变卖或者采取其他执行措施。"法院在对查封、扣押、冻结的财产进行变价处理时，应当优先采取拍卖的方式，这也是常规的变价措施。

但拍卖在财产处置上并不必然具有优势，拍卖有严格的流程要求与操作规范，不仅会产生大额拍卖费用，且须历经询价、评估、挂网、拍卖、成交等一系列拍卖流程，耗时良久。若经过二次拍卖仍然流拍，按照规定申请执行人只能接受以物抵债或者将财产解封退还给被执行人，而作为地产公司债权人的申请执行人多半为企业，企业大多不愿意接受以物抵债；即使拍卖成功，成交价格亦会远低于财产的市场价格。如此一来，虽然法院进行了大量的工作，但申请执行人仍可能无法收到全部的执行款，被执行人亦未能减轻债务。在财产处置困难的背景下，被执行人自行处置财产机制应运而生。

《民事诉讼法》第 254 条规定，不适于拍卖或者当事人双方同意不进行拍卖的，人民法院可以委托有关单位变卖或者自行变卖。这里的变卖措施其实就为被执行人参与财产的处置留下了可行的通道，且该条款以"其他执行措施"为兜底表述，使执行方案具有了灵活变动的空间。

相关司法解释进一步明确了被执行人自行处置财产的合法性。《最高人民法院关于进一步完善执行权制约机制　加强执行监督的意见》指出，要探索建立被执行人自行处置财产机制，赋予被执行人在一定期间内自行处置财产的权利，减少其对评估价格、财产处置行为的异议，提升执行工作效率和满意度。《最高人民法院关于人民法院执行工作若干问题的规定（试行）》第 33 条规定："被执行人申请对人民法院查封的财产自行变卖的，人民法院可以准许，但应当监督其按照合理价格在指定的期限内进行，并控制变卖的价款。"

由被执行人自行处置财产，可以极大地发挥其在行业与专业上的优势，缩短执行时间，节约司法成本，尤其是为有挽救价值的企业转危脱困争取了宝贵的机会，因而是文明执行、善意执行理念的充分体现。

（二）被执行人自行处置财产机制的方案设计

即使被执行人自行处置财产有充分的法律依据，法院在多数情况下仍然倾向于驳回被执行人的这一申请，这是因为一旦由被执行人自行处置，法官及法院便会面临较大的风险，其一是市场风云变幻，若被执行人以较低的价格卖出了财产，使申请执行人的债权难以获得清偿，法官将面临被投诉、被提出执行异议等局面；其二是对财产变卖款的监督控制有一定的难度，若允许被执行人自行交易的决策导致财产被转移，法官及法院亦可能承担相应的责任。

因此，为了推动被执行人自行处置财产机制的实现，在执行方案的设计上需要更为谨慎，尽可能地减轻法院以及申请执行人可能面临的风险。

《最高人民法院关于在执行工作中进一步强化善意文明执行理念的意见》《最高人民法院关于进一步完善执行权制约机制加强执行监督的意见》等司法文件对被执行人自行处置财产机制的具体实施细则进行了规定。第一，被执行人申请自行处置时，法院一般应在征得申请执行人同意的情况下允许其自行交易；第二，法院应对被执行人自行处置的价格进行监督控制，变卖款需足以清偿所有执行债务；第三，法院应对被执行人自行处置的期限进行监督控制，变卖期限由人民法院根据财产实际情况、市场行情等因素确定，但一般不得超过60日；第四，法院应对被执行人自行处置获得的变卖款进行控制，保证变卖款优先用于实现案涉债权。

而在司法实践中，已有较为成熟的经验可供借鉴。例如，徐州市云龙区人民法院在某商品房销售合同纠纷案的执行过程中，允许被执行人自行销售房屋，但要求：首先，销售款须全部汇入固定账户，被执行人每日向法院报告房产销售明细及进出账流水，法院工作人员不定时至现场检查；其次，联合不动产登记交易中心、住建局等相关部门对被执行人房产销售情况动态监督，一旦发现相关部门监测情况与该公司上报情况不一致，将立即停止被执行人自行处置行为；最后，将被执行人相关案件情况通报给其母公司，通过其母公司督促其尽快履行。多管齐下，达到控制财产变卖款以保障执行的目的。

三、办案思路与进程

1. 根据牛总提供的线索了解案件执行进展。笔者团队接受委托后，迅速联系法院执行局了解案件执行进展情况。律师很快得知，因本地基层法院涉及该地产公司的案件众多，现在已经全部归集到本市中级法院统一执行。由于当地房地产市场下行以及房屋和车位未办产权等原因，评估价格很低的房屋和车位仅处置了极少的数量。因地产公司停止运营，小区无法办理竣工验收，业主无法办理房屋产权手续，法院和地方政府都希望开发商尽快恢复运营，配合政府完成后续各项工作。这些情况与律师此前预估的比较接近，其中涉及地产公司的案件都集中到中级人民法院统一处理是重大利好消息。

2. 确定解决问题的整体思路。律师经过详细分析研究，制定了与法院执行局谈判的初步思路：

（1）申请法院指定地产公司原销售团队代理法院处置查封的房屋和车位，销售过程和销售款由法院监管，销售款由法院和地产公司按比例分配。其中，法院分得金额用于偿还地产公司应付执行案款，地产公司分得金额用于销售费用、完成项目扫尾施工和政府税费等。

（2）法院分得金额应不低于此前拍卖资产流拍价格对应的金额，以此保障申请执行人的合法权益。地产公司分得的金额是相较法院拍卖价格的溢价部分，且应专款专用。地产公司每月领取一次分配款。

（3）申请法院帮助地产公司收回已被业主长期无偿使用并由业主委托的物业公司实施管理的地下车位使用权。请法院以车位安装地面挡杆和地下层防水需要维修等理由配合发布清退公告，排除业主和物业公司可能的抵制。

上述执行方案不违反法律规定，可以提高资产处置价格，提高执行效率，提高债务偿还能力，可以减轻执行法官的工作量。如果该方案的实施达到预期效果，法官的创新执行方式在院内可以得到正面评价，同时，可以解决小区竣工验收，并促成小区业主房屋产权办理工作，可以体现巨大的社会效益。

上述思路可以多方共赢，可行性较强。

3. 实施执行方案的具体步骤。

（1）牛总联系公司原销售人员，告知项目将重新启动，为新形势下的销售工作做好准备。

（2）牛总带律师回到公司，联系当地旧友，拉近感情，以公司聘请了北京专业房地产律师团队表达切实解决问题的决心和信心，重新获得当地相关人员和职能部门的信任、理解和帮助。

（3）提前准备详细阐述上述整体方案的可行性和法律合规性书面材料，确保法官第一时间准确理解我方思路，避免只用口头表述造成理解差错而被拒绝。

（4）收集公司债权证据，准备通过诉讼追索总计2000余万元的质量较好的债权，用多种方法缓解资金压力。

4. 与执行法官见面谈判。

执行法官是中级法院执行庭副庭长，有良好的专业水平。律师向法官提交事先准备的书面方案并进行沟通后，法官总体认为该方案具有一定的可行性，但还需要细化，比如如何监管销售过程，如何监管销售款，一旦出现资金失控怎么办（法院无法承担这种风险），销售款具体分配的比例，以及需要法院配合的具体工作事项等。由于地产公司涉及多个执行案件，事关重大，方案能否被法院采纳，还需要执行局上会研究。法官建议律师尽快出具完整详细的书面文件。

5. 细化后的方案被法院采纳。

针对法院的建议，律师迅速完善《地产公司配合执行方案》，详细阐述方案的可行性以及销售和监管的具体工作流程。（1）针对销售监管问题，我们建议法院指定一家当地的律师事务所与地产公司签订销售监管协议，由该律师事务所代表法院对地产公司销售过程和资金入账行使监督权力和承担监管义务，由此产生的律师费用由地产公司支付，并主动帮助法院拟订地产公司与监管律师事务所之间的《项目资产销售监管协议》文本；（2）针对销售款分配比例问题，根据当时房屋和车位市场价格测算，认为销售款分成比例法院七成地产公司三成较为合理，细化后的方案进一步将销售款分成具体化，提出房屋销售款法院分得每平方米3500元（市场价约为5000元），每个车位法院分得42,000元（市场价约为75,000元），且地产公司承诺资产销售价格和金额必须高于法院应分得的价格和金额；（3）主动帮助法院拟订对物业公司交出地下车库管理权的《协助执行通知书》文本和对全体业主的《公告》文本，并根据法院落实执行方案的工作思路，拟订法院对地产公司笔者的《执行工作谈话笔录》文本，拟订并提交《地下停车位使用权转让协议》文本和《商品房买卖合同》文本。总之，律师尽最大努力让法院感受到地产公司执行方案的可行性和公司配合执行的诚意。

之后，经与法官多次商洽，执行庭上会通过了地产公司的上述方案。法官通过与律师的执行工作谈话笔录确定执行方案开始履行，律师与监管律师事务所同步签署了监管协议。根据该法官的要求，执行方案有效期设定为一年，远超法律建议的期限，这也侧面反映了该执行方案的强大说服力。

上述过程总共历时3个月。

6. 法院和地产公司落实执行方案。

法院向物业公司送达了《协助执行通知书》，要求物业公司配合法院的执行工作，向法院移交地下车库闸机控制权，并在小区多个显著位置张贴了公告，通知业主三天内腾退占用的地下车位。虽然法院的通知和公告具有法律权威和法律效力，但由于该项工作直接触及物业公司和全体业主的现实利益，还是发生了物业公司和业主不予配合的情况。他们一面委托律师向法院提出异议，另一面向有关部门进行投诉，在一定程度上影响了法院全力跟进执行的积极性，导致执行方案的落实工作开局不利，暂时搁置下来。

律师认真分析局势后，建议地产公司以小区尚未竣工验收、物业公司和业主阻碍施工为由，向建委和法院请求采取府院联动执法措施，向物业公司和带头业主施加更大压力。经过艰苦的说服工作，政府有关部门采纳了地产公司的意见，同意向法院出具《关于小区尚未竣工验收需由地产公司完工的工作联络函》。法院据此再次对物业公司发出《协助执行通知书》，并现场对其负责人讲明妨害司法的法律后果，同时，地产公司私下以双方未来的共同利益对物业公司负责人进行说服。物业公司权衡利弊后，不情愿地同意将地下车库出入口闸机管理权移交给法院，随后法院转交给地产公司。

物业公司的障碍排除后，有些业主为宣泄不满情绪多次以无处停车为由集体停车堵路，制造事端。经过一段时间的对峙和疏导，绝大多数业主不再进行无理抗争，接受了现实。但此前用惯了地下车位的车主一时难以承受冬季寒冷的气候，他们逐步接受以市场价购买曾经“白菜价”的车位，也有一些车主选择付费租赁车位。

地下车位使用权问题处理后，地产公司正式开始代理法院处置查封资产的工作。有了销售回款，地产公司很快从法院领取了分配款项。随着房屋和车位的促销活动的开展，律师设计执行方案逐步得以落实。经过一年的运行，地产公司完成了小区竣工验收，并达到办理房屋产权手续的条件，公司运营重新走向正轨。

鉴于执行方案的积极作用，法院已经两次延长《地产公司配合执行方案》的有效期，保障了地产公司逐步偿还债务和恢复正常运营的能力。

7. 地产公司追索债权取得一定进展。

笔者团队在指导地产公司落实上述执行方案过程中，同步启动多个追索债权的诉讼，其中一个1000余万元的案件已经完成回款，在支付执行款后，地产公司也获得了收益。目前估算，地产公司资产顺利处置并回收主要债权后足以偿还全部执行案款。

四、案件评析

（一）律师应具备迅速解析问题并抓住重点的能力

律师代理房地产法律业务不仅需要掌握建设施工、物权法律、开发建设销售流程等法律政策知识，更加需要在此类业务中有丰富的实务经验。本案中，牛总经营地产公司多年，对项目具体情况了如指掌，并聘有常年法律顾问“保驾”，但当其面对资金链断裂和法院查封全部资产后，大家竟无计可施。对于这样的复杂局面，本案律师迅速从该项目并非资不抵债的关键信息中捕捉到了希望，并根据多年的司法实践，马上想到与执行法院谈判解决资产变现的思路。而在执行程序之外，根据牛总所述公司主要债权的存在争议问题，律师亦很快分析出几笔金额较大的债权完全具备起诉和胜诉条件，并判断对方具有履行能力，可以此实现公司资金的回流。律师通过对地产公司主要问题的专业解析，迅速建立了牛总的信心，创造了一件地产公司困局破解的经典案例。

（二）律师要善于站在法官的角度，思考和设计解决问题的思路

法官办理案件通常程序严谨，对所谓创新思路的接受度不高。本案律师认为，地产公司提出的执行方案必须避免增加法官违规风险的可能性，同时要利用好法官希望早日结案的工作积极性，具体表现为以下几点：（1）形成了“地产公司代理处置财产后法院收款金额必须大于此前拍卖流拍金额”的思路，否则新方案将因面临损害债权人利益的负面评价而失败；（2）在方案中安排第三方律师监督销售，以此排除地产公司挪用销售款给法官带来的监管责任风险；（3）以往经验表明，法官一旦拒绝某方案，其再改变自己观点将十分困难，因此关于配合执行的具体细节问题，律师事先把配合执行方案做成书面形式，以避免口头沟通时理解错位被拒绝；（4）站在便于法官落实执行方案的角度，律师拟订了本该由法院自行拟订的《协助执行通知书》和《公告》等法律文书，甚至拟订了法院对地产公司代理人的《执行工作谈话笔录》文本。虽然法官可能不用或者不同意律师的文书版本和意见，但律师积极的工作态度可以给法官留下诚恳务实的印象，将有利于在后续工作中默契配合。

事实证明，正是律师善于站在法官角度思考问题，才逐步完善了执行计划，并使执行计划得以顺利实施。

刑民交叉篇

刑民交叉下的抵押权认定案例

王魁华　段艳霞　马金铭

一、基本案情

李某1与任某原系夫妻，婚姻关系存续期间购买了一套房产，登记在任某个人名下，在招商银行办理了按揭。李某2系某小贷公司的法定代表人，周某系小贷公司的员工，唐某、沈某为小贷公司业务员。2018年任某由于网络赌博需要资金，为了不让配偶李某1知晓，在唐某等人的帮助下办理了假离婚证、假离婚协议，通过过桥资金将招商银行的按揭贷款还清后拿回房产证原件，再以房产做抵押向浦发银行贷款35万元，李某2为任某向浦发银行的贷款提供担保，任某以房产向李某2提供反担保。在房产上共设定了两个抵押权，浦发银行为第一顺位抵押权人，李某2为第二顺位抵押权人。2019年，李某1与任某感情破裂，协议离婚，婚内购买的房产归李某1所有，车辆归任某所有。在办理房产过户时，李某1发现了房产早已被任某抵押贷款的事实。李某1为了取回房产，找到笔者团队，要求解除房产上的抵押，将房产从任某名下过户至李某1名下。

二、案件焦点

本案的争议焦点是，任某等人伪造办理假离婚证等违法手段解除了原先的抵押，未经房产共有人同意，任某设立新的两个抵押权的效力如何？李某1的诉求能否得到法院的支持？

三、办案思路与过程

经过与李某1的多次沟通，笔者团队发现任某在抵押贷款之前已有多笔网贷逾期，任某完全不符合银行贷款的要求，小贷公司的员工周某、唐某等人为了业绩，通过非法方式帮助任某炮制假离婚证、假离婚协议以及虚假的业务合同，并帮助任某寻找了过桥资金，这才让任某得以偿还房产上已有的招商银行的按揭，解除招商银行的抵押，再以房产向浦发银行申请贷款，其中浦发银行与小贷公司之间系业务合作关系。

由于向浦发银行抵押时，李某1不知情，根据《最高人民法院关于适用〈中华人民共和国担保法〉若干问题的解释》第54条第2款“共同共有人以其共有财产设定抵押，未经其他共有人的同意，抵押无效”之规定，一审时，我们主张浦发银行及李某2对案涉房屋享有的抵押权无效，应依法予以撤销。一审经过两次开庭审理，通过浦发银行及李某2提供的材料发现，浦发银行当时办理贷款时进行了下户调查，但是下户调查表的落款时间早于拍摄照片的时间，且其中陈述任某与李某1系判决离婚，明显与事实不符，有理由认定浦发银行未尽到合理审查义务。李某2不认识任某，只是在办理抵押登记时到场，之所以以个人名义提供担保，系其所在公司还未将担保业务资质办理下来。由于李某1对浦发银行提起诉讼，浦发银行基于与小贷公司之间的合同，要求小贷公司履行担保义务。一审法院认为因浦发银行已经将贷款发放给了任某，李某2代任某向浦发银行承担了清偿责任，均支付了对价，且没有证据证明浦发银行与李某2参与了假离婚证等材料的制作，故第一顺位与第二顺位的抵押权均有效，但因浦发银行的主债权已因李某2偿还消灭，第一顺位的抵押权消灭。一审法院判决浦发银行与任某注销第一顺位浦发银行的抵押权，驳回李某1的其他诉讼请求。

李某1不服一审判决，向中级人民法院提起上诉。李某2既然不认识任某，那么涉案的《抵押反担保协议》是如何签订的，李某2为任某提供担保是如何磋商的，很显然，均是通过小贷公司的员工唐某、周某等人实行的。

唐某、周某等人的行为如何定性？李某2与唐某、周某之间是什么法律关系？因一审法院认为没有证据证明浦发银行与李某2参与了假离婚证、假离婚协议的制作，为了查明事实，我们启动了刑事程序，李某1向当地派出所报案，任某、唐某、周某等涉嫌伪造国家机关证件罪。由于二审期间公安仅进行了立案，没有进一步调查的结果，二审法院以浦发银行、李某2构成善意取得，维持了一审判决。

李某1不服二审判决，向省高级人民法院申请再审，再审期间，公安的调查有了进展。根据公安的调查，周某承认系小贷公司的员工，李某2系小贷公司的法定代表人，唐某系小贷公司的业务员，任某这笔贷款业务是周某与唐某全程参与办理的，二人明确知晓任某的婚姻真实状况。因任某不愿李某1知晓贷款事宜，为了通过银行的贷款审查，唐某联系人帮任某制作了假离婚证等材料，在银行下户调查时，周某通过微信告知唐某让任某赶紧把家里的女性用品收起来，营造家里没有女性生活的假象，从而通过了银行的贷款审查。基于这些新的证据，省高级人民法院裁定指令中级人民法院再审本案。

再审期间，刑事案件有了进一步的进展，法院判决任某、唐某构成伪造国家机关证件罪。中级人民法院经审理后作出了再审判决，认为善意取得制度中的受让人或者获取相应物权的权利人，主观心态应当是善意的，对无权处分的事实不知情且无过失。李某2任职于小贷公司，小贷公司作为专业的担保公司，在提供担保从而设立抵押过程中的审慎、注意义务且无过失的要求较一般担保人更为严格。周某、唐某作为小贷公司的员工，其行为属于职务行为，对于任某的婚姻真实状况知晓，且指导任某办理案涉贷款业务，其行为后果由小贷公司承担。李某2为小贷公司该笔业务的实际履行人，从中获益，对从周某、唐某处所获得的信息未审查真伪，未能尽到充分注意义务，不适用善意取得。故再审判决撤销一审、二审判决，确认涉案房屋上李某2的抵押权登记无效。

再审期间，李某2向法院提起诉讼，要求任某、李某1共同偿还其代偿的款项，并就涉案房产处置所得享有优先受偿权。李某1提起反诉，请求法院依法《抵押反担保协议》无效。一审法院裁定驳回了李某1的反诉，判决代偿款由任某承担，李某2就涉案房产处置所得在50%的范围内享有优先受偿权。李某1不服一审判决，向中级人民法院提起上诉。中级人民法院基于再审判决对一审判决进行了改判，撤销了李某2就涉案房产享有优先受偿权的判决。经历了多轮的诉讼，案件最终尘埃落定。

四、案件评析

近年来，违法违规担保案件频发，损害第三人利益，其中涉及刑民交叉较为复杂的法律关系。对于专业从事担保、贷款的金融机构，其审查义务较一般的担保人、贷款人更为严格。本案中，浦发银行虽未参与到假离婚协议、假离婚证的制作，但是从下户调查表的内容、假离婚证的审查、借款人个人征信报告的审查来看，存在把关不严的情形。也正是因为与小贷公司的合作，有小贷公司为借款人做担保，让浦发银行降低了审核的标准。

从法律适用层面看，该案两级法院对抵押效力及善意取得作出了截然相反的认定，对抵押无效及善意取得的适用进行了深刻的阐释。共有人以其财产设定抵押，未经其他共有人同意，即使办理了抵押登记，抵押也是无效的。配偶在身份上虽然有一定的特殊性，但不能径直以配偶身份推定一方知道或应当知道另一方的行为。善意取得的构成要件，包括善意、支付对价、办理登记三个方面，对于专业金融机构的善意要求标准高于普通贷款人或一般担保人，要求对无权处分的事实不知情且无过失。

该案抵押权均办理了抵押登记，银行也发放了贷款，在接案之初，笔者团队细致研究，不放过任何一个环节。随着案件审理的一步步推进，案情逐步得到厘清，事实逐渐浮上水面，真相是业务员为了业绩不惜损害他人利益，触犯刑事犯罪，正是基于这样的事实，坚定了笔者团队坚持到底的信念。该案历时两年多，先后涉及七起诉讼，中间波折反复，最终正义得到了支持，客户对案件结果十分满意。

并购重组篇

光伏电站承债式收购及债务重组

张景伟

一、基本案情

在2030年前“碳达峰”、2060年前“碳中和”的目标下，出现了大量收购新能源电站的案例。尤其是2013～2017年，大量民营企业投资新能源电站后，由于国补未及时到位，民营企业的大量资金没有及时收回，占压了大量资金。而民营企业的融资成本较高，已经不堪重负，不得不通过转让电站项目脱困。而大量转让的新能源电站，往往存在手续不完善，负债、诉讼较多，股权被质押、冻结，动产被抵押、查封，收费权被质押的情形，甚至项目公司濒临破产，需要进行重组，上市公司ST的情形。传统的发电企业，遇到类似的新能源电站，往往是望而却步，不敢收购。而从事资产管理的金融企业，由于缺乏相应的新能源电站并购经验和退出渠道，也不敢轻易收购新能源电站。

本案中，某上市公司2013～2017年建设了近20家新能源电站，分布在全国各地，包括分布式光伏、集中式光伏。截至2020年10月，对外债务达6亿元以上，已进入执行阶段，逾期违约金达21.6%/年，下属多个光伏电站股权被质押、冻结，动产被抵押、查封，收费权被质押。该上市公司也被标注ST，面临随时退市的风险。该上市公司亟须通过转让光伏电站实现资金的回笼，偿还债务。但2020年10月，该上市公司与包括“五大电力”在内的多家电力企业进行了洽谈，均没有成功，多家电力企业对于该上市公司所持有的光伏电站股权被质押、冻结，资产被抵押、质押、查封顾虑较多，甚至不敢去触碰。笔者并购团队通过承债式收购及债务重组，取得了良好的效果，是一个较为成功的并购和债务重组案例。

二、办案思路与进程

笔者团队作为某电力公司下属的资产管理公司的法律顾问，在资产管理公司接触到该上市公司的项目后，即参与了项目的分析论证。经过论证，大家认为该上市公司的光伏项目资产是良好的，项目手续基本齐全，项目资产完好，全部处于全容量并网发电状态，收益较好，最主要的问题和障碍是该上市公司对外负债共近8亿元（其中对一家主要债权人负债6.8亿元），上市公司根本无力偿还，而债权人根本不同意分批还款，要求全部偿还债务后，再解除对股权、资产的担保手续、保全手续。这样，项目收购就陷入了僵局。

在此情况下，收购方组织技术、法务、审计、评估等专业团队对上市公司抵押、质押的资产进行了全面尽职调查，相关专业中介团队出具了专业的尽职调查报告，再次确认项目公司的资产状况良好，法律关系清晰，除应付股东借款及已披露的对外担保、保全措施外，不存在其他重大法律问题，不存在重大法律风险，拟转让电站的价格能够满足收购方的目标，担保物的价值远超对外债务。

在此情况下，笔者团队对项目中涉及的相关法律风险进行了分析，起草了相关法律文件，并全程进行跟踪和风险把控。主要采取了以下几项措施：

1. 与某一电站的抵押权人进行谈判，确定了偿还债务、解除担保、办理过户、支付价款的程序，最后债权人（抵押权人）、目标公司（抵押人）、转让方（债务人）、收购方签署了四方协议，在此基础上顺利完成了解除担保、过户转让的法律手续。

四方协议约定：债务人支付债权人10%的款项，债权人解除目标公司的动产抵押；目标公司将动产抵押给收购方，作为对收购方付款的担保，收购方支付转让方50%转让价款，转让方指定收购方将转让价款直接支付给债权人；债权人收到款项后，解除对目标公司股权的质押、冻结，目标公司将股权过户给收购方，过户完成后，收购方支付剩余转让价款，并按照转让方的指令直接支付至债权人账户内。

该方案设计需要各方对相关程序非常熟悉，认可相关程序可行、可控，明白相关程序产生的法律后果。在具体办理过程中，笔者团队全程参与，在市场监督管理局现场协调各方解除相关担保手续、支付转让价款，办理过户手续。其中，不乏当事人或其后台人员不了解相关程序，提出各种问题，笔者团队均分析了相关行为的意义，产生的法律后果，以及各方担心的问题及风险，解除了各方的顾虑，保证了项目收购的完成。即使这样，该项目办理交割也用了一天的时间。

2. 针对另外一个债权人债权数额较大，要求“一揽子”解决的诉求，笔者团队与收购方寻找其他投资人收购了债权人对上市公司的债权，办理了申请执行人的变更手续，并按照与上市公司达成的收购光伏电站项目公司的方案，签署相关协议，支付相关款项，解除对股权的冻结、质押，动产的抵押、查封，收费权的质押，完成了收购。

在这一方案中，由于金额较大，难以寻找到第三方收购债权。在此情况下，一方面，与原债权人协商，同步收购部分电站，支付原债权人3亿多元的价款；另一方面，寻找新的债权人，通过优先/劣后级债权人的设计，使出资2.8亿元的债权人的投资有保障，同时确认抵押物的价值不低于债权的1.6倍，且在变更申请执行人后，一旦不能及时偿还债务，即可继续申请法院强制执行，使第三方债权人的资金安全、可靠、可随时申请强制执行。

3. 笔者团队在尽职调查的基础上，就有关重大问题出具法律意见，提出律师的意见和建议，尤其是相关风险的披露和相关操作方案得到了客户的认可。实践证明，律师的相关风险披露是充分的，相关操作方案操作性强，风险可控。

在充分尽职调查和披露风险并确认方案的基础上，笔者团队起草了收购的法律文件，将相关问题在收购合同中得到了充分的体现，并在合同中设置了相关交易条件、付款条件及风险责任的承担等条款。笔者团队起草的相关合同符合光伏电站的特点和估值、交割等实践要求，减少了双方之间的争议，明确了双方之间的责任。

需要说明的是，产业公司往往从项目估值的角度思考问题。在该项目中，相关人员具有新能源产业背景，他们的估值往往是对光伏电站资产的估值。而光伏电站的收购由于项目手续等原因，往往通过股权转让的方式完成。因此，在股权转让合同中，股权转让的价格不同于资产转让的价格，是资产价值减去负债之后的所有者权益的价值。律师往往不关注估值、定价，当事人确定即可。但笔者团队作为并购律师，不仅具有法律专业背景，也具有财务、投资等专业背景。笔者团队及时发现了财务人员将项目估值与股权价值混为一谈的情况，并通过合同的表述及时纠正了相关问题。

4. 笔者团队亲自参与股权解冻、解质押、过户，动产解查封、解抵押，收费权解质押的全部过程，确保相关交易有效衔接，严格按照法律规定和合同约定执行，实现了交易过程的无风险。

在办理相关法律事务的过程中，由于涉及广东惠州、佛山，江西永新，河南遂平，河北围场等地区，不同地区对于办理相关手续有不同的要求，面对复杂的情况，笔者团队亲自与相关部门沟通，亲自办理相关手续，确保交易的顺利进行。

三、案件评析

本案是目前新能源电站收购中比较典型的案例，该项目中遇到的问题囊括了新能源电站收购中几乎所有的问题。一个良好的没有任何债务负担的项目，其持有人往往不会进行转让，即使转让，其价格也往往非常高。而一个陷入债务纠纷的案件，具有产业背景的公司往往不敢触碰。笔者团队运用股权并购、债权收购、资产重组的专业知识和丰富的经验，帮助收购方解决新能源电站存在的问题，保证收购的顺利完成，发挥了法律专业、并购律师的优势及项目运作的经验和能力。该项目收购完成后，上市公司摘掉了 ST 的“帽子”，收购方通过债务重组后，光伏电站资产优良，运营逐步转入正常。

并购案例实务中的技术和艺术

王　坤

一、项目背景

笔者多年来一直从事并购和重组业务，这个案例是代表国企A公司（某金融央企的子公司）收购民营企业股份。国有企业收购讲求程序合规、价格合理、按规划时间完成，这是执行中的难点，比非上市的普通民企之间的并购更为复杂。因此对于律师来说并购中需要重点具备谈判的艺术和风控的技术。

当然，并购想要达到预定目的还要注意并购方向和公司发展战略的匹配、整体交易结构的设计、并购整合能力，这是买方公司、中介机构需要共同具备的整体能力，才能使并购真正创造价值。

（一）案件基本情况

A公司为将来香港上市做准备工作，需要进行资产和股权重组。A公司在全国20多个省的省会所在城市设立了子公司，部分子公司是和民企合资设立的。出于某些原因，某一家子公司的民营股东想退出，在公司治理方面也表现出不配合的倾向，因此要尽快推进该民营股权退出。

目前股权退出的主流方式有：（1）上市后二级市场退出；（2）并购，即股权被收购；（3）减资；（4）清算并解散公司。对于本案来说，上市后二级市场退出方式时间不可控，且退出股权为拟上市主体的子公司股权，因此不可行。清算并解散公司方式作为正常经营情况下明显不可行。减资方式由于本案涉及的公司为类金融公司，有最低资本金要求，减资后会低于监管政策的最低资本金要求，因此也不可行。所以，民营股权退出的途径只能是被并购。

（二）并购的方式

并购分为两种方式，买资产或者买股权。买资产通常用于购买专利技术、楼房土地、特定的机器设备等指向明确、产权容易过户、后期易于控制的资产。比如，采矿权这种难以审批过户的资产一般就采取控股式购买持有采矿权的公司股权的方式了。资产并购的优势在于操作相对简单，做好拟购买资产的价值判断就可以了。买股权通常用于难以审批过户的资产，只能通过购买、控股持有此类资产的公司来实现控制此类资产，或者需要控股某公司、直接合并财务报表体现财务数据。因此，买方对卖方公司的整体判断和估值以及风险控制手段是难点。

（三）并购的逻辑

任何商业行为都有其背后的逻辑。因为商业行为最终的目的都是获取更多利润，并购作为一种金融手段也是商业行为，一般来说最终目的也是获取更多利润。从买方角度来讲，一般都要将被收购的公司继续经营下去，因此将来要通过被收购的公司获取比收购对价更高的回报，这笔交易才划算。这里可以体会到成功做好一笔并购交易的难度，因为买方的钱一般是现在已经支付，但是回报是未来才能逐步体现，无论是通过经营获取利润、对标的公司再出售、独立上市等各种途径。因此，如何对卖方进行估值？支付后、控股后，买方能否经营好，如何获得比付出的代价更大的效益即获得明显的协同效应？如果资产或者股权过户后经营不善、达不到预期目标买方就亏了。当然，从卖方角度来讲，不仅仅是估值、交易过户这么简单，有时可能涉及业绩对赌、延迟支付等法律条款的执行。另外，买卖双方对于交易结构的方方面面能否达成一致，也是一个谈判、妥协甚至创新的过程。这些都是并购交易的难点。

（四）国资并购的特殊性

国有企业在投资并购中应特别注意其程序合法合规性。按照国有资产管理的相关规定，在国有企业投资并购方面，国有企业经营管理有关人员违反国家法律法规和企业内部管理规定，未履行或未正确履行职责致使发生下列情形造成国有资产损失以及其他严重不良后果的，会被追究责任：

1. 投资并购未按规定开展尽职调查，或尽职调查未进行风险分析等，存在重大疏漏。

2. 财务审计、资产评估或估值违反相关规定，或投资并购过程中授意、指使中介机构或有关单位出具虚假报告。

3. 未按规定履行决策和审批程序，决策未充分考虑重大风险因素，未制订风险防范预案。

4. 违规以各种形式为其他合资合作方提供垫资，或通过高溢价并购等手段向关联方输送利益。

5. 投资协议及标的企业公司章程中国有权益保护条款缺失，对标的企业管理失控。

6. 投资参股后未行使股东权利，发生重大变化未及时采取止损措施；违反合同约定提前支付并购价款等。

因此，国有企业非上市公司进行并购时要严格履行内部决策流程、审计和评估程序等，否则相关领导和中介机构会被追责。

（五）并购估值

企业并购中适当的评估方法是企业价值准确评估的前提，企业价值评估是一项综合性的资产、权益评估，是对特定目的下企业整体价值、股东全部权益价值或部分权益价值进行分析、估算的过程。目前国际上通行的评估方法主要分为收益法、成本法和市场法三大类。

1. 收益法。通过将被评估企业预期收益资本化或折现至某特定日期以确定评估对象价值。

2. 成本法。在目标企业资产负债表的基础上，通过合理评估企业各项资产价值和负债从而确定评估对象价值。主要方法为重置成本法。

3. 市场法。将评估对象与可参考企业或者在市场上已有交易案例进行对比以确定评估对象价值。

在国有企业并购中，还要特别注意先审计、再评估的流程，交易价格不能低于评估值，以及审批权限的相关规定等。

二、律师参与的主要工作

（一）从战略高度参与确定整体规划

并购作为一种商业行为，一定要服从公司整体发展的战略目标。选择并购方式发展应提前考虑三个层次的内容：是否应该选择并购的途径来寻求发展，并购的手段及实施路径，并购后的整合和有效管理以达到并购的预期目标。

对于第一个层次即战略层面，公司的发展通常有两种模式，内生式增长和外延式增长。内生式增长指通过自建工厂、将积累的资金投入扩大再生产等方式提高产出。外延式增长指通过并购等方式直接扩大生产规模。两种方式没有对错之分，只有是否适合之分。内生式增长靠公司自己积累，好处是风险比较低，有多少钱干多少事，并且公司是一手一脚建立的，内部情况清清楚楚。不利之处是发展速度比较慢，都靠自有资金或者全部产能自己建设。反之，外延式增长优势是发展速度快，今天买下一家公司，明天就可以合并财务报表，规模迅速就扩大了。但劣势也很明显，由于不是自身团队培养的公司，很难短时间对公司有一个透彻的了解，对公司未来的发展、目前的真实经营状况及存在的经营风险不易掌控。

当然，除了加快发展速度以外，并购的战略动机还有获得控制权、消除竞争对手、快速进入新的商业领域、节税效应等。

本案中，央企子公司并购的原因主要是获得绝对的控制权、消除股东内部分歧和矛盾，为以后走向资本市场作出重大决策扫清障碍。所以，笔者团队经过反复研讨和推演，认为最佳方式就是并购民营股权。

在资本市场业务中，并购是难度最大的业务之一。比如，和上市业务相比，并购买方付出的成本更大，需要投入大量的收购资金或支付股份，而拟上市方投入的只是中介机构费用和规范成本；对于中介机构而言，并购业务需要协调买卖双方甚至监管机构，上市业务只需要对拟上市主体进行规范和协调监管机构，并购业务的复杂度更大；并购的资产或股权过户后，还面临更为艰巨的任务——并购整合，让被并购的公司发挥预期的效益，而上市完成后，一般不会有紧迫的整合要求。

因此，并购分为三个阶段：并购实施前的准备、谈判和交易达成、并购整合。三个阶段对并购成功与否都非常重要，但具体操作中往往出现重视具体实施过程、轻视并购实施前的相关工作以及并购整合，导致战略失误或者整合不力达不到预期效果，即使法律手续完备、法律风险较低，也会导致并购失败。

（二）研究并购的手段和实施路径

根据传统观念，律师在并购操作中，似乎只需要完成相关法律文件的起草即可，不需要关注其他问题。其实，由于并购是一项技术难度很大、复杂度很高的工作，实际操作中，律师应从战略高度和并购方一起掌控全局、从技术层面和并购方一起稳步推进、从技巧角度和并购方一起实现交易结构被接受和落地实施。在大多数情况下并购方也可能缺乏并购经验，导致出现缺乏操盘能力、跟着感觉走的情况。因此，如果律师具备并购操盘的综合技能，将大大降低收购方的风险，最终帮助并购方实现战略目的。

并购的难度和复杂度在于：第一，从时间维度来说，如前所述，并购的三个阶段都充满挑战。并购实施前要充分论证此次并购行为能否实现企业发展的战略目标，要寻找合适的并购标的，组建技术团队，准备资金和合适的支付手段等，甚至还要考虑交割后有没有合适的接管团队，让标的公司尽快和我方现有经营体系融合，尽快发挥经营效益。并购尽职调查、谈判、文件签署等处处都要留心陷阱，技术难度非常大。而且该部分工作很多是和人的沟通，对操作团队的沟通技巧和谈判艺术也要求很高。交易文件签署后，也只是万里长征成功迈出了第一步，又面临如何将标的公司顺利接管和经营好的问题。如果经营不好将前功尽弃，巨额资金可能打水漂。第二，从技术维度来讲，需要从商业、法律、财务三个方面进行分析判断。商业逻辑是第一位的，如果并购符合公司发展战略，能够发挥“1 +1 >2”的协同效应（并购方和被并购方合并后，产生了比原来各自单独经营成果相加后更大的效益，源于规模经济、范围经济、竞争消除、节税效应等因素），则并购可行，但协同效应的预测不应太乐观。并购的法律风险也是很明显的，宏观层次的反垄断政策，中观层次的监管部门审批，微观层次的标的公司经营状况是否如实披露比如隐性负债、重要经营资质的缺失、资产状况等，都会造成重大影响，甚至一些看似不太常见的细节也会引起大的损失，比如当地的劳工政策。当然，公司经营成果最终都体现在财务数据上。标的公司披露的财务数据是否真实，直接影响对公司的估值，也能根据数据挖掘出标的公司潜在的经营风险、分析标的公司的经营优势，从而判断并购的协同效应的大小。

本案中，并购的商业逻辑是消除股东分歧，经营状况也是买方一直在参与，信息掌握比较充分，尽职调查不是很复杂。另外，由于买方以前就参与标的公司经营，所以，本案并购整合工作不像有些并购，是由不参与经营到完全接管，整合难度较小。该项并购难点和重点是交易的合规性和交易价格。

三、律师在项目中发挥的作用和意义

（一）确保并购过程的合规性和尽可能降低风险

国资并购有其特殊性，要准确掌握相关法律法规的精神。国有资产权属变动规则一般要遵循国家国有资产管理部门制定的相关法规，但是国有金融资产权属变动需遵守财政部相关法规。经过律师仔细缜密的工作和多年并购行业的丰富经验，准确找出了本次并购的核心指导性文件《金融企业国有资产转让管理办法》，从而确保了并购过程的合规性。比如，合规性的一个重点问题是审批权限。一般来讲，金融国有资产的权属变动要经过同级财政部门审批，本案中涉及的是金融央企下属公司，如果不经研究一律报财政部审批，是否合适？经过仔细研究相关规则，如果是内部股权重组，子公司的下属公司股权变动经过央企总公司层面审批即可，可以直接协议转让，不用进场挂牌转让。

此外，并购中还出现了一个很少见的情况，被并购的股权实际控制人身在国外，一些关键性文件的签署如何保证真实性和效力？经过商讨，最终采取了实际控制人授权国内代表签署，且授权文件经过实际控制人所处国家的我国大使馆认证和公证。从而避免了采取简单的快递签署文件、留下真实性隐患的问题。

（二）运用谈判技巧，降低收购成本，加速收购进程

并购的交易价格和许多因素相关，比如支付手段是现金还是股份、有没有对赌机制、交易双方处于的强势或弱势地位、对协同效应的判断、其他交换条件。本案中，作为收购方谈判代表，律师自然是要尽可能压低收购价格。

在经过多渠道充分了解交易对手方的背景和经营状况后，得知对方目前资金紧缺，出让股权的真实目的是拿到资金，而且比较急迫。因此，在谈判时我方采取了表面上比较缓慢的节奏，让对手方感觉一是我方并不急于推进，二是告知对方国资收购流程复杂，必须层层审批。借此增加对方急躁心理，便于我方谈判时争取有利条件。经过审计、评估程序后，多种方式估值结果中，双方选择了一个与净资产值接近的结果作为股权交易价格，比最开始对方报价5000多万元降低了30%多，为买方争取了最大化的利益。

另外，利用国资交易的特别规定作为谈判筹码，看似流程复杂、进度缓慢，实则打消了对方一开始抱有的“国资有钱、开高价”的心理，又降低了谈判难度，反而加快了谈判进程，按预定时间完成了并购。

（三）提出合规建议，实施尽职调查，起草交易文件

提出合规建议、实施尽职调查、起草交易文件在并购中是基础工作，也是律师的基本功。在并购中，尽职调查是难度较大的任务，需要责任心和较高的技巧。尽职调查可以简单地分为商业尽职调查、法律尽职调查、财务尽职调查，如果更细化来看，还包括人力资源尽职调查、技术和知识产权调查、环境调查等。调查手段一般包括查阅资料、各渠道收集信息、各类对象访谈、

各类场景勘查、团队合议等。

在起草交易文件时，律师要注意理解委托方意图、理解交易的实质、理解行业惯例，否则很难设计出好的交易结构、起草出符合实际情况的交易文件。笔者也再次提出如下观点：并购律师不仅是起草文件，而且应是具备战略眼光、了解行业情况和公司经营、具备良好的沟通能力的综合性人才。

当然，律师也要遵循职业道德，主要自身行为的合规。例如，在本案中，对手方暗示给予好处、意图合谋提高收购价格，被律师果断拒绝。

（四）并购交易中，律师综合能力的具备是委托方最为看重的方面

在目前的商业环境，并购作为一种非诉业务，越来越常见，总量和频次都在不断提高。虽然一项并购业务特别是大型或复杂的并购业务，比如上市公司并购、并购上市公司、跨境并购、特殊行业并购等都是多家中介机构（律师、会计师、投行人员等）共同参与，并且也需要委托方的共同深度参与，各自分工合作，但是如果律师除了具备深厚的法律功底以外，同时具备企业发展的战略思考能力、行业研究能力、公司经营知识、良好的沟通能力，甚至了解基本的财务知识和估值技巧，那么这种综合型的律师将会更加受到委托方的信赖，也会更加出色地完成各种并购任务。

风险投资篇

成功帮助科技公司寻求风险投资案例

王　坤

一、项目背景

这个案例系笔者通过专业法律服务，成功帮助一家科技公司重塑商业模式，从而成功拿到风险投资。三个月前，风险投资人还看不上这家公司，不愿投资，通过重塑商业模式，同样的团队、同样的公司，同样的风险投资人却转变看法，同意投资。这一切离不开专业律师的全程介入。

（一）公司和创始人情况

A 公司是一家在动漫行业从事技术服务的公司，Z 总是创始团队的带头人和大股东。A 公司的技术被业内人士广泛应用，形成了一个社群，泛娱乐产业的很多 IP 创作者、动漫制作者在社群内活跃交流。

Z 总在动漫行业有 15 年从业经验。2014 年，A 公司开始创业推广一款叫“R”的 GPU 渲染技术，起源于美国，其稳定性、画面的制作效果、处理速度都很优秀，完全适用于动漫行业。传统的动漫制作过程用的是 CPU，而 GPU 可将处理速度大幅提升，如电影级的画面，传统 CPU 需要渲染 1 到 2 个小时，而 R 技术处理起来只需一分钟。A 公司还开发了多款 GPU 相关技术和软件，深受动漫制作从业者喜爱，销售业绩节节攀升。Z 总想拿风险投资，开始扩张。

（二）和风险投资人沟通

A 公司由于业务发展需要，开始寻求风险投资。A 公司主打技术牌，宣称自己的核心竞争力是服务于行业的国内独家技术。由于风险投资人对技术的理解、技术先进性的判断不同，在和近十家风险投资人接触后，风险投资人都否定了Z总公司的代理和研发模式，认为模式传统、扩张性差。创始团队也曾设想新的商业模式，在该技术的基础上做众包模式：需求方在平台提交建模需求，动漫制作人员在平台接单。这个商业模式也遭到投资人的质疑，如何规范化管理，如何爆发式增长？A公司在会谈了十多家风险投资机构后均被否定。

（三）重构商业模式

笔者具有丰富的投融资经验，作为顾问介入后，经过深入调研，和Z总反复打磨，在研究行业发展前景、公司的业务基础、风险投资人的投资偏好后，最终确定了公司的商业模式为：利用公司的先进技术平台，吸引广大IP创作者、动漫制作者入驻社群，用技术帮助IP进行商业孵化和换取IP权益，成为一家IP孵化公司。在用这种商业模式和投资人交流后，在短期内就有以前持否定态度的投资人转变看法，立即决定投资。

二、律师参与的主要工作

（一）深入进行行业研究

行业研究能力是投资人、融资方和融资方的顾问方必须具备的基本功。目的是掌握行业发展演变的规律，预测行业发展方向。行业研究是地图，指明了产品或服务需求的来源、行业发展的动力源泉、市场规模、商业模式和竞争对手等。律师无论是参与非诉或者诉讼业务时，了解客户所处行业非常重要，一是可以拉近和客户的距离感，让客户觉得专业、靠谱；二是可以理解客户的真实想法，向着正确的目标出具适用的方案，从而保证方案效果；三是帮助客户与对手方（投资人、谈判对象或者诉讼的对手方）交流时，能够快速洞察对手方的意图，有助于获得有利地位。

笔者和客户一起对客户所处行业进行了深入研究。泛娱乐产业是以IP为核心，打通游戏、文学、动漫、影视等多种文创领域的互动娱乐新生业态，现在已经是万亿元左右规模的产业。泛娱乐行业市场规模状况，根据IP价值发掘和重塑的流程，泛娱乐产业链大致可以划分为三大层次：第一层为孵化层，以网络文学、动漫（不含衍生品）为主，拥有千亿级市场规模；第二层为运营层，主要为扩大市场、放大影响力、辅助变现阶段，以电影、电视剧、音乐为主，拥有数千亿市场规模；第三层为变现层，主要实现货币化，促进产业链层次整体有机循环，以游戏、演出、衍生品等为主，拥有数千亿以上市场规模。很多动漫创作者都有做原创动漫、打造一个超级IP的梦想，却因为资金、技术、团队等问题，想法往往难以付诸实践。

（二）深入进行公司研究

风险投资人对于拟投公司通常会从以下几个方面进行深入研究：一是公司面临的天花板，即公司是否处于极度饱和的行业、产业升级能否创造新的需求等；二是商业模式，即为实现定位的客户价值和投资价值而构建的利益相关者的交易结构，也就是公司是如何做生意的，能否实现快速复制和发展，具备较高的成长性；三是公司的核心竞争力，即能够长期获得竞争优势的能力，是公司所特有的、能够经得起时间考验的，具有延展性，并且是竞争对手难以模仿的技术或能力。最终落脚点在于公司是否具有持续的成长性，这是风险投资人看好一家公司的原因，因为持续的成长性才能保证公司尽快符合资本市场的标准，离上市或者被并购的距离越来越近，让风险投资人尽快能收回投资并获得高额回报。

A公司的技术颠覆了传统。传统的动漫制作渲染过程，用的是CPU，A公司开发的GPU渲染技术可将处理速度大幅提升，如电影级的画面，传统需要渲染1—2个小时的工作量，此技术处理起来只需一分钟。围绕GPU渲染技术，A公司还开发了其他软件，如GPU渲染管理工具、多平台材质转换工具，大幅提升了动漫制作行业的时间成本和经济成本。就这样，一家小小的初创公司，产品开发出来三个月软件销售业绩就达340万元。

（三）重塑商业模式

商业模式是指企业提供哪些产品或服务，公司用什么途径或手段向谁收费来赚取商业利润。比如，制造业通过为客户提供实用功能的产品获取利润。销售企业通过各种销售方式（直销、批发、网购等）获取利润等。一个投资人认可的商业模式是能快速复制和发展的商业模式，并不要求马上获取可观的利润，但要能够使公司快速成长、迅速占领市场、获得规模效应，然后再利用相对垄断优势获取利润。如当年的京东，在美国上市前一直亏损，但不妨碍京东获得投资人一轮又一轮的投资和上市后的惊人的市值表现，因为京东占领了大量的市场份额，巩固了业务壁垒，已经很难有同样业务的公司能够与之匹敌了。

针对资本市场的偏好，笔者经过和Z总及创始团队其他成员反复沟通探讨，在公司实地观察研发、销售等过程，根据公司实际拥有的优势，结合行业特点和痛点，最终确定公司发展路径和商业模式为：利用公司的先进技术平台，吸引广大IP创作者、动漫制作者入驻社群，用技术帮助IP进行商业孵化和换取IP权益，成为一家IP孵化公司。这个商业模式算3.0版本，在前两个商业模式上进一步进化。1.0版本为代理和研发模式，模式传统、扩张性差。2.0版本是在技术的基础上做众包模式：需求方在平台提交建模需求，动漫制作人员在平台接单。这个商业模式也遭到投资人的质疑，如何规范化管理，如何爆发式增长？3.0版本在考虑行业现状和痛点的基础上，充分结合公司现有资源和优势，讲出了一个有说服力的商业故事，得到了投资人的认可。

（四）引进投资人关系和资源

在非诉业务中，律师的人脉资源也是体现解决问题的能力的重要方面。帮助企业融资，除了律师的行业研究、商业模式的设计和思考、对资本市场的偏好和对法律条款的深入理解等能力外，还有一个重要方面就是引进投资人的能力。需要在投融资界多年的耕耘及投融资业务的较长期深度参与才能对关系和资源方面有所积累，但这也是体现律师软实力的一个重要方面。

笔者由于以前多年从事投融资业务，亲自主导和参与过多起投融资、并购、上市业务，和投资圈有长期深入的沟通，有些甚至保持良好的私人关系，对做好投融资方面的非诉业务有巨大的帮助。具体到本业务，笔者介入前，A 公司已经聊过近十家风险投资人公司，笔者通过分析以后，在改变商业模式的基础上，联系了曾经聊过的风投公司的朋友，又再次推荐，促成了投资。按照投资界的习惯，对于了解过且没有投资意向的标的公司，短期内很难再次花费精力深入沟通，所以，良好的人脉关系在促成投资方面也起到了显著作用。

（五）帮助审核投资协议和协助谈判

非诉业务中，协议是交易的中心环节。相关交易条款是交易结构的重点，也是能体现律师综合能力的一个重要方面。如何设计交易条款，做到既能维护委托方的合理利益，又能保持交易双方利益的平衡，最终使交易顺利完成，这是对律师的巨大考验。因此，律师的作用不应仅是起草协议这种看似冷冰冰的文字工作。律师应该具备综合能力，包括法律、商业甚至财务知识，还有沟通、观察等软实力。律师在交易中的作用就是找到交易双方的利益平衡点，有时还要充当交易双方沟通的桥梁，有时还要就交易结构合法创新以满足双方的需求，最后通过协议文字来表达和固定交易。

本案中，在设计交易结构时，风险投资人除了常规的条款外，提出了两个新的限制条款，即创始人股权兑现条款和重大开支的事前审核权。对于创始人股权兑现条款，由于风险投资人在决定是否投资一个公司时，通常非常看重管理团队，一方面是管理团队的背景和经验，另一方面是保持团队的稳定和持续性。对于背景和经验，可以通过前期的尽职调查得到核实，而股权兑现条款则是保证团队的稳定性的一个有效手段。对外创始人工商登记的股权是登记股权，对内创始人和投资人之间签订书面协议，约定股权分期成熟兑现，所谓创始人股权分期成熟兑现是指各创始人在一开始无法获得全部股权，需要分期成熟兑现，如若中间发生创始人离职的情形，其他创始人可以按照一个事先约定的价格回购退出创始人的股权，这样是为了防止出现创始人股东过早离职却依旧享有公司股权坐享其成的局面。比如，投资人都希望创始人团队的股份要 4 年时间才完全兑现，也就是说，创始团队成员必须待满4年才能拿到所有的股份或期权。如果提前离开公司，根据约定的兑现公式，只能拿到部分股份或期权。对于创业者来说，或许以前根本没有听说过这种条款，因此难以短时间内理解和接受，这就需要律师从专业角度给予阐释，从该条款在国外的运用和国内投资人的引进运用、对于创业者的风险、引发该条款时的后果等，让创业者理解其合理性以及投资人为什么要设计该条款，最终创业者和投资人能够顺利签署协议，资金到位。

三、律师在项目中发挥的作用和意义

1. 从战略高度统筹全局，制订系统性方案，达到最佳效果。一般来说，投融资非诉业务主要包括以下工作内容：

（1）整理融资需要的文件材料。公司历史经营情况、历史财务数据基本还是由公司内部整理，偶尔会聘请外部会计师等。

（2）探讨公司发展战略、商业模式等，探讨公司价值。经验丰富的律师和投资机构一样，看过很多行业、很多企业，所以可以从更宏观的角度来看待公司，协助公司对未来进行规划。公司估值必须对公司所处的行业、竞争对手情况比较熟悉，结合不同的商业模式预测未来的成长性，加上投资机构除了资金以外能给的资源综合考虑，是个动态调整和讨价还价的过程。所以，顾问只能协助估值，并不能决定，除非公司已经有明确的估值区间。

（3）推荐合适的投资机构，一是不同的投资机构投资不同的阶段、行业，也有不同的风格。二是创业者一般对投资机构不熟悉，没有直接的渠道去沟通，会拖慢融资进度。投融资业务也要求律师具备广泛的投资机构资源和人脉。

（4）协助和投资机构的沟通。投资机构不一定愿意把投资的顾虑都直接和公司沟通，但如果有融资顾问在中间，效果可能就不一样了。律师可以作为沟通的桥梁，消除投融双方的误解。

（5）关键合作条款的把关。虽然相关商务协议条文起草和审核是律师的本职业务，但商务和行业知识律师未必精通。实践中，商务协议条文起草得是否合理往往和行业知识结合很紧密，因此要求律师必须对行业和商务方面有所了解。

（6）寻找问题的解决方案。每个公司在融资时都会碰到不同的问题，一个问题没解决好，可能就走不下去了。而有的问题是关键问题，有的问题并不是，所以，律师在公司遇到问题时要能够提出解决方案，或者和各方协商解决方案，把事情往前推进，而不是单纯处理法律相关问题。

从以上内容来看，似乎有些内容不是律师所擅长的甚至按照传统业务观点不应该是律师完成的，但是，在投融资的非诉业务中，公司实际控制人（当事人）对顾问的要求越来越高，不仅要求合规和风险控制，往往希望顾问具备融资渠道、财务、交易结构设计甚至沟通方面的综合业务能力。反之，具备综合能力的律师更容易获得当事人信任和委托，形成长久的业务合作关系。从以上投融资非诉业务的内容来看，经过一段时间的锻炼和学习，也完全是律师可以掌握的。

2. 摆脱对投融资非诉业务的传统理解，把握非诉业务本质，培养非诉业务独特能力。

投融资非诉业务有时被认为门槛低，就是撮合、勾兑信息、起草和审核协议，结果怎么样好像和律师没关系，又好像此类业务谁都能做，没有技术门槛。

其实，通过前面的分析，大家已经能看出，投融资非诉业务是科学和艺术的结合，不是冷冰冰的条款和文字。投融资非诉业务需要三个方面重要能力：一是知识层面，法律知识、财务知识、行业知识、资本市场知识等都需要有一定功底；二是沟通协调能力，和客户的沟通、和投资人的沟通，撮合的技巧包括对人情世故、各方利益诉求分寸的把握等；三是资本圈人脉的积累，和更多的投资人交朋友，和更多的创业者、企业家交朋友，成功的概率更大。律师具备这几方面的综合能力将具备高门槛，大幅提升竞争力。

3. 律师要注意防范自身的风险。在投融资非诉业务中，律师可能面临的风险以及对策主要有：（1）民事方面，为了避免被追究民事责任的风险，涉及客户的重大权益的问题必须获得客户书面确认授权；重要文件、原件交接或代客户向投资方展示文件时，获得或者归还时要签署文件交接清单作为交付确认的依据，避免因法律文书失实、原件丢失等原因，律师被投资人或者客户起诉。(2) 行政方面，被给予行政处罚的风险主要是来自律师个人私自收取委托代理费的行为。(3) 在刑事方面，就非诉律师在执业活动中的行为而言，易触发刑事责任的是《刑法》第229条规定的提供虚假证明文件罪和出具证明文件重大失实罪。

因此，作为一名律师，应该了解客户和项目，清楚与客户容易产生争议和纠纷的内容，比如，对某些结果随意承诺，项目核查不尽责，保管的重要文件丢失，受理业务存在利益冲突（尤其在规模较大、多地设有分所或办公室的律所），泄露商业秘密，某些领域专业度不够等。但是，也不用太紧张，在顾问合同项下，律师核心义务和底线是客观、尽责、及时、忠实、保密。什么是尽责，让底稿为你说话。团队亲赴现场取得的重要文件、图片、访谈记录，整理成项、装订成册。项目档案同样如此，尽职调查、访谈、会谈相关内容记录和归档，哪个环节是如何处理的、哪次会议讨论了什么问题，清清楚楚。这也是律师工作过程合规性和工作量的重要证据。对项目的把控程度提高了，风险便会随之降低。

执 行 篇

申请执行监督胜诉案

张世国　刘　浩

一、基本案情

（一）北京A公司购买房产及入住情况

1. 北京A公司与北京B公司于2005年即签署《商品房买卖合同》，约定购买B公司开发的某国际大厦第1幢25层A、B、C、D、E、F、G、H号房，房屋总价款为18,616,614元。后北京A公司在2005年3月16日、2005年3月23日支付全部购房款，北京B公司亦开具了收据。

2. 北京B公司与北京某物业公司于2003年8月1日正式签订《物业管理委托合同》，委托北京某物业公司从事物业管理服务工作。2005年年初，北京某物业公司按照北京B公司及北京A公司的要求，在前期工作中配合北京A公司对购买的房产21、22、23、25层（地上部分第19、20、21、22层）进行管控。

3. 2007年6月25日，北京B公司向北京A公司出具《某国际大厦写字楼入住通知书》，并于当日办理入住手续。

（二）法院查封情况

在上述期间，北京B公司由于与其他主体发生诉讼，被强制执行，由北京市高级人民法院指定北京市中级人民法院统一执行，先后共计12个执行案件，法院查封了该国际大厦包含北京A公司购买的25层在内的房产。具体查封情况如下：

1. 债权人之一北京某银行申请执行北京某广告公司、北京B公司一案，北京市中级人民法院于2005年12月5日作出（2004）某中执字第1162号协助执行通知书，查封北京B公司所有的某国际大厦全部在建房屋。

2. 债权人之二李某申请执行北京B公司一案，北京市中级人民法院于2005年11月22日向北京市建设委员会送达（2005）某中执字第1544、1545号协助执行通知书，查封某国际大厦裙房1层1号、2层和3层全部，建筑面积共计9636.08平方米。

北京市中级人民法院于2006年1月17日作出（2005）某中执字第1544－2、1545－2号裁定，裁定某国际大厦裙房1层1号、2层和3层面积为9636.08平方米归李某所有，并于2006年1月27日向北京市建设委员会送达（2005）某中执字第1544、1545号协助执行通知书，要求将某国际大厦裙房1层1号、2层和3层全部建筑面积共计9636.08平方米房屋为李某办理相关所有权手续。

2008年5月23日，北京B公司与李某签订《协议书》，约定：将裁定确权给李某所有的某国际大厦商业裙房2层、3层北侧部分约4000平方米房屋面积置换到某国际大厦商业裙房4层、5层南侧剩余部分约5400平方米及裙房1层约1200平方米处；从某国际大厦销售款中拨出人民币8000万元偿还李某。根据上述协议内容，北京市中级人民法院于2008年9月16日作出（2005）某中执字第1544－3、1545－3号裁定对协议上述内容进行了确认。上述执行和解协议履行完毕后，北京市中级人民法院于2009年1月22日将上述两案予以执行完毕结案。

3. 2011年4月8日，北京市中级人民法院作出（2005）某中执字第1544、1545号协助执行通知书，该协助执行通知书替换了（2004）某中执字第1162号协助执行通知书，并明确了查封范围是某国际大厦除裙楼106、110、113、202、302、402、502及1单元3001、1105－1108、2601、2608号房屋以外的全部房产。

4. 2015年10月30日，北京市中级人民法院向朝阳区房屋管理局发出协助执行通知书，主要内容为：“原案号：(2005) 某中执字第1544、1545号，现案号 (2007) 某中执字第128、129、710、1007、1450、1463号，(2010) 某中执字第1193、1194、1195号，(2011) 某中执字第1177号，(2012) 某中执字第639、640号，(2015) 某中执字第97、191号。我院对被执行人涉及北京B公司系列案的法律文书已经发生法律效力，我院依法以 (2005) 某中执字第1544、1545号协助执行通知书首先查封了被执行人名下房产及对应土地并续封至今，因办案需要，现调整案号为14件案号继续首先查封。”

5. 2017年9月14日，经在北京市朝阳区不动产登记事务中心查询查封登记信息，显示如下情况：

(1) (2004) 某中执字第1162号案件，查封期限为2009年12月5日至2010年12月4日。

(2) (2005) 某中执字第1544、1545号案件，四次续封，期限依次为2011年12月5日至2012年12月4日、2012年12月4日至2013年12月3日、2013年12月2日至2014年12月1日、2014年12月2日至2015年12月1日。

(3) 北京市中级人民法院 (2009) 某某中执字第73号案件，查封期限为2012年2月7日至2013年2月6日。

(4) 北京市中级人民法院 (2012) 某中执字第648号案件，查封期限为2013年2月5日至2014年2月4日。

(5) 北京市中级人民法院 (2012) 某中执字第648号、(2013) 某中执字第332号，查封期限为2014年1月27日至2015年1月26日。

上述记录证明：2010年12月5日至2011年12月4日之间，涉案房屋并没有查封记录；而且，某国际大厦的查封并非一直依北京市中级人民法院1162号和1544、1545号进行的，也不是一直处于北京市中级人民法院的查封中。

（三）北京A公司为维护合法权益进行的执行行为异议及复议情况

1. 执行异议情况

北京A公司作为执行案件的利害关系人，认为北京市中级人民法院变更查封案号的执行行为违法，向北京市中级人民法院就12个执行案件（北京市中级人民法院2015年协助执行通知书涉及执行案件14件，其中2件执行案件已执行完毕）分别提出书面执行异议，北京市中级人民法院于2017年6月26日作出（2017）京某执异165－176号执行裁定书，称“本案系北京市高级人民法院指定本院执行的涉及被执行人北京B公司的系列案件之一，出于对该系列案件整体处理的考虑，在被执行人所有的某国际大厦一直处于本院查封状态的情形下，结合个案执行的需要，本院变更查封案号的执行行为，并不存在违反相关法律及司法解释强制性规定的情形”，裁定驳回北京A公司所提执行异议。

2. 执行行为复议情况

北京A公司不服北京市中级人民法院上述裁定，向北京市高级人民法院申请复议，北京市高级人民法院于2017年12月29日分别作出（2017）京执复89、91、87、80、84、81、86、85、92、88、90、62号执行裁定书，认为北京市中级人民法院的相关裁定认定基本事实不清，裁定撤销了北京市中级人民法院作出的（2017）京某执异165－176号执行裁定书，发回北京市中级人民法院重新审查。

3. 北京市中级人民法院重审情况

北京市中级人民法院重审后，于2018年5月22日分别作出（2018）京某执异68、69、67、66、72、65、73、74、64、70、71、63号执行裁定书，认定在2011年4月8日和2015年10月30日该院两次送达协助执行通知书变更查封案号时，均无其他法院轮候查封，以原裁定相同理由即“变更查封案号的执行行为，并不存在违反相关法律及司法解释强制性规定的情形”，驳回北京A公司的执行异议。

4. 北京市高级人民法院再次复议情况

北京A公司不服上述裁定，向北京市高级人民法院申请复议，北京市高级人民法院于2018年9月19日分别作出（2018）京执复82、78、80、81、90、84、88、87、79、85、86、83号执行裁定书，称“北京A公司既作为利害关系人对房产的查封提出执行行为异议，又作为案外人对涉案房产提出排除执行异议，并进而提起案外人异议之诉，应当依照案外人异议及异议之诉程序进行，对北京A公司提出的执行行为异议不再予以审查；对北京A公司提出的执行复议，亦应当终结审查程序”，故裁定：撤销北京市中级人民法院相关执行裁定书，终结案件的复议审查程序。

（四）申请执行监督情况

2019年，北京A公司委托笔者团队针对12个执行异议案件向最高人民法院提起执行监督。

二、案件焦点

本案的争议焦点有三点：（1）对北京A公司在本案中提起的异议、复议请求应否予以审查。（2）本案对案涉房产的查封是否溯及前案查封的效力。（3）本案查封案涉房产何时发生法律效力。

三、办案思路与进程

北京A公司是在执行行为异议和复议均被驳回的情况下来到本所，笔者团队与北京A公司经过深入交流，并查阅了相关的案件材料后，认为本案的执行行为违法，但在经过了执行异议和复议之后，律师经过论证，建议北京A公司向最高人民法院提起执行监督。

四、案件结果与案件评析

（一）案件结果

2019年9月，最高人民法院经过审理，对12个执行监督案件作出裁定：

撤销北京市高级人民法院和北京市中级人民法院的执行复议裁定、对案涉房屋的查封，应当在作出查封裁定及协助执行通知书后，自送达房屋登记管理部门之日起发生法律效力、责令北京市中级人民法院对查封行为的合法性重新进行审查并作出裁定。

（二）案件评析

根据案涉争议焦点，对案件评析如下：

关于第一个焦点：尽管北京 A 公司已经基于买受人的实体权利在另案中提起案外人异议及案外人异议之诉，但其在本案中的异议、复议请求主要针对的是执行法院执行行为是否合法、本案替换案号的查封是否溯及前案查封的效力问题，系利害关系人对具体执行行为的合法性提出的异议，而非案外人基于实体权利提出排除执行的实体争议，其目的是纠正违法的执行行为，既不是消除实体争议的原因或结果，也不为实体争议的解决所吸收。因此，本案异议应按照《最高人民法院关于人民法院办理执行异议和复议案件若干问题的规定》第 8 条第 2 款“案外人既基于实体权利对执行标的提出排除执行异议又作为利害关系人提出与实体权利无关的执行行为异议的，人民法院应当分别依照民事诉讼法第二百二十七条和第二百二十五条规定进行审查”之规定进行与实体权利无关的执行行为异议的审查。北京市高级人民法院依据上述规定第 8 条第 1 款的规定终结审查程序，系适用法律错误。

关于第二个焦点：《最高人民法院关于人民法院民事执行中查封、扣押、冻结财产的规定》第 1 条第 1 款规定，“人民法院查封、扣押、冻结被执行人的动产、不动产及其他财产权，应当作出裁定，并送达被执行人和申请执行人”；第 31 条规定，“有下列情形之一的，人民法院应当作出解除查封、扣押、冻结裁定，并送达申请执行人、被执行人或者案外人……（四）债务已经清偿的……”据此，如果（2004）某中执字第 1162 号案件以及（2005）某中执字第 1544、1545 号案件执行完毕，债务获得清偿，则应当依法对该三案查封的案涉财产解除查封，不解除查封，不仅可能损害相关权利人的权益，也可能妨碍其他在先进入执行程序案件的执行，进而扰乱执行顺位；本案如果要对前三案曾经查封的财产进行查封，则应依法作出裁定并送达被执行人、申请执行人及相关协助执行人。针对北京A公司就本案对案涉财产的查封行为合法性提出的异议，北京市中级人民法院、北京市高级人民法院本应审查本案查封行为是否符合法定程序，但是其均未对此进行充分审查，应当依法重新审查并作出裁定。

关于第三个焦点：《最高人民法院关于人民法院民事执行中查封、扣押、冻结财产的规定》第1条第2款规定："采取查封、扣押、冻结措施需要有关单位或者个人协助的，人民法院应当制作协助执行通知书，连同裁定书副本一并送达协助执行人。查封、扣押、冻结裁定书和协助执行通知书送达时发生法律效力。"据此，本案中，执行法院对案涉房产的查封应以该院向房管登记部门送达协助执行通知书等查封法律文书时发生法律效力。执行法院变更查封案号的做法不能发生将案涉房产的查封效力向前溯及的法律效果，不能以此方式将（2004）某中执字第1162号案等前案的首封效力延续至本案的查封。执行法院以系列案整体处理为由，通过变更案号的方式让本案查封产生溯及力的做法欠缺法律依据，应予以纠正。

综上所述，在本案执行行为异议和复议均得不到支持，且执行行为确实存在违法行为的情况下，律师建议委托人启动执行监督程序，最高人民法院依法对执行行为进行监督，并依据事实和法律，作出了责令北京市中级人民法院对查封行为的合法性重新进行审查的裁定，取得了较好的办案效果。

A 公司申请执行 B 公司终结本次执行程序案

——对第三人债权执行实现回款

罗杰奇

一、基本案情

A 公司与 B 公司建筑设备租赁合同纠纷一案，某法院于 2014 年判决 B 公司给付租赁费等费用。后某中院以判决驳回上诉，维持原判。

同年，A 公司向某法院申请执行，要求 B 公司给付判决书确定的租赁费等所有费用及利息。

执行法院受理 A 公司申请强制执行 B 公司建筑设备租赁合同纠纷案后，因被执行人 B 公司确无可供执行的财产，执行法院以终结本次执行程序结案。

在笔者介入代理此执行案时，B 公司尚欠 A 公司租赁费 100 万元及本案迟延履行期间的债务利息等。

二、案件焦点

对于终本执行案件而言，其难点不在于法律关系的复杂，而在于无可供执行的财产，正所谓巧妇难为无米之炊。因此，对于终本执行案件的代理而言，笔者第一要务就是需要通过各种途径、方式尽快、有效地查找到被执行人的可供执行的财产线索。在查找到被执行人的财产线索之后，如果可能，笔者应在第一时间进行核实，若无法或没有能力进行核实，则应将财产线索及时提交给执行法院，同时应申请执行法院对查找到的被执行人的财产采取查封、扣押、冻结等强制执行措施。

随着社会经济的发展，财产的表现形式多种多样，既可以表现为房产、车辆、存款等物权形式，也可以表现为股权形式，还可以表现为债权形式。相比较物权、股权等财产形式，对于债权这种形式财产的执行具有比较特殊的属性，也具有一些特殊的执行规范与依据。对第三人债权的执行仅指执行法院对被执行人对第三人（次债务人）享有债权的执行。

三、办案思路与进程

笔者代理此案后，第一步就申请执行法院对本执行案利用法院执行网络查控系统对被执行人 B 公司的财产再次进行查询。随着全国法院信息系统建设的发展进步，目前全国法院网络查控系统比较完善，可以查询的被执行人的财产比较广泛，包括但不限于房产、车辆、银行存款、股权、微信支付、支付宝账户，等等。如果可能，律师在代理终本执行案件后的第一件事就是申请执行法院利用全国法院网络查控系统对被执行人的财产进行再次查询与查控。这是律师代理终本执行案件需要采取的基础与常规步骤与手法。

就本案而言，利用法院执行网络查控系统再次查询被执行人的财产及采取其他常规尽调措施仍然是一无所获。于是，笔者深入分析：被执行人是一家老牌工程建筑商，尽管其已经停止经营比较长时间，但理应还有一些工程款未进行结算。笔者开始从这个角度进行切入，查找被执行人的财产线索。经过不懈努力，终于找到了有一些开发商所欠被执行人的工程款，然而，这些工程款要么已被其他法院捷足先登进行了保全，要么次债务人拒不承认对被执行人欠有债务，要么是次债务人根本无力给付，总之一句话，回款无望！

对于建筑行业而言，挂靠经营与出租资质是惯例与常规，而被执行人作为一家资深建筑企业，其建筑资质在业内很稀缺。尽管其自身已完全停止经营，但是其他小的建筑企业或包工头借用或挂靠其资质开展业务是大概率事件。由于其他小的建筑企业或包工头借用或挂靠其资质开展业务需要使用被执行人的名义进行，即便实质上真正的施工方为使用其资质的小的建筑企业或包工头，但在签署合同以及工程款结算时，开发商或发包方还是需与被执行人 B 公司签署合同及结算，其债权也表现为被执行人 B 公司对第三人享有的债权。

鉴于此，笔者对此开始了充分的专门的尽职调查。经过长时间的各种形式的专门调查，终于获知：（1）某 C 公司挂靠 B 公司用 B 公司的名义与 D 公司签署建筑施工合同并且已进行了部分工程的施工与结算；（2）D 公司对 B 公司应付未付的工程款金额超过了本案申请执行的标的金额；（3）对于上述应付未付工程款项尚未有任何机构采取保全措施。为将此财产线索有效地转化为案件回款，笔者立即将上述财产线索提交给执行法官并要求执行法官立即对 B 公司对 D 公司享有的应付未付工程款采取强制措施。随即执行法官立即对 B 公司对 D 公司享有的债权进行了冻结止付并向 D 公司发出了履行到期债务通知书。

D 公司收到执行法院冻结止付文书材料通知后，反馈给执行法院，尽管其尚欠 B 公司工程款（实质施工人为 C 公司，所欠工程款实质上应支付给 C 公司，但 D 公司需先支付给 B 公司，再由 B 公司扣除挂靠费后转付给 C 公司），但尚未到支付期限。经执行法官与 D 公司友好沟通，D 公司终于同意在届支付期限后将本案所冻结执行标的金额款项支付到执行法院本案款项专户。

四、案件结果与案件评析

经笔者与执行法官的不懈努力，D 公司最后将冻结的工程款项支付到了执行法院本案款项专用账户。本案执行总回款约 200 万元，不仅收回了全部租赁费，而且案件迟延履行期间的债务利息也全部获得了清偿。笔者因本案的圆满代理获得了申请执行人（客户）的高度赞誉，同时本案的代理也实现了社会效果、经济效果、法律效果的高度统一。

因无财产可供执行而导致的长期终本案件，始终是执行案代理中的难中之难，而本案的代理则突破了终本执行案件无财产可供执行这一突出难点。笔者先是通过各种尽调手段，及时有效地发现了被执行人对第三人享有的债权这一财产线索；然后，通过跟执行法官的有效沟通对这一财产线索采取了强制措施；最后，笔者与次债务人进行了有理有据的交涉，实现了案件代理的圆满成功。

在执行案件中，对次债务人债权的执行存在不少难点，难点一：难以及时有效地发现被执行人对第三人（次债务人）享有的债权信息；难点二：难以及时督促执行法院对第三人的债权采取强制措施（采取强制措施的时效往往决定执行回款的成败）；难点三：实践中次债务人对执行强制措施往往不够配合。作为一名执行律师，只有有效地破除对第三人债权执行的上述难点，才能最后取得代理的圆满成功。

A 公司申请执行 B 公司、余某终结本次执行程序案

——通过参与分配实现回款

罗杰奇

一、基本案情

A 公司与 B 公司、余某金融借款合同纠纷一案，某法院于 2015 年判决 B 公司、余某偿还本金等款项。同年，A 公司向某法院申请执行，要求 B 公司、余某偿还判决书确定的本金、利息等款项。

执行法院受理 A 公司申请强制执行 B 公司、余某金融借款合同纠纷案后，因被执行人 B 公司人去楼空处于破产状态确无可供执行的财产，同时余某系外地户籍，负债沉重，执行法院以终结本次执行程序结案。

在笔者介入代理此执行案时，B 公司、余某尚欠 A 公司本金、利息等全部款项。因本案在客观上执行回款难度极大，申请执行人 A 公司对此案的回款预期基本为零，只需实现部分回款即可超出申请执行人的心理预期。

二、案件焦点

在本执行案件中，笔者通过发现 D 地法院对被执行人余某的其他终本执行案件立了执恢字案号，然后就用顺藤摸瓜的方式在淘宝司法拍卖上搜索被执行人余某财产线索，成功查询到 D 地法院已司法拍卖成交余某名下某地别墅且拍卖成交价值巨大，再通过两地法院之间参与分配的方式实现了部分执

行回款。

三、办案思路与进程

笔者代理此案后，第一步就申请执行法院对本执行案利用法院执行网络查控系统对被执行人 B 公司、余某的财产情况再次进行查询。

就本案而言，利用法院执行网络查控系统再次查询被执行人的财产及采取其他常规尽调措施一无所获。鉴于 B 公司人去楼空处于破产状态的实际情况，笔者把回款重点放在被执行人余某身上。余某户籍在 D 地，活动轨迹也主要在 D 地，对余某财产线索调查的重点也应该放在 D 地。在疫情期间，笔者要想到 D 地实地调查余某的财产状况难度很大，如果不能到 D 地实地调查余某的财产线索，通过网络搜索的方式进行调查也是个不错的替代选择。

笔者对被执行人余某及其企业 B 公司利用企查查 App 进行合法监控。某一天，笔者通过网络调查的方式发现余某在 D 地的某终本执行案突然立了执恢字案号。业内人士大都清楚，只要某终本执行案件立了执恢案号，就意味着执行法院要处置被执行人的财产了，这也就意味着其他债权人参与分配的机会来了。后来，笔者果然通过查询淘宝司法拍卖平台发现 D 地法院已通过司法拍卖成交余某名下某地别墅且拍卖成交价格不菲。

笔者分析，该别墅拍卖成交时间不长且拍卖成交价远超该终本执行案标的额，即便是拍卖成交款全额清偿该执行标的额后仍然存在剩余案款，于是得出了存在通过参与分配回款的机会。笔者第一时间向我案的执行法官提交了参与分配申请并要求执行法官向 D 地法院送达参与分配函参与该别墅拍卖款的分配。我案执行法官向 D 地法院送达参与分配函参与别墅拍卖款的分配。

经过一段时间的等待之后，D 地法院的执行法官终于作出别墅拍卖款项的分配方案，并就该分配方案征求笔者的意见。笔者就该分配方案进行深入分析后认为，尽管该分配方案并非尽善尽美，我方分配的金额也没有最大化，但接受该分配方案无疑对维护我方申请执行人的权益最为有利。若参与分配人对分配方案有异议，可以向执行法院提出，执行法院将对分配方案根据异议意见进行调整并征求其他参与分配人的意见，若其他参与分配人不同意调整后的分配方案，分配方案则按原方案执行，有异议的参与分配人可就分配方案向制订分配方案的法院提起诉讼。为避免在分配方案博弈的过程中增加新的参与分配人从而降低己方分配比例及分配方案的完善的冗长过程，我方申请执行人接受了笔者的意见，果断地同意了按分配方案进行分配。

经过对 D 地别墅拍卖款的参与分配，我方顺利分配到了部分执行案款。

四、案件结果与案件评析

本终本执行案代理难度高，申请执行人心理预期极低。笔者在通过网络搜索的方式发现存在参与分配的机会后，果断出击，要求我案执行法院启动参与分配程序，通过向 D 地法院发送参与分配函的方式从而最终实现了 60 万元执行回款。本案笔者因高超的执行代理艺术和财产线索发现技能获得了申请执行人（客户）的高度赞誉，同时本案的代理也实现了社会效果、经济效果、法律效果的高度统一。

在代理终本执行案件中，如何通过参与分配的方式实现回款是一门值得研究的大学问。成功的参与分配包括但不限于以下几个方面：（1）善于发现参与分配的机会，一般而言，参与分配只存在于被执行人为自然人或非法人组织，对企业法人不存在参与分配的机会（企业法人财产的分配严格按照查封的先后顺序进行分配）；（2）参与分配一般应通过我案执行法院发送参与分配函的方式与对方法院进行对接与接洽，一般采取公对公的方式进行；（3）在有效维护己方利益的前提下，对于参与分配方案要进行综合权衡，通过几方妥协的方式实现各方利益的最大化。总之，只有对参与分配制度的深入研究，参与分配实践的多次磨炼，才有可能熟练通过参与分配来达到执行的真正目的——回款。

A公司申请执行B公司、吴某终结本次执行程序案

——通过定向精准营销实现回款

罗杰奇

一、基本案情

A公司与B公司、吴某金融借款租赁合同纠纷一案，某法院于2016年判决B公司、吴某偿还本金等款项。同年，A公司向某法院申请执行，要求B公司、吴某偿还判决书确定的本金、利息等款项。

执行法院受理A公司申请强制执行B公司、吴某金融借款合同纠纷案后，因被执行人B公司人去楼空处于破产状态确无可供执行的财产，同时吴某系外地户籍，负债沉重，执行法院以终结本次执行程序结案。

在笔者介入代理此执行案时，B公司、吴某尚欠A公司本金、利息等全部款项。因本案在客观上执行回款难度极大，申请执行人A公司对此案的回款预期基本为零，只需实现部分回款即可超出申请执行人的心理预期。

二、案件焦点

本执行案件中，笔者通过与外地律师合作办案的方式，发现了被执行人吴某名下具有产权的一个车位，通过精准营销的方式出售被执行人吴某的外地车位实现了部分执行回款。

三、办案思路与进程

笔者代理此案后，第一步就申请执行法院对本执行案利用法院执行网络查控系统对被执行人 B 公司、吴某的财产再次进行查询。

就本案而言，利用法院执行网络查控系统再次查询被执行人的财产及采取其他常规尽调措施一无所获。鉴于 B 公司人去楼空处于破产状态的实际情况，笔者把回款重点放在被执行人吴某身上。吴某户籍在 C 地，活动轨迹也主要在 C 地，对吴某财产线索调查的重点也应该放在 C 地。在疫情期间，笔者要想到 C 地实地调查吴某的财产状况难度很大，笔者选择与 C 地律师合作，委托 C 地律师对吴某的财产状况做深入调查。经深入调查，终于发现被执行人吴某名下在某小区有一个有产权证且未被其他机构查封的车位，该车位市场价值约 20 万元。

在获得车位的财产线索之后，笔者果断申请执行法院对该车位采取查封强制措施并要求执行法院及时对该车位进行司法拍卖。对于车位的买卖，C 地的政策是只有本小区的业主才具有购买车位的资格。鉴于该车位限购政策，笔者预测，该车位司法拍卖大概率将会流拍。同时，因吴某对外负债沉重，若不及时采取司法处置措施，吴某的其他债权人将很快前来参与车位拍卖款的分配。正如笔者事前所预料一样，该车位司法拍卖一拍流拍，流拍价为 12 万元。关于车位流拍的原因，笔者分析并不是该小区业主对车位没有购买需求，很可能是应该小区业主不熟悉司法拍卖这种交易方式，不敢也不愿意通过司法竞买的方式来获取车位的所有权。

在此种情况下，申请执行人有两种选择，一是要求执行法院对车位降价进行二次拍卖，拍卖很有可能再次流拍，即便顺利拍出成交价格也肯定不理想，同时，在此期间，吴某的其他债权人随时可能前来参与拍卖款项的分配导致本案申请执行人利益受损。二是直接向执行法院申请对该车位以 12 万元的价格（一拍流拍价）以物抵债，在以物抵债完成之后，通过精准营销的方式将车位出售回款并实现申请执行人利益的最大化。

后来，在笔者的沟通建议下，申请执行人经综合权衡，选择第二种方案，即将该车位以物抵债到己方名下。申请人以物抵债之后，笔者鉴于该小区地理位置优越，业主经济能力较强且小区车位供不应求的实际情况，建议申请执行人对该车位进行精准营销。精准营销的方式有二：其一，是与小区物业进行联系，让物业公司协助发布车位出售的信息，寻找该车位的潜在客户；其二，是与在该小区旁边的某房产中介机构合作，让该中介机构对该车位定向精准营销。

经过一番定向精准营销，该车位很快就以20万元的市场价格成功出售。

四、案件结果与案件评析

本终本执行案代理难度高，申请执行人心理预期极低。笔者与外地律师合作发现了被执行人吴某名下的车位，并在对车位司法拍卖以物抵债的基础上通过精准营销的方式从而实现了20万元回款。本案笔者因高超的代理艺术获得了申请执行人（客户）的高度赞誉，同时本案的代理也实现了社会效果、经济效果、法律效果的高度统一。

在实现执行案件的回款中，如何采取精准营销的方式对标的物进行成功营销是一门学问。精准营销应包括但不限于以下几个方面：(1) 对标的物本身有深入了解，做深入的分析，具体包括标的物位置、参数、市场需求等等；(2) 与标的物所在地的物业机构、中介机构勤沟通，与其合作推介、营销标的物；(3) 了解标的物所在地对标的物是否存在限购、限售政策。总之，只有深入做好以上几个方面的工作，才有可能实现定向精准营销从而达到执行的真正目的——执行回款。

A公司申请执行B公司与吴某终结本次执行程序案

——通过确认股份转让合同无效的方式回款

罗杰奇

一、基本案情

A公司与B公司、吴某金融借款合同纠纷一案，某法院于2017年判决B公司向A公司偿还本金等款项，吴某承担连带保证责任。同年，A公司向某法院申请执行，要求B公司、吴某偿还判决书确定的本金、利息等款项。

执行法院受理A公司申请强制执行B公司、吴某金融借款合同纠纷案后，因被执行人B公司处于破产状态确无可供执行的财产，同时吴某无可供执行的财产，负债累累，执行法院以终结本次执行程序结案。

在介入此执行案时，B公司、吴某尚欠A公司本金、利息等全部款项，申请执行人A公司未受任何清偿。因本案在客观上执行回款难度极大，申请执行人A公司对此案的回款预期很低，故只需实现部分回款即可超出申请执行人的心理预期。

二、案件焦点

在本执行案件中，通过各种努力均未发现B公司、吴某有可供执行的财产。通常情况下，这种案子就陷入了执行僵局，如何打破这种僵局，成为横亘在面前的一道难题。只有查找到被执行人名下可供执行的财产才能有效地打破这种僵局。我方经过深入调查，终于发现被执行人 B 公司在本案判决生效之前曾将其名下的对某银行的 1000 万股股份转让给第三方 C 公司。此案正是通过确认股份转让合同无效的方式最后实现了理想的执行回款。

三、办案思路与进程

通常情况下，对于终本执行案件而言，第一步就是申请执行法院对执行案利用法院执行网络查控系统对被执行人 B 公司、吴某的财产情况再次进行查询。就本案而言，利用法院执行网络查控系统再次查询被执行人的财产，但一无所获。然而，我方并未放弃查找被执行人财产的努力。终于，我方查找到被执行人 B 公司曾经在本案判决生效之前将其名下的 1000 万股银行股份转让给第三方 C 公司。

如何将 B 公司已经转让给第三方 C 公司的 1000 万股银行股份回转给 B 公司作为本执行案件的偿债财产，是我方首先需要思考的问题。经再次充分尽调，发现 B 公司的股份转让行为相关详情如下：（1）股份转让行为发生在判决生效之前且距当时已满 1 年时间，我方行使撤销权撤销股份转让行为成功的概率低；（2）股东名册已经变更成为第三方 C 公司；（3）B 公司为该银行发起人，根据公司章程约定，发起人在银行发起设立之日起 3 年内不得转让其持有的股份，而本案 B 公司的股份转让行为之时距离银行发起设立尚不满 3 年；（4）尽管股东名册已经变更为第三方 C 公司，而工商登记却未做相应变更，在工商登记册上该 1000 万股份的股东仍然为 B 公司。

鉴于上述情况，我方第一时间申请执行法院对 B 公司在银行的 1000 万股股份在工商局进行冻结，防止 B 公司与第三方 C 公司做股权的工商变更。然后，基于股份转让行为发生在判决生效之前且距当时已满 1 年时间，我方行使撤销权撤销股份转让行为成功的概率低，我方转变思路，向法院提起诉讼确认股份转让行为损害债权人利益无效。我方的主要理由包括：（1）B 公司为该银行发起人，根据公司章程约定作为发起人在银行发起设立之日起 3 年内不得转让其持有的股份，而本案B公司的股份转让行为之时距离银行发起设立尚不满3年，故股份转让合同无效；（2）根据《公司法》第142条规定，发起人持有的本公司的股份，自公司成立之日起1年内不得转让，而该股份转让行为发生在银行发起设立的1年内；（3）B公司与第三方C公司对公司章程的规定与《公司法》的规定是明知的；（4）股份转让虽然在股东名册上进行了股份变更，但并未在工商机关办理股份变更登记，银行也未办理股份变更公示，而公司股东、股份的变更，属于公司重大事项的变更，未经公示不能产生对抗第三人的法律效力，并且《最高人民法院关于人民法院办理执行异议和复议案件若干问题的规定》第25条规定，“对案外人的异议，人民法院应当按照下列标准判断其是否系权利人……（四）股权按照工商行政管理机关的登记和企业信用信息公示系统公示的信息判断……”

后来，法院一审、二审均支持我方的诉讼请求，B公司与C公司的股份转让行为被确认无效，1000万股银行股份又从C公司回转到了B公司，从而属于可供执行的财产。接下来，我方立即申请执行法院对上述B公司所有的1000万股银行股份进行司法拍卖。在司法拍卖过程中B公司利用各种程序手段与我方进行博弈。最后，在执行法院的强大压力下，本执行案被执行人主动寻求与申请执行人达成执行和解并最终履行完毕。至此，申请执行人顺利实现了大额执行回款。

四、案件结果与案件评析

本终本执行案难度高，申请执行人心理预期极低。我方在综合分析研判的情况下，通过诉讼的方式将其已经转让的银行股份回转到被执行人B公司名下，从而迫使B公司与申请执行人进行执行和解最终解决了纠纷，实现了“双赢”。

在终本执行案件过程中，如何通过将被执行人已经转移的财产通过诉讼的方式回转到被执行人名下作为可供执行的财产从而实现执行回款是一门值得研究的大学问。要成功地将被执行人已经转移的财产通过诉讼的方式回转到被执行人名下作为可供执行的财产，应注意把握以下几个方面：（1）熟练掌握有关确认转让合同无效、撤销权的行使的相关规定；（2）要善于查找、掌握并固定相关证据材料，赢得相应的诉讼；（3）要正确选择最具成功率的合适手段（如撤销权行使抑或是确认合同无效的选择）。

A公司申请执行B公司与C公司终结本次执行程序案

——通过追加被执行人与拒执罪博弈的方式回款

罗杰奇

一、基本案情

A公司与B公司、C公司金融借款合同纠纷一案，某法院于2017年判决B公司向A公司偿还本金等款项，C公司承担连带保证责任。同年，A公司向某法院申请执行，要求B公司、C公司偿还判决书确定的本金、利息等款项。

执行法院受理A公司申请强制执行B公司、C公司金融借款合同纠纷案后，因被执行人B公司人去楼空处于破产状态确无可供执行的财产，同时C公司也停止经营，无可供执行的财产，负债累累，执行法院以终结本次执行程序结案。

在介入代理此执行案时，B公司、C公司尚欠A公司本金、利息等全部款项，申请执行人A公司未受任何清偿。因本案在客观上执行回款难度极大，申请执行人A公司对此案的回款预期基本为零，故笔者只需实现部分回款即可超出申请执行人的心理预期。

二、案件焦点

在本执行案件中，笔者通过各种努力均未发现B公司、C公司有可供执行的财产。若被执行人确无财产可供执行，那执行律师可以跳出此两个被执行人这个小圈子，视野开阔地通过变更、追加被执行人的方式来解决与破解此种执行僵局。此案正是通过追加被执行人的方式最后实现了理想的执行回款。

三、办案思路与进程

通常情况下，对于终本执行案件而言，律师代理后，第一步就是申请执行法院对执行案利用法院执行网络查控系统对被执行人 B 公司、C 公司的财产情况再次进行查询。就本案而言，利用法院执行网络查控系统再次查询被执行人的财产及采取其他种种常规尽调措施均一无所获。故可以得出结论：B 公司、C 公司确无财产可供执行或无法找到可供执行的财产。

既然，B 公司、C 公司系确无财产可供执行，那么本执行案的执行是否就到此为止，无能为力了呢？作为一名资深执行律师，显然不能局限于此，而是要视野开阔，将其他可能的主体追加进来作为偿债主体。

B 公司系一人公司，法定代表人与股东均为同一人，本来是追加其一人股东承担偿债责任的大好机会。可是，事不凑巧，该一人股东因故去世，故追加 B 公司股东承担偿债责任的愿望落空。C 公司系西南某公司，其大股东 D 公司为西南某企业（貌似有一定偿债能力），若能将 C 公司大股东追加为偿债主体，大概率有助于本案执行回款落实。进一步分析得知，C 公司成立于 2012 年，根据《公司法》的相关规定，当时公司注册资本实行实缴制，在公司成立时 D 公司就应该实缴全部出资。另外，C 公司注册资本很高，D 公司作为大股东应承担绝大部分实缴出资义务，故 D 公司也许存在出资不实或未全额出资的可能。

为进一步落实 D 公司是否对 C 公司实缴出资，我方向执行法院申请调查令查询 C 公司工商档案底档。经查询，不出所料，D 公司仅对 C 公司部分出资，尚有 2000 多万元出资款未出资到位。在掌握 D 公司作为大股东对 C 公司未足额出资的确凿证据后，我方果断向执行法院提出执行异议，要求追加

D公司作为被执行人，在出资不实的范围内对本执行案承担连带清偿责任。执行法院支持了我方追加D公司为本案被执行人的请求，将D公司列为被执行人。由于D公司确实对C公司出资不实，尽管D公司提起诉讼（复议），也被上级法院依法驳回。

在将D公司作为本案被执行人申请执行后，因D公司本身经营也特别困难，执行法院依然未发现D公司具有有效偿债能力。我方经调查发现，尽管D公司名下尚有不少资产，不过，这些资产要么已被其他法院率先查封，要么就是完全没有流动性，无法有效处置回款。后来，我方通过充分尽调，发现了D公司具有某些拒不履行判决、裁定的行为线索。于是，针对D公司拒不履行判决的违法行为进行了充分尽调，掌握了相当的其拒不履行判决、裁定的行为。经综合分析，我方认为D公司具有构成拒不履行判决、裁定罪的嫌疑。

鉴于D公司经营困难，其也具有解决问题的良好愿望与一定能力，我方主动出击，对D公司晓之以理动之以情，为其综合分析研判利害关系。后在执行法院的沟通与主持下，我方与D公司就本执行案件互让互谅，顺利达成并履行完毕执行和解协议。我方顺利实现执行回款，而D公司也有效地化解一起有可能引发重大法律风险的事件。

四、案件结果与案件评析

本终本执行案代理难度高，申请执行人心理预期极低。笔者在综合分析研判的情况下，通过查到C公司大股东出资不实的确凿证据，将其顺利追加为被执行人。同时，我方又在掌握其涉嫌构成拒不履行判决罪的有效证据的基础上，与其互让互谅，达成并最终履行完毕执行和解协议，实现了真正的双赢。本案笔者因高超的执行代理艺术和财产线索发现技能获得了申请执行人（客户）的高度赞誉，同时本案的代理也实现了社会效果、经济效果、法律效果的高度统一。

在代理终本执行案件过程中，如何通过追加被执行人的方式增加承债主体从而实现执行回款是一门值得研究的大学问。要成功地增加承债主体，善于利用相关的变更、追加规定必不可少。在变更、追加被执行人时，应注意把握以下几个方面：（1）熟练掌握有关变更、追加被执行人的相关制度规定，目前最为常用的规范依据为《最高人民法院关于民事执行中变更、追加当事人若干问题的规定》；（2）要善于查找、掌握追加、变更被执行人的相关证据材料，为成功追加被执行人为偿债主体打下基础；（3）要权衡把握追加被执行人的方向，选择最有承债能力与意愿的主体作为追加、变更的主要对象与着眼点。只有对追加、变更被执行人制度的深入研究，追加、变更实践的多次磨炼，才有可能熟练通过追加、变更被执行人制度来达到执行的回款目的。

在代理终本执行案件过程中，如何利用拒不执行判决、裁定罪这一手段来实现执行回款也是一门值得研究的大学问。要善于利用拒不执行判决、裁定罪进行博弈，增加执行回款的概率，应注意把握以下几个方面：（1）熟练掌握拒不执行判决、裁定罪的构成要件与表现形式，能准备把握罪与非罪的标准、尺度；（2）要善于查找、掌握与固定被执行人涉嫌构成拒不执行判决裁定罪的证据材料；（3）在运用拒不履行判决裁定罪与相对方博弈时应掌握博弈的尺度，拿捏好分寸，把原则性与灵活性有机地结合。总之，只有对拒不履行判决裁定罪的深入研究，实践的多次磨炼，才有可能熟练运用拒不履行判决裁定罪制度来达到代理执行的真正目的——回款。